Desenvolvimento Político

Coleção Estudos
Dirigida por J. Guinsburg

Conselho Editorial: Anatol Rosenfeld (1912-1973), Anita Novinsky, Aracy Amaral, Augusto de Campos, Bóris Schnaiderman, Carlos Guilherme Mota, Celso Lafer, Dante Moreira Leite, Gita K. Guinsburg, Haroldo de Campos, Leyla Perrone-Moisés, Lúcio Gomes Machado, Maria de Lourdes Santos Machado, Modesto Carone Netto, Paulo Emílio Salles Gomes, Regina Schnaiderman, Robert N. V. C. Nicol, Rosa R. Krausz, Sábato Magaldi, Sérgio Miceli, Willi Bolle, Zulmira Ribeiro Tavares.

Equipe de realização — Tradução: Anita Kon; Revisão: Alice K. Miyashiro; Produção: Lúcio Gomes Machado; Capa: Moysés Baumstein.

Hélio Jaguaribe

DESENVOLVIMENTO POLÍTICO

EDITORA PERSPECTIVA

Título do original em inglês:

Political Development.

Edição brasileira revista pelo autor.

© Hélio Jaguaribe de Mattos

Direitos em língua portuguesa reservados à
Editora Perspectiva S.A.
Av. Brigadeiro Luís Antônio, 3025
Telefone: 288-8388
01401 — São Paulo — Brasil
1975

Sumário

A. SIGNIFICADO DO DESENVOLVIMENTO POLÍTICO

1. ANÁLISE RETROSPECTIVA 11
   - Sociedade e mudança social 11
   - Ação política 13
   - Participação e poder......................... 13
   - Intercâmbios intersocietais 14
   - O sistema político........................... 14
   - Política comparada 15
   - Meios de mudança política 16
   - Conteúdos da mudança política................ 17

2. REVISÃO DA BIBLIOGRAFIA.................. 19
   - Uma sistematização das concepções básicas 19
   - Desenvolvimento político como modernização política 22
   - Desenvolvimento político como institucionalização política ... 26
   - Desenvolvimento político como um dos três aspectos de nosso quadro de referência........................... 28
   - Desenvolvimento político como modernização política mais institucionalização política 30

3. UMA TEORIA GERAL DO DESENVOLVIMENTO POLÍTICO. 33
   - Formulação proposicional 33
   - Modernização política mais institucionalização política 37
   - Os três aspectos do desenvolvimento político 41

B. MODELOS POLÍTICOS

4. MODELOS POLÍTICOS 51
   O conceito de modelo 51
   Modelos operacionais 54

5. MODELOS POLÍTICOS OPERACIONAIS 61
   I. Análise do Modelo 61
      Elementos constitutivos 61
      Pré-requisitos do modelo 64
      Efetiva elaboração do modelo 65
      Revisão da bibliografia 66
   II. Classificação Geral 71

6. A PRÁTICA HISTÓRICA 79
   Uma tendência para o planejamento 79
   A Inglaterra e os Estados Unidos 80
   A França e a Alemanha 83
   O Japão 86
   Rússia Soviética e China 89
   Comparação crítica 94

7. ELITES FUNCIONAIS E DISFUNCIONAIS 97
   I. O Conceito de Elite 97
      O problema 97
      A concepção de desempenho 98
      A concepção de estrato funcional 99
      Subelite e massa 102
   II. Funcionalidade de Elite 104
      Explicações clássicas 104
      Uma abordagem custo-benefício 105
      Condições de funcionalidade da elite 108

8. SOCIEDADE E MODELOS 111
   Problemas metodológicos 111
   Estudo preliminar 113
   Uma tipologia geral 114
   Os modelos operacionais 122
   As características essenciais 125

9. OS TRÊS MODELOS BÁSICOS 129
   Adequação do Modelo 129
   Nacional-Capitalismo – NC 131
      Por quê? 131
      Como? 133
   Capitalismo de Estado – CE 136
      Por quê? 136
      Como? 137
   Socialismo Desenvolvimentista – SD 144
      Por quê? 144
      Como? 145

C. O PROCESSO DE DESENVOLVIMENTO POLÍTICO

10. ANÁLISE OPERACIONAL 157

   A análise de estágio 157
   A bibliografia atual 161
   Uma apreciação crítica 166
   Estágios funcionais e reais 170
   Os estágios reais 172
   Os estágios funcionais 176
   Processo aberto e cíclico 181

11. CONDIÇÕES DE DESENVOLVIMENTO POLÍTICO 187

   As condições de desenvolvimento político 187
   A questão da viabilidade nacional 190
   A nação 192
   Viabilidade nacional 194
   O requisito da congruência 199
   Intercâmbios interelites 200
   Mobilizibilidade política 207
   Outras condições 209

12. AS CONDIÇÕES HISTÓRICAS ATUAIS 213

   I. A Revolução Tecnológica 213

   As condições de nossa época 213
   O problema da tecnologia 214
   O problema ecológico 217
   As alternativas 218

   II. O Novo Sistema Internacional 219

   A névoa da guerra fria 219
   A concepção econômica 223
   A concepção da contingência 226
   A concepção histórico-conceptiva 229
   As concepções de Liska 231
   Uma avaliação crítica 235
   O sistema interimperial 237
   Conseqüências gerais 241
   O caso da América Latina 244
   Formas e conseqüências da dependência 248
   Notas conclusivas 253

BIBLIOGRAFIA 255

A. O SIGNIFICADO DO DESENVOLVIMENTO POLÍTICO

1. Análise Retrospectiva

Alcançamos agora, com o estudo do desenvolvimento político propriamente, os problemas centrais de nossa investigação. O assunto deste Livro II, incluindo, no total, doze capítulos, será agrupado em torno de três questões principais, correspondentes a cada uma de suas três secções, referentes, respectivamente: (1) ao significado do desenvolvimento político: "o que" deverá ser entendido por desenvolvimento político; (2) aos modelos para a promoção do desenvolvimento político: "como" se o pode promover, intencional ou implicitamente, em que condições, e com que resultados previsíveis; (3) ao processo do desenvolvimento político: "como" ocorre em uma sociedade.

É conveniente, antes de se começar este estudo, fazer um breve exame da posição que alcançamos até agora, no curso da análise precedente. Não parece necessário fazer um resumo total dos capítulos do Livro I, mas seria aconselhável examinar, de uma maneira muito sucinta, as contribuições principais do Livro I, ao estudo e compreensão de nosso assunto presente. Tal é o propósito do atual capítulo.

Sociedade e mudança social

No livro anterior, para dizê-lo em poucas palavras, foi realizado um esforço sistemático para abordar o problema do desenvolvimento político a partir de suas premissas mais gerais.

Assim, começamos nossa investigação estudando o sistema social, localizando-o em seu ambiente geral e observando que compreende, analiticamente, quatro subsistemas: o cultural, o participacional, o político e o econômico. Cada subsistema é um plano estrutural da sociedade, o *locus* analítico do desempenho de uma macrofunção societal, que apresenta dois níveis de "profundidade". No topo, temos o nível situacional, que é o nível analítico, para cada plano estrutural, de seu respectivo regime e para toda a sociedade, do regime social. Na base, temos o nível de ação, onde, analiticamente, realmente ocorre a interação social. Cada um destes quatro subsistemas é em si um sistema complexo, que produz e intercambia valuáveis e meios.

Dada a interdependência destes subsistemas, apesar de sua autonomia funcional, vimos que a sociedade é baseada em uma especial indução recíproca entre situações de vida e crenças de valor. O regime de participação e o regime de valores de qualquer sociedade são condicionados reciprocamente. Não é verdade, portanto, como foi sugerido pelas concepções do equilíbrio e as funcionalistas, que os valores determinem a sociedade. E não é verdade também, como proposto pelos teóricos do conflito unilinear, que as sociedades são determinadas por suas condições "materiais" ou, mais amplamente, que as condições existenciais determinam as culturais. As condições existenciais e a cultura são condicionadas reciprocamente. E assim uma concepção de conflito multifator deve ser combinada com uma concepção funcionalista dinâmica para produzir um modelo adequado de sociedade.

O próximo passo de nossa abordagem foi o estudo da mudança estrutural. O desenvolvimento político, seja o que for, é uma espécie dentro do gênero mudança estrutural, que por sua vez é um caso da mudança estrutural em geral. Começamos nossa análise tentando compreender, em seu significado mais amplo, o que são estruturas e processos e fomos conduzidos finalmente a ver as estruturas sociais como conjuntos padronizados de comportamentos, e os processos sociais como a produção, extinção, modificação e intercâmbio de valuáveis e seus meios. A mudança estrutural social é incremental ou dialética, produzindo desenvolvimento ou regressão, além de períodos de estagnação. Como acontece dentro e para a sociedade, está sujeita ao princípio de congruência. A mudança estrutural em um dos subsistemas sociais, ou provoca mudanças congruentes nos outros, ou não perdura, ou causa a desagregação do sistema. A mudança histórica é mudança social relevante, entendidas como tais mudanças as que condicionam ou influenciam diretamente (como pode ser verificado por métodos historiográficos), o curso subseqüente de uma sociedade. As mudanças sociais são sujeitas às leis da evolução cultural, que continuam, por outros meios, a evolução natural. Seguindo Sahlins e Service, salientamos os principais aspectos e conseqüências da evolução cultural: a distinção entre a evolução geral e a específica, o princípio de estabilidade (mudanças que aumentam a adaptação social são retidas), e as leis de dominância cultural e de potencial evolutivo, todas elas fundamentais para explicar por que certas mudanças sociais são relevantes e duráveis ou irreversíveis.

Ação política

Ao nos aproximarmos de nosso tema presente devotamos atenção especial ao estudo geral do sistema político. Tentamos compreender inicialmente a ação política e o plano político. Foram relevantes para nossa presente investigação, nossos achados quanto aos seis elementos básicos de âmbito político, a distinção entre política "não-política" (*inter partes* e orientada para metas) e política "política" (*super partes* e orientada para meios), e as características do sistema político: discrição externa e unidade interna. Observamos as duas dimensões do processo político: "horizontalmente" é relacionado com defesa externa e ordenação interna; "verticalmente", com o relacionamento entre o poder e a validade, por um lado, e os atores políticos por outro, de acordo com as possibilidades combinatórias admitidas pelas "variáveis do poder". Concluímos nosso estudo desse conjunto de problemas com a análise comparativa do regime de poder, do regime político e da estrutura de autoridade, observando como o último é independente do anterior e apresenta sempre um relacionamento padronizado entre os poucos formuladores de decisão, vários executores de decisão e muitos acatadores de decisão.

Participação e poder

Continuamos nossa análise estudando os problemas de participação e poder, relacionando-nos com o grupo social e os grupos primitivos. Isto nos levou a algumas descobertas básicas no campo da sociologia política do grupo: os princípios de estática de grupo e dinâmica de grupo, que mostram a correlação entre a estabilidade e a mudança do grupo e a estabilidade e mudança das condições internas e externas relevantes que influenciaram sua formação ou sua finalidade. A partir desta análise localizamos a fonte funcional de autoridade política, que são, basicamente, comandos autovalidantes para a obtenção de metas coletivas. A análise dos grupos primitivos e da autoridade primitiva — que mostra os estágios sucessivos da humanização social do homem e que revelam, na transição do (terceiro) estágio de ordenação intergrupal ao (quarto) estágio de governo supergrupal, a importância particular da emergência de novas religiões, na formação das primeiras civilizações — apresentou, a partir de uma perspectiva filogenética, a confirmação de nossas descobertas no estudo ontogenético do grupo social. Enquanto que a origem social da autoridade, tanto histórica quanto analiticamente, é consensual, baseada nos requisitos funcionais de comandos autovalidantes, sua institucionalização e funcionalização são, tanto histórica quanto analiticamente, dependentes da diferenciação e discriminação de classes — e induzem a elas — e tendem, sociopoliticamente, a engendrar e agravar tais efeitos.

Intercâmbios intersocietais

O capítulo 5 do Livro I foi dedicado a uma análise da organização política. Foram ali tratados alguns dos problemas e categorias mais intimamente ligados a nossa presente investigação. Lembremos uma vez mais que não é intento desta revisão resumir os capítulos precedentes mas apenas ressaltar sua mais importante contribuição para a compreensão das questões a serem discutidas no capítulo presente. Para propósitos de facilidade, mantenhamos a mesma divisão por itens usada no Cap. 5 do Livro I.

O primeiro destes itens estava relacionado com o intercâmbio intra-societal. Ali, convém lembrar, partindo de uma versão revista das teorias de Parsons sobre os intercâmbios entre o sistema político e os outros subsistemas sociais, fomos levados a descobrir o fluxo dos intercâmbios societais básicos. O sistema político intercambia ordens, crenças e símbolos do plano cultural, atores, papéis e *status* do plano participacional e mercadorias, do plano econômico. Estas permutas, como foi visto subseqüentemente (Quadro 18, Livro I), projetadas em um quadro de insumo--produto implicam, com o sistema cultural, permutar imposição de valores por legitimidade; com o sistema de participação, a ordem interna e defesa externa por atores políticos, como formuladores de decisão, executores de decisão e acatadores de decisão; com a economia, o sistema político intercambia ordem legal e serviços públicos por solvência. Uma última análise de tal intercâmbio permitiu estabelecer, em acordo básico com Parsons, seus valores implícitos e os serviços intercambiados (Quadro 19, Livro I).

O sistema político

Do item subseqüente, que focalizou os processos insumo--conversão-produto do sistema político, discutindo as contribuições de Almond e Easton, o que é mais relevante para nossa presente investigação é a crítica final dos critérios de Almond para a classificação de sistemas políticos. O mérito da abordagem de Almond, como notamos freqüentemente, consiste em fornecer a mesma estrutura básica para análise de sistemas, a análise comparativa, e a análise do desenvolvimento. Sua limitação, porém, consiste em que, por um lado, como nos referiremos subseqüentemente, seus conjuntos de variáveis não são completos o suficiente para o propósito. Além disso, devido a sua insistência em correlacionar univocamente a autonomia do subsistema com o desenvolvimento político, produz uma deformação da realidade, retardando sua compreensão do socialismo desenvolvimentista e de outros modelos políticos baseados em uma forte ação promocional de um Estado centralizado. É necessário, como salientamos, distinguir o desenvolvimento político generalizado do especializado. Esta questão, que será estudada em detalhes na Secção presente, é extremamente relevante para a compreensão dos processos de desenvolvimento societal que, dadas as condições estruturais de uma sociedade, não podem deixar de começar a não ser por um desenvolvimento político orientado para o desenvolvimento global, por meios políticos, dessa sociedade como um todo.

Política comparada

O último item do Cap. 5, Livro I, ainda que um tanto árduo devido a seus intentos classificatórios, é tecnicamente o mais relevante para nossa presente investigação. A discussão crítica dos atuais modelos de política comparada, notadamente os esquemas taxonômicos propostos por Almond e por Eisenstadt, levou-nos a sugerir um modelo alternativo, construído de maneira a servir, tanto para a representação de qualquer sistema político, quanto para propósitos taxonômicos e comparativos, incluindo, particularmente, a representação, mensuração e comparação de diferentes níveis do desenvolvimento político. Esse modelo é baseado em três conjuntos de macrovariáveis: (1) *Variáveis Operacionais* (que indicam a extensão da modernização), incluindo (A) Orientação Racional, (B) Diferenciação Estrutural, e (C) Capacidade; (2) *Variáveis Participacionais* (que indicam a extensão da institucionalização), compreendendo: (D) Mobilização Política, (E) Integração Política, e (F) Representação Política; e (3) *Variáveis Direcionais* (que indicam a orientação política), incluindo (G) Superordenação Política e (H) Orientação de Desenvolvimento. Estes conjuntos de macrovariáveis fornecem as bases para vários quadros distintos, com distintas aplicações, como a análise individual e comparativa de sistemas, a classificação de tipos gerais de sistemas e regimes políticos, e a mensuração comparativa do desenvolvimento político.

O estudo do desenvolvimento político, como sabemos, começou quando os cientistas sociais se tornaram conscientes de que o desenvolvimento econômico — a primeira forma de desenvolvimento social a ser cientificamente analisada — não seria explicável sem se recorrer a fatores e condições não-econômicos, nem deveria ser aceito como a única forma de desenvolvimento social. Uma vez entendida a especificidade do desenvolvimento político, deu-se um passo adiante quando as principais características analíticas do desenvolvimento político, como veremos em detalhe no próximo capítulo, foram gradualmente salientadas, ainda que até agora de forma não indiscutível. Um terceiro passo está em processo agora, que consiste em alcançar um modelo geral do sistema político que possa ser ao mesmo tempo descritivo e comparativo. Com base em tal modelo começamos a avançar, no Cap. 5, Livro I, para uma teoria do desenvolvimento político que será tratada ao longo do Cap. 3, deste livro, e de acordo com a qual: (1) as variáveis para a caracterização e mensuração do desenvolvimento político são as mesmas que são requeridas para uma análise sistêmica do sistema político, para uma taxonomia de sistemas, e para comparar distintas políticas; (2) o desenvolvimento político é uma direção política, assim como a evolução geral, da qual é um aspecto social, é uma direção de sistemas de auto-adaptação e a entropia é uma direção de sistemas físicos — que, no último caso, pelo contrário, segue o sentido da degradação termodinâmica; (3) o desenvolvimento político, como um processo, é modernização política *mais* institucionalização política.

Meios de mudança política

Nosso último empenho, no Livro I, foi orientado para o estudo dos meios e conteúdos de mudança política relevante. Descobrimos, em primeiro lugar, a necessidade de distinguir os modos e meios pelos quais pode ser introduzida uma mudança política relevante, afetando de forma variada o sistema político e seu regime regulador, a partir do conteúdo social de tais mudanças. No que se relaciona aos meios de produção de mudanças, vimos a diferença entre (1) *revolução*, implicando a neutralização ou derrota do subsistema de coerção anterior, pela mobilização de forças sociais e pessoas suficientes para obter tal resultado, (2) *golpe de Estado*, no qual o subsistema de coerção anterior é usado por meios não compatíveis com o regime político anterior, e (3) *reforma*, implicando a preservação básica do regime político e do regime anterior de poder para desempenhar, por um ato de liberalidade esclarecida (mesmo se para interesse próprio) do grupo ou círculo dirigente, mudanças que envolvem um aumento da amplitude do sistema político.

Como vimos, existe uma diferença importante, no que se refere aos meios pelos quais as reformas podem ser realizadas, entre as reformas radicais e as progressistas. No caso anterior os promotores, embora aceitos e freqüentemente participantes do círculo dirigente, não pertencem a ele, mas sim à camada social em ascensão, em cujo benefício é introduzida a reforma. No caso de reformas progressistas, consideradas como um meio de mudança, os promotores são em si membros, mas particularmente esclarecidos e socialmente cônscios, do círculo social, e sua iniciativa é orientada para beneficiar uma camada social inferior, distinta da sua própria.

Conteúdos da mudança política

No que se refere ao conteúdo social, as mudanças políticas podem ter também um caráter revolucionário ou reformista. Todavia, o que está em questão agora não são, direta ou primariamente, os modos e meios pelos quais podem ser introduzidas tais mudanças, mas a natureza social das mudanças obtidas. As mudanças revolucionárias — tanto de caráter desenvolvimentista quanto regressivo — são aquelas, em termos de conteúdo, que mudam direta e imediatamente o regime de poder anterior, geralmente com efeitos congruentes sobre os regimes de participação e de propriedade. As mudanças reformistas, em termos de conteúdo, apresentam também uma diferenciação entre (1) mudanças radicais ou reacionárias e (2) mudanças progressistas ou regressivas.

Desta vez, porém, o que está em questão não é o fato de os promotores de mudança pertencerem ou não ao círculo dirigente. O que está em questão, no que se refere aos assuntos de conteúdo, é a profundidade do nível social das mudanças obtidas. As mudanças de conteúdo radical ou reacionário são as que afetam, em termos de desenvolvimento ou em termos regressivos, as estruturas básicas do sistema social e político, embora fundamentalmente compatíveis com o regime de poder anterior. As mudanças de caráter progressista ou regressivo são as que afetam apenas, funcional ou disfuncionalmente, a marcha das estruturas anteriores, incluindo o uso de homens funcionalmente mais capazes ou menos capazes.

2. Revisão da Bibliografia

Uma sistematização das concepções básicas

Como observou Samuel Huntington (1965), em sua valiosa contribuição ao estudo do desenvolvimento político, as "definições do desenvolvimento político são inumeráveis". O assunto é relevante por muito mais razões do que as de rigor formal. O próprio conceito de desenvolvimento político — e não apenas a exatidão lógica ou a elegância verbal de sua definição — não é claro e sofre interpretações conflitantes. E embora seja verdade que os cientistas políticos já alcançaram uma grande área de acordo com referência ao fenômeno do desenvolvimento político, parece ser também verdade que é possível alcançar atualmente uma compreensão muito mais clara e precisa a partir dessa área de acordo.

No próximo capítulo, tratarei de contribuir para tal propósito, em uma tentativa de apresentar uma teoria compreensiva do desenvolvimento político, cuja enunciação sucinta já foi adiantada anteriormente. Para isto, reverei brevemente, no presente capítulo, as idéias correntes sobre o assunto e tentarei localizar as várias concepções em uma estrutura mais ampla, construída de acordo com a teoria a ser discutida analiticamente mais tarde.

Huntington, tentando uma tarefa semelhante[1], sentiu também a necessidade de estabelecer alguns critérios para a discussão

---

1. Vide SAMUEL HUNTINGTON (1965). Suas concepções sobre o assunto foram expandidas subseqüentemente para cobrir outros tópicos (particularmente em 1966a e 1966b) e integradas finalmente em um novo livro (1968).

das várias concepções e propôs definições do desenvolvimento político. Ressaltou então a necessidade, por um lado, de dar ao conceito um tratamento funcional, de modo que possa ser útil para a análise política e, por outro, de preservar a sua necessária universalidade. A modernidade, que é um dos requisitos do desenvolvimento político mais usualmente indicados pelos analistas, é entendida freqüentemente no sentido concreto da história moderna. Os sistemas pré-modernos, portanto, devem ser entendidos conceitualmente como subdesenvolvidos. Isto ressalta, mais obviamente, uma dupla limitação. Para começar, resulta em afirmações fatualmente erradas: a Atenas de Péricles não era um sistema político subdesenvolvido, seja com respeito aos sistemas políticos grego ou persa contemporâneos, seja mesmo em termos comparativos históricos, com relação, por exemplo, aos sistemas historicamente mais modernos, como o feudalismo ocidental ou o do Haiti atual. Além disso, despoja o conceito de um significado funcional. O desenvolvimento se torna um efeito relacionado com um certo período histórico, não uma característica funcional de um sistema político, sujeita à mensuração e comparação qualitativas e quantitativas.

Como já foi adiantado, a teoria do desenvolvimento político sugerida neste livro o entende como modernização política mais institucionalização política. Ambos os termos são usados de um modo funcional. Modernização e institucionalização são denominações gerais dadas a certos níveis e tendências das variáveis Operacional e Participacional, discutidas no item III do Cap. 5, Livro I. Além do mais, desenvolvimento político é entendido como apresentando três aspectos: (1) desenvolvimento das capacidades do sistema político, (2) desenvolvimento da contribuição do sistema político ao desenvolvimento global da sociedade e (3) desenvolvimento da responsividade do sistema político, com o aumento qualitativo e quantitativo de sua representatividade, legitimidade e serviçabilidade. Usaremos estes conceitos como um quadro amplo de referência para a locação das várias concepções correntes sobre desenvolvimento político, que discutiremos agora. Tal comparação nos ajudará a prosseguir, no capítulo subseqüente, com a discussão da teoria do desenvolvimento político proposta por este autor.

Procedendo à mesma revisão, Huntington observou, em primeiro lugar, que a categoria ou requisito de "modernidade", seja num significado ingênuo, historicamente situado, seja num sentido funcional e historicamente abstrato, é a característica mais usual do desenvolvimento político apontada na bibliografia sobre o assunto. Vários autores preferem até mesmo o termo modernização política para desenvolvimento político e o usam em forma alternativa. Em uma maneira mais analítica, Huntington nota que são quatro as características do desenvolvimento político mais usualmente referidas: (1) racionalização, (2) integração nacional, (3) democratização, e (4) participação.

Lucien Pye (1966) realiza uma enumeração e análise exaustivas de todos os significados principais do desenvolvimento político, que possam ser achados na bibliografia ou que deveriam ser legitimamente considerados com referência ao assunto. Ele chega a uma lista de dez significados principais que, com sua crítica e comentário próprios, pode ser resumida sucintamente como consta do Quadro I.

QUADRO 1: Significados principais do desenvolvimento político segundo Pye

Desenvolvimento político compreendido como:

1. O pré-requisito político do desenvolvimento econômico
   (Comentário de Pye; contra; é insuficiente, à medida que o crescimento econômico ocorreu em distintos sistemas e regimes políticos)

2. A política de sociedades industriais
   (P.: inapropriado como critério político)

3. Modernização política
   (P.: a modernização política considerada como igual à ocidentalização é obstada em nome do relativismo cultural)

4. O funcionamento do Estado nacional
   (P.: concepção atribuída a Kalman Silvert; Pye concorda em parte mas a considera insuficiente; além do nacionalismo, é requerida cidadania)

5. Desenvolvimento administrativo e legal
   (P.: concepção colonialista; faltam a educação da cidadania e a participação popular)

6. Mobilização e participação de massa
   (P.: concepção parcial; não é considerada a ordem pública)

7. Construção da democracia
   (P.: objetada em terrenos metodológicos; conceito de valor)

8. Estabilidade e mudança regular
   (P.: concepção da classe média; a ordem é menos importante do que assegurar que as coisas sejam feitas)

9. Mobilização e poder
   (P.: entendido no sentido de capacidade política crescente: Pye concorda em grande parte)

10. Um aspecto de um processo multidimensional de mudança social
    (P.: concepção de Millikan; Pye concorda basicamente; desenvolvimento político associado intimamente com outros aspectos de mudança social e econômica)

Os dez significados principais de Pye, sua própria conclusão adicional pessoal, bem como as concepções mais representativas a serem encontradas na bibliografia sobre o assunto, podem ser agrupados em torno de seis interpretações centrais, usando a estrutura de referência anteriormente indicada. Concordantemente, teremos o desenvolvimento político entendido como consta do Esquema 1.

ESQUEMA 1: Interpretações básicas do desenvolvimento político

I. Modernização política:	— Bendix, Pye n.º 3, Packenham, Eisenstadt, Almond
II. Institucionalização política:	— Deutsch, Pye n.º 6, Huntington
III. Desenvolvimento da capacidade do sistema político:	— Diamant, Pye n.º 9, em parte Almond e Apter, Organski
IV. Desenvolvimento da contribuição do sistema político ao desenvolvimento global da sociedade:	— Pye n.º 1, 2, 4, 5, 8, em parte 10
V. Desenvolvimento da responsividade do sistema político:	— Pye n.º 7
VI. Modernização política mais institucionalização política:	— Própria conclusão de Pye, em parte Weiner e Horowitz, Apter.

Desenvolvimento político como modernização política

A compreensão do desenvolvimento político como modernização política, apoiada tipicamente pelos autores do primeiro grupo do Esquema I, apresenta uma grande diferenciação, de acordo com os vários significados dados à modernização. Bendix (1964) o vê, ao mesmo tempo, no sentido de um processo historicamente situado, e em um significado funcional sociocultural. Em termos de um processo historicamente situado, a modernização designa, basicamente, a transformação das sociedades ocidentais, desde o século XVIII e, sob a influência deste processo, a transformação de outras sociedades tais como a russa, com os czares esclarecidos e os comunistas; a japonesa, com a restauração Meiji e as sociedades contemporâneas, gradual ou repentinamente emergentes do tradicionalismo. No plano sociocultural, este processo foi, historicamente, e continua sendo hoje, marcado pela conversão do relacionamento senhor-servo a um de empregador-empregado. A evolução das guildas, no caso europeu, a generalização da educação elementar, e a adoção de uma franquia política mais ampla, foram os fatores principais que comandaram o processo de modernização.

O significado n.º 3 de Pye, considerando o desenvolvimento político como modernização política, toma o último conceito de maneira praticamente idêntica à de ocidentalização. Ele é inclinado a considerar então este significado como afetado pelo etnocentrismo ocidental. E uma vez que o que é ocidental e o que é moderno se tornem quase que coextensivos, não há mais meio de medir o desenvolvimento político, exceto em se supondo que seu nível aumenta ou decresce de acordo com sua maior ou menor incorporação de instituições e traços ocidentais, uma concepção oposta por Pye em nome do relativismo cultural. Packenham (1966) adota uma concepção funcional de modernização e, com algumas qualificações, a identifica ao desenvolvimento político. O desenvolvimento político em sua própria definição, é "a vontade e a capacidade para enfrentar e gerar uma transformação contínua em direção à modernização, mantendo-se ao mesmo tempo a liberdade individual básica".

Eisenstadt (1964 e 1966) considera o processo de modernização tanto em termos históricos quanto em funcionais. Funcionalmente, a modernização política consiste (1964): (1) no desenvolvimento de estruturas políticas altamente diferenciadas, (2) na crescente extensão das atividades do governo central e (3) no enfraquecimento das elites tradicionais. Essencial a este processo (1966) é (a) a diversidade e diferenciação estruturais e uma contínua mudança estrutural, resultando na imiscuição de grupos mais amplos no centro e (b) habilidade das estruturas emergentes em lidar com a mudança contínua, ocasionando crescimento sustentado. Historicamente, o processo apresentou duas fases. A primeira foi a fase da modernização limitada que ocorreu, para os países ocidentais, nos séculos XVIII e XIX. Consistiu, basicamente, na incorporação das classes médias aos centros de decisão e em melhores condições de vida, juntamente com o processo de secularização e de desenvolvimento tecnológico. A segunda fase, ocorrente a partir do século XIX, é a fase de modernização em massa, pela qual as amplas massas estão sendo incorporadas. O processo foi mais fácil quando a primeira fase precedeu a segunda e as duas ondas de incorporação puderam ser graduais. Contrariamente, quando o processo de modernização política começa tardiamente e se inicia pela segunda fase, sérias pressões afetam o sistema político, que se pode quebrar. Isto acontece (1964) pela incapacidade do sistema em resolver novos conflitos, quando o nível de articulação é excessivamente superior ou inferior ao nível de agregação e conversão e (1966) pela sobreposição de demandas, ao invés de sua descontinuidade e consecutividade. Conseqüentemente, há ou (I) o estabelecimento de um regime regressivo, relativamente estagnado, a um nível inferior de diferenciação e responsividade, ou (II) o desenvolvimento de uma sociedade mais flexível e moderna, como nos casos da Rússia e do México.

As concepções de Almond (1966) sobre o desenvolvimento político são as mais sistemáticas das até agora formuladas na bibliografia sobre o assunto. Como já foi notado neste livro,

Almond tem o mérito de haver combinado com sucesso, em uma maior síntese, a abordagem sistêmica de Easton com uma concepção de desenvolvimento. Dessa maneira ele chegou a um conjunto de variáveis que são tão apropriadas para a análise individual de um sistema político, quanto para a classificação de sistemas e seu estudo comparativo sincrônico e diacrônico (vide Cap. 5, Livro I). De acordo com estas variáveis Almond entende o desenvolvimento político como um processo cumulativo de crescente (1) *diferenciação de papéis* (incluindo (1.1), especialização de papéis e subsistemas; (1.2) flexibilização de recursos; (1.3) racionalização de funções, e (1.4) criação de recursos), (2) *autonomia dos subsistemas* e (3) *secularização*[2].

A diferenciação e secularização estrutural (de papéis) progridem em paralelo, na medida em que representam, para Almond, as duas variáveis da modernização. A autonomia dos subsistemas, distintamente, não é relacionada com as variáveis anteriores, de modo que alguns sistemas podem ter uma alta autonomia dos subsistemas, como os sistemas feudais, num baixo nível de modernidade, enquanto outros sistemas, como os sistemas comunistas, podem alcançar altos níveis de modernidade, mantendo um baixo nível de autonomia dos subsistemas. Isto permite a Almond construir um quadro (Cf. Almond, *op. cit.*, p. 308) apresentando, para vários sistemas significativos, seus níveis comparativos de diferenciação e secularização estrutural, por um lado, e de autonomia dos subsistemas por outro, como pode ser visto no Quadro 2.

O desenvolvimento político, para Almond, resulta de mudanças no sistema político, devidas (1) ou a insumos do sistema internacional, notadamente ameaças de agressão externa, ou a fatores internos, como crescentes pressões das massas em busca de respostas apropriadas das elites — ou levando a uma mudança das elites — ou (2) a políticas centralizadoras da iniciativa das elites, tentando aumentar a capacidade do sistema. Seu resultado mais típico é o aumento das capacidades do sistema: sua potencialidade reguladora, extrativa, distributiva, responsiva, e simbólica.

---

2. Almond distingue, conforme sua própria terminologia e quadro conceitual, a modernização política, que incluiria a diferenciação de papéis, em seu aspecto estrutural, e a secularização, em seu aspecto cultural, do conceito mais amplo de desenvolvimento político, que inclui, adicionalmente, a autonomia dos subsistemas. Porém, de acordo com o ponto de referência adotado neste livro, como foi explicado no Cap. 5, Livro I e como será discutido mais adiante no próximo capítulo, os referentes da modernização política incluem também a autonomia de subsistemas, que é uma das variáveis da macrovariável (B) diferenciação estrutural. Esta é, incidentalmente, a razão pela qual as concepções de Almond são discutidas no grupo de autores que consideram o desenvolvimento político como modernização política.

O desenvolvimento político segue, analiticamente, uma sucessão de quatro estágios principais: (1) construção do Estado, correspondendo a um aumento da penetração e integração do sistema; (2) construção da nação, ocasionando uma lealdade e compromisso com o sistema; (3) ampliação da participação, aumentando e alargando a inclusão dos membros no sistema, e (4) expansão da distribuição, levando à realocação de recursos e sua distribuição mais uniforme[3].

Almond salienta finalmente que o processo do desenvolvimento político está sujeito a cinco condições básicas e varia de acordo com elas. A primeira condição é a de se o processo apresenta, empiricamente, uma sucessão ou uma cumulação de

QUADRO 2: Quadro do desenvolvimento político, segundo Almond

		Baixo	Médio	Alto
Sistemas modernos	(Infra-estruturas políticas diferenciadas)	Totalitário Radical		Democrático com alta autonomia
		Totalitário Conservador	Autoritário Modernizador	Democrático com limitada autonomia
			Autoritário Conservador	Democrático com baixa autonomia
		Autoritário Pré-mobilizado	Democrático Pré-mobilizado	
Sistemas tradicionais	(Estruturas governamentais diferenciadas)	Sistemas patrimoniais	Impérios Burocráticos	Sistemas feudais
Sistemas primitivos	(Baixas diferenciação e secularização)	Bandos primitivos	Sistemas piramidais	Sistemas segmentários

Crescente diferenciação estrutural e secularização cultural ↑

Crescente autonomia de subsistema →

---

3. Os problemas referentes aos estágios de desenvolvimento político são discutidos no Cap. 10.

seus estágios analíticos. A sucessividade favorece enquanto a cumulatividade obstaculiza as perspectivas de desenvolvimento bem sucedido. Uma segunda condição é a de se há uma maior ou menor |disponibilidade de recursos mobilizáveis, para as funções extrativas e distributivas do sistema político, com chances de desenvolvimento correspondentemente melhores ou piores. Uma terceira condição é a de se há ou não um desenvolvimento concomitante dos outros sistemas da sociedade. A dependência excessiva do sistema político, devida à estagnação dos outros sistemas, causa pressões no primeiro e pode ocasionar sua quebra. Uma quarta condição depende do nível anterior de capacidade de desenvolvimento do sistema, que será mais ou menos capaz de lograr desenvolvimento bem sucedido de acordo com seu maior ou menor nível de capacidade prévio. Finalmente, uma quinta condição de desenvolvimento político depende da resposta ao desafio por parte das elites políticas. As elites criativas tendem a responder a desafios a seus interesses desenvolvendo o sistema, enquanto as elites estagnadas respondem a tais desafios tentando suprimir as demandas por meios coercitivos, e assim sobrecarregar seus recursos sem aumentar a capacidade do sistema[4].

Desenvolvimento político como institucionalização política

O segundo grupo de autores, de acordo com nossa classificação anterior, inclui os que entendem o desenvolvimento político como institucionalização política. Aqui, uma vez mais, temos uma grande variedade, entre este grupo de analistas, de interpretações do significado de institucionalização. A classificação em si, como usada aqui, é baseada no significado apresentado no item III do Cap. 5, Livro I. Os referentes da institucionalização política são as Variáveis Participacionais representadas pelas macrovariáveis (D) Mobilização Política, (E) Integração Política, e (F) Representação Política. Os autores anteriores, porém, como será visto a seguir, tendem a manter apenas uma destas três macrovariáveis ou partes delas.

Deutsch (1961), no quadro mais amplo do processo de modernização societal, igualiza o desenvolvimento político à mobilização política e considera a mobilização social como a condição geral da mobilização política, que resultaria da relação que o sujeito mantenha, no processo de mobilização social, com as estruturas, valores e conseqüências políticas. Para ele, a mobilização social é "o processo no qual os agrupamentos principais de antigos compromissos sociais, econômicos e psicológicos, são desgastados ou quebrados, e as pessoas tornam-se

---

4. As condições para o desenvolvimento político são discutidas no Cap. 11.

disponíveis para novos padrões de socialização e comportamento". Tal processo é mensurável por meio de certos referentes, de natureza econômica, social, cultural e política, como o PNB *per capita,* a porcentagem de alfabetismo, de população urbana, de filiação a partidos, etc.

O significado n.º 6 de Pye quanto ao desenvolvimento político, como mobilização e participação de massa, está próximo à concepção de Deutsch, mas leva uma conotação distinta. O processo, para Deutsch, é essencialmente um fenômeno social, que apresenta um aspecto político. O significado n.º 6 de Pye é essencialmente político e resulta dos esforços deliberados de converter pessoas paroquiais em participantes ativos, mobilizados por uma motivação ideológica, um partido de massa, e líderes carismáticos. De acordo com Pye, esta concepção de desenvolvimento político é típica em países anteriormente coloniais e, em geral, em países que estiveram submetidos anteriormente a governos tradicionais não populares e expressa seu despertar ao autogoverno e à política de massa. O próprio Pye sustenta, porém, que este significado é insuficiente e que o desenvolvimento político, além da mobilização e participação de massa, requer o estabelecimento e a preservação da ordem pública.

Huntington (1965 e 1968), o teórico mais destacado da concepção de institucionalização, adota uma interpretação distinta e de certo modo mais restrita. Enquanto Deutsch e Pye n.º 6 vêem no processo de institucionalização particularmente os movimentos sociais e políticos que lutam para a construção de novas instituições ou a aquisição de nova participação institucional, a focalização de Huntington é dirigida às instituições sociopolíticas como tais, como um complexo de estruturas e normas que regulam o sistema político e o todo da sociedade. Desenvolvimento político, para Huntington, é "a institucionalização de organizações e processos políticos" (1965, p. 393). Tal institucionalização é caracterizada (cf. 1968, p. 12 e ss.) pela direção e pelo nível apresentado pelas quatro variáveis dicotômicas principais: (1) Adaptabilidade-Rigidez, (2) Complexidade-Simplicidade, (3) Autonomia-Subordinação, (4) Coerência-Desunidade. A institucionalização, e dessa maneira o desenvolvimento político, ocorre quando o processo político segue na direção do primeiro pólo de cada dicotomia e é mensurável pelo nível alcançado nessa direção.

As variáveis dicotômicas apresentam vários aspectos relevantes cuja análise permite uma avaliação objetiva da tendência global de cada uma. Assim, para determinar a tendência e nível de adaptabilidade — rigidez de uma instituição é preciso verificar (1) sua cronologia (mais longa existência é uma prova de adaptabilidade), (2) o número de gerações sucessivas que foram capazes de operar e controlar a instituição (sucessão regular de liderança é uma prova de adaptabilidade), (3) sua adaptação funcional a novas condições (expressão direta de adaptabilidade). Para verificar a tendência e nível de complexidade-simplicidade, é preciso verificar (1) a diferenciação de função e (2) a articulação de função de uma instituição. A tendência e nível de autonomia--subordinação é observável pelos graus de (1) distinção de outras, (2) especificidade de jurisdição, e (3) autodeterminação. A tendência e nível de coerência — desunidade pode ser verificada pela medida do consenso e da unidade interna que prevalecer na organização.

Um corolário importante da concepção institucional de Huntington, devidamente salientado por ele, é sua teoria sobre os efeitos negativos da mobilização excessiva. A mobilização torna-se "excessiva", para uma dada organização ou instituição, (cf. 1968, p. 86 e ss.), quando leve à participação de mais pessoas do que as que internalizaram os valores do sistema. Em outros termos, quando o processo de mobilização e participação política exceda o processo de socialização política, sendo o sistema político relacionado submetido a pressões não controláveis que o façam entrar em decadência. O desenvolvimento político, portanto, implica ao mesmo tempo a institucionalização política e o refreamento da excessiva mobilização e participação política. Uma faceta é orientada para a criação e consolidação de instituições. A outra, para o retardamento da mobilização, particularmente através da institucionalização de estágios de admissão das massas aos centros de decisão, de modo que seja mantido o equilíbrio entre a participação no sistema e o ajustamento a ele. Para ambas as funções, o partido político (cf. 1968, Cap. 7) é considerado por Huntington como o instrumento mais relevante.

Desenvolvimento político como um dos três aspectos de nosso quadro de referência

Os pontos III, IV e V do Esquema 1 correspondem, como será lembrado, aos três aspectos do desenvolvimento político referidos no quadro de referência apresentado na p. 22. Certos autores consideram que o desenvolvimento político é idêntico, ou corresponde, grandemente, a um destes aspectos. Revisemos brevemente estas interpretações.

Temos inicialmente (ponto III, Esquema I) a compreensão do desenvolvimento político como desenvolvimento da capacidade do sistema político. Esta concepção está próxima à interpretação do desenvolvimento político como modernização política. Como vimos em nossa discussão anterior sobre o sistema político (Quadros 20 e 21, Livro I), as Variáveis Operacionais, que correspondem ao referente da extensão de modernização, inclui as macrovariáveis (A) Orientação Racional, (B) Diferenciação Estrutural, e (C) Capacidade. Embora a capacidade seja apenas uma das macrovariáveis cujo nível aumenta ou decresce de acordo com o aumento ou decréscimo da modernização, ocorre que o resultado final e mais expressivo de modernização crescente é a crescente capacidade do sistema político. Esta é a razão pela qual autores como Almond, que salientaram os aspectos do desenvolvimento político relacionados com a modernização, são inclinados a ver o desenvolvimento da capacidade de um sistema político como quase que idêntico a seu desenvolvimento político.

A definição de Diamant (1964) sobre desenvolvimento político, cai nesta concepção. "Em sua forma mais geral", ele dirá, "o desenvolvimento político é um processo pelo qual um sistema político adquire uma capacidade crescente para manter, com sucesso e continuamente, novos tipos de metas e de demandas e a criação de novos tipos de organizações" (Cf. op. cit., p. 92). Esta concepção é também expressamente endossada por Organski (1965), cuja importante contribuição ao estudo dos estágios do desenvolvimento político será discutida posteriormente neste livro (vide Cap. 10). Com referência a seu conceito de desenvolvimento político, Organski (op. cit., p. 7) o define como "eficiência governamental crescente em utilizar recursos humanos e materiais da nação, para metas nacionais".

Pye n.º 9 segue a mesma linha. "Este ponto de vista", observou Pye, "conduz ao conceito de que os sistemas políticos podem ser avaliados em termos do nível ou grau absoluto de poder que o sistema é capaz de mobilizar" (Cf. op. cit., p. 43). De acordo com o mesmo autor, que aceita pessoalmente em grande extensão esta concepção, ele tem a vantagem de permitir a mensuração, pelo uso dos indicadores de Deutsch. A compreensão de Apter (1966) do desenvolvimento político como a "proliferação e integração de papéis funcionais em uma comunidade", embora implicando um contexto muito mais amplo, está ligada também com a concepção de capacidade.

Outro dos aspectos do desenvolvimento político, que é a contribuição do sistema político ao desenvolvimento global da sociedade, referido no ponto IV de nosso esquema classificatório, corresponde à maioria dos significados dados ao desenvolvimento político na lista de Pye. Tal é o caso dos significados de Pye n.º 1, 2, 4, 5, 8 e em parte 10, como pode ser visto no Esquema 1.

O terceiro aspecto anteriormente referido e incluído no ponto V de nossa lista classificatória, o desenvolvimento político como o desenvolvimento da responsividade do sistema político, corresponde ao significado n.º 7 de Pye: desenvolvimento político como construção de democracia. Esta concepção, que Pye endossa axiologicamente, mas à qual ele objeta, como definição fatual, devido a seu conteúdo de valor, foi durante muito tempo a concepção prevalecente entre os autores ocidentais. O desenvolvimento político foi considerado como um processo de imitação das estruturas e processos políticos típicos nas democracias ocidentais, enquanto o conteúdo democrático das sociedades industriais ocidentais era exagerado de uma maneira não-crítica ou ideológica, pela identificação mecânica da democracia com o mecanismo formal das eleições e parlamentos. Como salientou Almond em suas notas referentes à recente evolução das ciências políticas (*op. cit.*, p. 5), as novas condições do mundo, após a Segunda Guerra Mundial, forçaram também uma nova abordagem intelectual à política, e os sistemas políticos começaram a ser estudados em termos empíricos.

Desenvolvimento político como modernização política mais institucionalização política

O entendimento do desenvolvimento político como modernização política mais institucionalização política, nos termos da teoria proposta neste livro, que será discutida criticamente no capítulo seguinte, é, como tal, uma formulação original. Embora a responsabilidade por ela deva ser atribuída ao presente autor, essa teoria, como a maior parte das teorias novas, nem é uma descoberta arbitrária nem uma invenção totalmente nova, mas resulta das tendências de investigações anteriores, e muitos de seus elementos já foram apresentados em formulações prévias. Reservando para o próximo capítulo as discussões teóricas sobre este aspecto, apenas salientarei agora a medida em que as concepções de alguns autores sobre o significado do desenvolvimento político, embora expressas em diferentes termos e, particularmente, baseadas em distintas categorias, deveriam ser incluídas dentro desse mesmo quadro conceitual, ou próximas a ele. Este é, em grande medida, o caso da própria conclusão de Pye e das concepções de Apter, e é parcialmente o caso das interpretações de Weiner e Horowitz.

Weiner (1965) deu uma valiosa contribuição ao estudo do desenvolvimento político esclarecendo e classificando os cinco significados implicados no conceito de integração política, aos quais já foi feita menção neste livro. Nesse mesmo estudo ele adiantou uma interpretação de desenvolvimento político como o processo que ocasiona as três principais características seguintes: (1) expansão das funções do sistema político, (2) novo nível de integração política requerido por essa expansão e (3) a capacidade do sistema político para dar conta desses novos problemas de integração. Esta concepção, como pode ser visto, combina requisitos de modernização política, tais como funções em expansão do sistema político e sua crescente capacidade, com requisitos de institucionalização, tais como os novos níveis de integração política.

Horowitz, entende "desenvolvimento" como um conceito mais amplo compreendendo tanto "modernização" quanto "industrialização", como elementos constituintes distintos e algumas vezes conflitantes. A modernização é relacionada com o estilo urbano de vida e implica sua racionalização funcional. Mas é essencialmente uma postura de consumo: de idéias e de mercadorias. A industrialização, no processo do desenvolvimento, é o seu aspecto relacionado não apenas à tecnologia da produção mecanizada, mas também às decisões referentes aos regimes de poupança e investimento, a um certo custo de consumo, para tornar possível essa forma de produção. Embora não mencionado formalmente na formulação de Horowitz, é suficientemente e claro que sua concepção dos requisitos de industrialização está relacionada com as Variáveis Participacionais e com o processo de institucionalização política.

Lucien Pye (1966), revendo criticamente seus dez significados de desenvolvimento político, apresenta a conclusão sobre o "síndrome de desenvolvimento" alcançada por ele mesmo e por seus colegas do Comitê de Política Comparada[5]. De acordo com esses autores o processo de desenvolvimento político é caracterizado pelo aumento das três características principais, cujo crescimento cumulativo constitui o "síndrome de desenvolvimento": (1) igualdade, (2) capacidade (significando capacidade política), e (3) diferenciação e especialização. Embora estes autores não tenham usado os conceitos e os termos com que estivemos tratando em nosso quadro de referência, está claro que em sua compreensão do desenvolvimento político eles associaram as características dos processos de modernização política — aumento na capacidade do sistema e na diferenciação e especialização dos subsistemas e papéis — ao menos a um dos aspectos relevantes do processo de institucionalização política: o aumento na igualdade. E por igualdade eles entenderam: (I) alguma — maior ou menor — extensão de participação, (II) a universalidade da lei, ou igualdade legal e (III) recrutamento para os cargos políticos segundo padrões de desempenho — contra os padrões atributivos das sociedades tradicionais.

Temos finalmente, com Apter (1966), a distinção formal entre modernização política e desenvolvimento político. Apter salienta o aspecto funcional da modernização, na modernização geral e política, em particular. Para ele modernização é, essencialmente, um aumento na racionalidade e liberdade do processo

---

5. O Comitê de Política Comparada do Conselho de Pesquisas em Ciências Sociais, organizado em 1960, manteve uma contínua pesquisa e preparou uma série de sete volumes de estudos sobre Desenvolvimento Político, seis dos quais foram publicados em 1968. Iniciado sob a presidência de Gabriel Almond, que foi sucedido por Lucien Pye em 1965, o Comitê incluía também os seguintes estudiosos: Leonard Binder, R. Taylor Cole, James Coleman, Herbert Hyman, Joseph LaPalombara, Sidney Verba, Robert Ward, Myron Weiner e o falecido Sigmund Neumann.

de formulação de decisão, com o ajuste correlativo das estruturas e procedimentos. O desenvolvimento é um conceito mais amplo, que ele não elabora claramente, mas que implica um crescimento integrado estrutural qualitativo e quantitativo. Portanto, ele considera o desenvolvimento como o caso mais geral e a modernização como um caso particular. O primeiro "resulta da proliferação e integração de papéis funcionais em uma comunidade" (*op. cit.*, p. 67). A modernização, como um caso particular de desenvolvimento, implica o aumento dos três processos principais: (1) inovação sem destruição, (2) diferenciação e flexibilização das estruturas sociais, e (3) um quadro social para fornecimento de técnicas. Implícita nesta distinção está a compreensão de outro processo, em adição ao processo de modernização, que, combinado com ele, resulta no processo global de desenvolvimento. Pode ser dito ainda que, na concepção de Apter, esse processo adicional é um processo de integração social e de participação funcional. Estes processos como vimos, são uma parte essencial do processo de institucionalização política.

3. Uma Teoria Geral do Desenvolvimento Político

Formulação proposicional

Pode-se apresentar e discutir agora, em detalhe, a teoria do desenvolvimento político sobre a qual fiz anteriormente algumas breves antecipações. Estabelecerei inicialmente, em uma forma proposicional sucinta, a tese central da teoria, referente ao significado e alcance do desenvolvimento político, e subseqüentemente discutirei cada um desses aspectos, analisando suas bases e comparando-os de maneira crítica com as concepções de outros autores que foram estudados no capítulo precedente.

I. As variáveis do desenvolvimento político

As variáveis para a caracterização e mensuração do desenvolvimento político são as mesmas requeridas para uma análise de sistemas da organização política, para uma taxonomia geral dos sistemas políticos, e para comparar, sincrônica e diacronicamente, os distintos sistemas políticos.

II. Desenvolvimento político como uma direção política

O desenvolvimento político é uma direção política, como a evolução geral, da qual é um aspecto social, é uma direção de sistemas autoadaptativos, e como entropia é uma direção de sistemas físicos – no último caso, de maneira contrária, no sentido da degradação termodinâmica.

III. O desenvolvimento político como um processo

O desenvolvimento político, como um processo, é modernização política mais institucionalização política (DP = M + I). A modernização política é o processo de aumento das variáveis operacionais de um sistema político compreendendo as macrovariáveis (A) Orientação Racional, (E) Diferenciação Estrutural, e (C) Capacidade, com o aumento conseqüente das variáveis resultantes indicadas no Quadro 21, Livro I. A institucionalização política é o processo de aumento das Variáveis Participacionais de um sistema político compreendendo as macrovariáveis (D) Mobilização Política, (E) Integração Política, e (F) Representação Política, com o aumento conseqüente das variáveis resultantes, também indicadas no quadro acima referido.

IV. Os três aspectos do desenvolvimento político

1. Desenvolvimento da capacidade do sistema político, que corresponde ao desenvolvimento da efetividade do mesmo como um subsistema do sistema social;

2. Desenvolvimento da contribuição do sistema político ao desenvolvimento global da sociedade relacionada, que corresponde ao desenvolvimento de toda a sociedade por meios políticos;

3. Desenvolvimento da responsividade do sistema político, aumentando sua representatividade, legitimidade e serviçabilidade, que corresponde ao desenvolvimento do consumo político e do consenso social por meios políticos.

A primeira tese, referente às variáveis do desenvolvimento político, expressa o fato de que o desenvolvimento político é uma ocorrência do sistema político caracterizada por certas mudanças estruturais do dito sistema. A fundamentação desta tese é de natureza analítica. Uma vez que entendemos por sistema político um certo plano estrutural da sociedade, bem como um subsistema do sistema social, caracterizado pelo fato de que é, analiticamente, como um plano, o lugar, e, como um subsistema, a pauta estrutural de interações resultantes na alocação autoritária de valores, temos que as variáveis para caracterizar e mensurar essa espécie de mudança estrutural, que é o desenvolvimento político, devem ser necessariamente as mesmas variáveis requeridas, em análise de sistemas, para caracterizar o sistema político e para medir suas ocorrências. A mesma razão explica por que as variáveis requeridas para a classificação geral de sistemas políticos e para sua comparação sincrônica e diacrônica, são também as mesmas.

Em outras palavras, pode também ser dito que uma abordagem de sistemas implica, precisamente, o reconhecimento de que algumas variáveis estruturais constituem a pauta de funcionamento do sistema, que essas variáveis são identificáveis por observação empírica do mesmo e que podem ser caracterizadas objetivamente e suas variáveis medidas objetivamente pelo uso de indicadores apropriados. Dadas estas suposições e condições, verificáveis empiricamente, é dada também a necessidade de usar as mesmas variáveis para a caracterização e mensuração das ocorrências estruturais observáveis do sistema, tal como seu desenvolvimento. E sendo os sistemas políticos caracterizados por esses conjuntos observáveis de variáveis, sua classificação e comparação requer o uso dos mesmos indicadores.

Como foi notado anteriormente, Almond foi o primeiro cientista político a adotar os mesmos conjuntos de variáveis para o tríplice propósito acima mencionado: análise de sistemas, taxonomia política e política comparada. Sua tabela de variáveis, porém, não é suficientemente completa, quando ele inclui todas as características relevantes usando apenas algumas — em minha terminologia — das Variáveis Operacionais. Como já foi discutido no Cap. 5, Livro I, o modelo básico para a análise comparativa de sistemas requer também as variáveis participacional e direcional. Além do mais, o próprio conjunto de variáveis operacionais requerido para este propósito necessita da inclusão de mais variáveis do que na tipologia de Almond e requer a distinção, por um lado, entre as macrovariáveis e seu conteúdo e, por outro lado, as variáveis resultantes, que são aquelas cujo aumento ou decréscimo deve ser medido.

A segunda tese, referente ao desenvolvimento político como uma direção política, é fundada também em princípios analíticos. Uma direção é o sentido de um movimento ou mudança. Como uma mudança estrutural do sistema político, o desenvolvimento político deveria ter necessariamente uma certa direção. As mudanças estruturais, em geral, como vimos no Cap. 2, Livro I, são analíticas ou sintéticas e ocorrem intra-sistêmica ou intersistemicamente (Cf. Quadro 5, Livro I). A mudança analítica, intra-sistemicamente, é segmentação; intersistemicamente, é dissolução. A mudança sintética, intra-sistemicamente, é unificação; intersistemicamente, é fusão. A unificação, por sua vez, é diferenciação ou simplificação, resultando, respectivamente, no desenvolvimento ou regressão do sistema relacionado. Temos, então, que o desenvolvimento político, como uma forma de mudança estrutural sintética intra-sistêmica, é um processo de diferenciação estrutural. Isto significa, analiticamente, uma direção de unidades e subsistemas componentes de menos a mais complexos e de menor a maior número. Esta direção é uma direção política porque a diferenciação estrutural é política e as unidades e subsistemas mais complexos e numerosos resultantes desta diferenciação são unidades e subsistemas políticos.

As direções, porém, podem ser arbitrárias, como nas regras convencionais, como as de tráfego, ou necessárias, quando as regras são as pautas do sistema, como nos movimentos astronômicos e, em geral nos efeitos subordinados à lei de causalidade. As direções podem também ser reversíveis, quando o de que se trata é o movimento de (por hipótese) um corpo imutável de um ponto a outro, como um carro ou uma estrada que vai do sul para o norte, ou vice-versa, e irreversíveis, quando o de que se trata é uma mudança estrutural de simplificação ou de diferenciação. Este último é o caso do desenvolvimento político, que é uma espécie do gênero desenvolvimento e uma parte da expressão social de um processo mais amplo, o processo geral da evolução. Tal irreversibilidade não significa, porém, que os processos de desenvolvimento político não possam ser detidos e que os sistemas políticos em desenvolvimento não possam ser submetidos a tendências regressivas. O que significa é que uma mudança de direção, da diferenciação à simplificação, significa necessariamente uma mudança de processo, do desenvolvimento à regressão.

A compreensão do desenvolvimento político como uma direção política irreversível (mas não inalterável) é comum, embora não nessa forma explícita, aos autores que vêem o desenvolvimento político como uma mudança estrutural política, como a maioria o faz. Este é particularmente o caso dos que estão incluídos no grupo VI de nosso Esquema 1, notadamente David Apter; no grupo I do mesmo esquema, em particular Eisenstadt e Almond, e também de alguns do grupo II, como Huntington e Deutsch. A compreensão desta direção como um aspecto social da evolução geral está associada, como vimos, com a reformulação da evolução cultural levada a efeito por Leslie White (1959) e sua escola antropológica, bem como, em Sociologia, por Parsons (1966).

A terceira tese, que estabelece que o processo de desenvolvimento político é modernização política mais institucionalização política, é fundada em princípios tanto analíticos quanto empiricamente induzidos. É fundamentada em princípios analíticos, no sentido de que uma afirmação de $DP = M + I$ é formalmente verdade quando os conceitos de M e I são compatíveis em sua significação, e, tomados em conjunto, formam um conceito significativo coextensivo com o conceito de DP. É fundada em princípios empiricamente induzidos no sentido de que os conceitos de Modernização (M) e Institucionalização (I) são generalizações de certas características observáveis e mensuráveis de um sistema político, sempre que se correlacione o aumento ou decréscimo das variáveis componentes de certas macrovariáveis (veja Quadro 21, Livro I) com o aumento ou decréscimo de certas variáveis resultantes.

Apresentemos um exemplo desta última exposição. A macrovariável (A) Orientação Política contém: (1) a variável de *racionalidade de decisão* que significa, e é mensurável por (1.1) a extensão, precisão e uso racional da informação pelo sistema político relacionado e por (1.2) grau de consistência das decisões; (2) a variável de *racionalidade de instrumentação* que significa, e é mensurável por (2.1) grau de consistência de ação, (2.2) grau de controle dos resultados, e (2.3) grau de autoconsciência de realização. Os aumentos nestas variáveis, isto é, mais (1) racionalidade de decisão e (2) racionalidade de instrumentação resultam, em termos empiricamente observáveis e mensuráveis, e de acordo com uma correlação empiricamente verificável em mais *secularização* e *controlabilidade*. Se definirmos a Modernização Política (M) como um processo de aumentar, entre outras características, a secularização e a controlabilidade de um sistema político, temos que um aumento da macrovariável (A) Orientação Racional (os outros elementos permanecendo iguais) ocasiona Modernização Política.

Modernização política mais institucionalização política

Dada esta explicação formal podemos retornar à terceira tese e analisá-la um pouco mais em detalhe. A afirmação de que DP é igual a M mais I requer, para sua compreensão, uma compreensão mais próxima de seus dois termos componentes. A modernização, como vimos no Cap. 5, Livro I, é a designação adotada[1] para o processo político que ocasiona um aumento das variáveis resultantes do primeiro conjunto de macrovariáveis, as variáveis operacionais, incluindo (A) Orientação Racional, (B) Diferenciação Estrutural, e (C) Capacidade. O efeito destes incrementos é um crescente comando, pelo sistema político, sobre seu ambiente e uma decrescente dependência de circunstâncias favoráveis casuais. Em termos evolutivos, este fato expressa um maior controle e maior uso de fontes de energia e recursos utilizáveis para os fins do sistema, isto é, um avanço evolutivo.

A Institucionalização, como vimos também, é a designação adotada para o processo político que ocasiona um aumento das variáveis resultantes do segundo conjunto de macrovariáveis, as variáveis participacionais, incluindo (D) Mobilização Política, (E) Integração Política, e (F) Representação Política. O efeito destes incrementos é uma crescente consensualidade no sistema político, resultante de uma correspondência crescente entre as metas individuais e coletivas e as decisões individuais e coletivas, com o consequente decréscimo na necessidade, e utilização real, de meios coercitivos no sistema político. O crescente consenso e decrescente coerção implica um uso maior das fontes disponíveis de energia e recursos para os fins do sistema, ao invés de utilizá-los

---

1. As designações, em sua expressão verbal, são convenções científicas. Outros termos além de modernização poderiam ser usados, em princípio. A melhor escolha terminológica científica, porém, é sempre a mais próxima do uso e prática correntes, se podem lhes ser assegurados significados precisos. Os dois termos adotados neste livro para os componentes do desenvolvimento político já têm ampla circulação. Com uma definição apropriada, análise de conteúdo, e identificação e quantificação das referidas variáveis, esses termos tornam-se completamente adaptados para uso científico preciso.

para a imposição de uma fração do sistema sobre o resto dele, às expensas do sistema como um todo.

O consenso maximiza as potencialidades do sistema em um triplo sentido. Em primeiro lugar, por não desviar para lutas internas de facção as energias e recursos que podem ser inteiramente devotados para o atendimento das metas gerais do sistema. Em segundo lugar, por liberar a máxima criatividade, iniciativa e empenho dos membros do sistema de uma maneira essencialmente compatível com a conveniência coletiva do mesmo. Finalmente, em terceiro lugar, elevando o padrão de moral do sistema.

Esta última conseqüência apresenta um duplo resultado. Para começar, aumenta o nível interno ético do sistema, isto é, coloca-o operando em um nível cibernético de maior informação e menor resistência, com o resultado de tornar as interações padronizadas menos dependentes do governo legal e de imposições físicas, e mais determinadas pelas normas internalizadas e regras livremente observadas. Além disso, aumenta, dentro dos limites permitidos por seu nível científico-tecnológico, a compatibilidade do sistema político e de sua respectiva sociedade com os outros, no sentido de tornar este sistema e sua sociedade menos dependentes do que de outro modo seriam de recursos de baixa informação e alta resistência, que tendem a ser relativamente escassos e submetidos a uma regra de soma zero. Este segundo efeito, para as relações internacionais do sistema político, de seu nível ético crescente, é um corolário do primeiro. Dado um certo nível científico-tecnológico, a eticidade interna libera racionalidade também para relações internacionais e a otimização internacional dos recursos científico-tecnológicos disponíveis da referida sociedade, e desvia de formas e níveis mais elementares de conflito de recursos. Quanto maior o nível científico-tecnológico, maior, é claro, serão os efeitos práticos dos altos níveis éticos, mais particularmente com respeito às relações internacionais.

Uma exploração mais ampla desse tema fascinante se desviaria obviamente do escopo do presente estudo. Seja-me dado notar apenas, porém, que a correlação social entre o alto nível científico-tecnológico e a elevada ética, isto é, entre a efetividade do conhecimento e a efetividade moral, é bastante geral, embora não necessariamente recíproca. Baixos níveis culturais implicam baixos padrões éticos para uma sociedade, dada a compulsão de maximizar, a qualquer preço, as chances precárias e escassas de obtenção de recursos. As formas sofisticadas (não as mais toscas) de comportamento não-ético, porém, tanto internacional quanto nacionalmente, são compatíveis, por outro lado, com níveis científico-tecnológicos muito altos, sempre que na referida sociedade a modernização política não seja equilibrada por formas correspondentes de institucionalização política. Este foi o caso típico da Alemanha Nazista e, em geral, dos regimes fascistas, caracterizados, precisamente, por um alto nível de modernização e baixo nível de institucionalização.

A última exposição projeta alguma luz no relacionamento entre os dois componentes do desenvolvimento político. Postos de lado outros aspectos, os autores que identificaram o desenvolvimento político com a modernização política, ou consideraram a última como sendo o próprio núcleo, se não o único elemento, do anterior, não se deram conta de que os incrementos quantitativos e qualitativos das variáveis operacionais são compatíveis com graus muito baixos da maioria das variáveis participacionais. Isto significa que regimes de participação muito discriminativos e exploradores podem ser sancionados por sistemas políticos altamente modernizados, com o resultado, à parte considerações puramente ético-humanísticas, de um uso muito pobre das fontes disponíveis de energia e recursos. Além do mais, quanto maior o desequilíbrio entre o alto nível de modernização e o baixo nível de institucionalização, mais dependente será o sistema político, interna e internacionalmente, do uso "exitoso" da violência. Isto é precisamente o que demonstrou a experiência do fascismo adiantado e o que está sendo exibido pelos atuais regimes fascistas de países semicoloniais e dependentes (colonial-fascismo) bem como pelo fascismo étnico da África do Sul.

É importante notar, a este respeito, que os efeitos negativos sobre o desenvolvimento político não surgem primariamente do uso da violência, como tal, mas daquela forma de seu uso que resulta da, e/ou é orientada para, manutenção de um baixo nível das variáveis participacionais. Eis por que, entre outras razões, a excessiva dependência de Almond da categoria de autonomia de subsistema pode ser enganadora. Estabelecendo, como será lembrado, a secularização e diferenciação estrutural como uma das coordenadas do desenvolvimento político e a autonomia de subsistema como a outra, Almond alcança, em seu quadro de desenvolvimento político (vide Quadro 2) a conclusão de que o totalitarismo radical (por exemplo, na Rússia Soviética) e o totalitarismo conservador (por exemplo, na Alemanha Nazista) são sistemas e regimes de níveis muito próximos do desenvolvimento político. Pela mesma razão ele localiza relativamente alto os regimes autoritários modernizadores, como o de Castelo Branco, no Brasil, apesar de seus baixos desempenhos de participação. O problema, porém, como será discutido posteriormente, não reside primariamente na extensão da violência e do constrangimento usado em uma sociedade, embora esse fato, por si só, seja extremamente importante e seja sempre seguido por certas conseqüências necessariamente negativas. A questão é, em primeiro lugar, por que e para que é usada a violência e o constrangimento. A violência e o constrangimento para depor um Tzar absolutista, para forçar, mesmo ao preço de muitas irracionalidades e iniqüidades, a modernização de uma sociedade tradicional e abrir e aumentar seu regime de participação, é apenas o oposto (sejam quais forem os custos sociais ostensivos ou encobertos inevitáveis incorridos) ao uso dos mesmos recursos e métodos para preservar o absolutismo tradicional, a cultura tradicional e um regime de participação restritivo e discriminatório.

Distintamente, os autores que identificam o desenvolvimento político com institucionalização política são afetados, ou por uma compreensão excessivamente ampla do termo "institucionalização" — neste caso despojando-o de precisão conceitual e validade analítica, — ou por uma noção insuficiente das condições funcionais das quais depende um processo de institucionalização. A primeira crítica parece aplicável a Huntington (Cf. a breve apresentação de suas concepções no Cap. 2). Entendendo institucionalização em termos das instituições resultantes, como estruturas político-organizacionais, bem como em função do processo de participação, ele é levado a ver, como resultado da institucionalização, efeitos que são a conseqüência da modernização política, tal como o aumento na adaptabilidade, complexidade e autonomia de um sistema. Tais variáveis, como pode ser visto no Quadro 21, Livro I, são afetadas pelo maior ou menor grau de, respectivamente, capacidade para mudança de adaptação e de desenvolvimento do sistema (macrovariável (C), variável 3), a diferenciação estrutural intra-sistêmica do sistema (macrovariável (B), variável 3), e a diferenciação estrutural intra-societal do sistema (macrovariável (B), variável 2). Embora os aspectos terminológicos da questão sejam obviamente convencionais, no sentido de que outros nomes poderiam também convir aos mesmos fenômenos, os aspectos conceituais não o são. Conceitualmente, temos que a observação empírica dos sistemas políticos impõe uma categoria distinta, para as variáveis relativas às condições funcionais do sistema e as relativas a suas condições de participação. As sociedades primitivas têm, para os membros, regimes abertos e igualitários de participação, mas apresentam condições de funcionamento muito baixas. As sociedades fascistas modernas alcançam condições de funcionamento muito elevadas mas são muito restritivas e discriminativas em seus regimes de participação. As sociedades aristocráticas tradicionais, distintamente, têm condições de operação inferiores às do fascismo moderno mas têm também regimes de participação discriminantes.

A segunda falácia decorrente da identificação entre o desenvolvimento político e a institucionalização política, quando o uso do último termo se faça com a conveniente precisão conceitual, consiste em enfatizar os aspectos de mobilização e de participação do processo, sem atentar para seus requisitos funcionais. Embora as variáveis participacionais, como vimos acima, sejam uma componente indispensável de qualquer processo de desenvolvimento efetivo, elas não podem, tanto analítica quanto empiricamente, ocorrer sem o correspondente processo de apoio à modernização política. Este ponto, em seu aspecto essencial, já foi tocado anteriormente, quando discutimos o relacionamento entre os níveis éticos e científico-tecnológicos. O aumento das variáveis participacionais não é factível sem o aumento correspondente e mantenedor das variáveis operacionais do mesmo sistema político. Um sistema político insuficientemente modernizado nem tem o comando sobre seu ambiente para permitir, por exemplo, altos níveis de participação política, integração massa-elite e legitimidade do sistema, nem dispõe dos meios político-jurídicos necessários para coordenar as decisões e desempenhar e controlar os serviços requeridos para.tal propósito.

Os três aspectos do desenvolvimento político

A discussão anterior me possibilita agora comentar brevemente a quarta tese da teoria do desenvolvimento político, presentemente sob nosso escrutínio, com referência aos três aspectos do desenvolvimento político. Como será lembrado, estes três aspectos são: (1) desenvolvimento da capacidade do sistema político, (2) desenvolvimento da contribuição do sistema político ao desenvolvimento global da sociedade relacionada, e (3) desenvolvimento da responsividade do sistema político. Tomado qualquer um deles com a exclusão dos outros, correspondem, como já discutimos anteriormente, às concepções restritivas sobre desenvolvimento político adotadas por certos autores. Tomados conjuntamente, como aspectos cumulativos do desenvolvimento político, correspondem ao processo como um todo.

Considerado como desenvolvimento da capacidade do sistema político, o desenvolvimento político corresponde à efetividade do dito sistema como um subsistema social. Os autores que identificam a modernização política com o desenvolvimento político estão considerando usualmente apenas aquele aspecto do desenvolvimento político. Isto é devido ao fato de que o aumento da capacidade do sistema é o produto final de sua modernização. Isoladamente, porém, este aspecto do desenvolvimento político é apenas uma parte do processo. Em primeiro lugar, como já o vimos, porque a capacidade está relacionada com a modernização política e esse desenvolvimento inclui também a institucionalização política. Em segundo lugar, porque, como aspecto e conseqüência de um processo do desenvolvimento, a capacidade política aumentada é sempre associada, necessariamente, de uma maneira ou de outra, com o segundo e terceiro aspectos do desenvolvimento político: incremento da contribuição política ao desenvolvimento global da sociedade e aumento do consenso político e social. Como veremos posteriormente, a diferença entre o desenvolvimento político geral e o específico é expressa em termos da maior ou menor compatibilidade entre os aspectos um e dois, por um lado, e o aspecto três, por outro. O desenvolvimento político geral é orientado para o consenso social crescente e o desenvolvimento político específico para a politização social crescente.

Considerado como desenvolvimento da contribuição do sistema político ao desenvolvimento global da referida sociedade, o desenvolvimento político corresponde ao desenvolvimento de toda a sociedade (incluindo os sistemas cultural, participacional e econômico) por meios políticos. Esse conceito de desenvolvimento político, embora se adaptando à maioria dos dez significados da lista de Pye, freqüentemente mencionada, não foi convenientemente discutido na bibliografia especializada. Isto é devido, provavelmente, em grande parte, ao fato de que os cientistas políticos modernos estão preocupados em ressaltar a autonomia do sistema político, em face do sistema social como um todo e de seus outros subsistemas. Em parte, creio, isto é também devido ao fato de que aqueles cientistas sociais que se interessam em enfatizar a inter-relação entre os vários planos da sociedade são usualmente inclinados, devido à influência de Marx, a procurar os fatores econômicos que condicionam a sociedade, antes que os fatores políticos[2].

O aspecto que estamos discutindo agora, porém, é particularmente importante para a compreensão geral do desenvolvimento político por uma dupla razão. A primeira, de natureza empírica, resulta do fato de que os exemplos mais recentes e dramáticos de desenvolvimento político, a partir do experimento da Rússia Soviética até às tentativas atuais de Cuba, foram caracterizados por um esforço em usar o desenvolvimento do sistema político como uma pré-condição e um instrumento para o desenvolvimento global da referida sociedade. A segunda razão, de natureza teórica, se refere ao relacionamento entre os aspectos um e dois do desenvolvimento político e o aspecto três, que é relacionado à questão da distinção entre o desenvolvimento político generalizado e o especializado.

O aspecto empírico da questão se refere às várias tentativas e possibilidades de promover a mudança social e o desenvolvimento global de uma sociedade através de meios políticos. Teremos a oportunidade de estudar detalhadamente, na Secção C deste livro, os problemas referentes às condições e modalidades do desenvolvimento político, incluindo os referentes ao aspecto agora em consideração. E na Secção B analisaremos em detalhe os modelos políticos para a promoção, por meios políticos, da mudança social e do desenvolvimento societal.

---

2. Huntington, porém, apesar de sua redução do desenvolvimento político à institucionalização política, mostrou uma penetrante compreensão dos aspectos desenvolvimentistas gerais ocorrentes em processos de desenvolvimento político eficientemente administrados, como se vê em sua discussão dos experimentos de Mustafá Kemal e de Lênin (vide 1968, Cap. 5).

Para nossos propósitos presentes, o que é relevante é se considerar o aspecto em questão – desenvolvimento político como o desenvolvimento de toda a sociedade por meios políticos – em relação aos aspectos um e três do desenvolvimento político: (1) desenvolvimento político como o desenvolvimento da capacidade do sistema político e (3) desenvolvimento político como o desenvolvimento da responsividade do sistema político.

A possibilidade de promover a mudança social e o desenvolvimento global de uma sociedade através de: (1) mudança em profundidade do sistema político anterior, geralmente por meios revolucionários e (2) a utilização, em profundidade, do novo sistema político para o referido propósito, reside, em sua forma mais geral, no já estudado princípio de congruência. Como será lembrado (vide Cap. 2, Livro I, particularmente p. 45 e ss.) esse princípio, generalizando as regularidades observadas empiricamente, estabelece que as mudanças estruturais introduzidas em qualquer dos subsistemas do sistema social, ou ocasionam mudanças congruentes nos outros, ou serão regressivas ou, finalmente, produzirão efeitos desagregadores. Em adição a este princípio geral temos que o sistema político, como o sistema de realização de metas de uma sociedade e o que supre coerção, segurança e ordem, respectivamente, aos sistemas cultural, participacional, e econômico, é estruturalmente capaz de desempenhar, dadas condições apropriadas, as mudanças sociais congruentes com seu próprio regime de poder.

O problema de promover o desenvolvimento global da sociedade através de meios políticos, portanto, pode ser formulado como consistindo, essencialmente, no preenchimento de duas condições: (1) que a mudança apropriada seja introduzida com sucesso e duradouramente no sistema político e (2) que as outras condições relevantes sejam tais que o emprego apropriado do sistema político seja capaz de obter resultados congruentes nos outros sistemas da referida sociedade.

Em face dos dois outros aspectos referidos do desenvolvimento político, o que está em consideração agora é caracterizado, com relação ao primeiro, por depender de sua realização prévia. Seja qual for a forma pela qual as mudanças possam ser introduzidas no sistema político, para seu uso subseqüente na promoção do desenvolvimento global da sociedade, o emprego bem sucedido do sistema político dependerá sempre, entre outras condições, do conveniente aumento prévio de sua capacidade. É devido a sua característica de pré-condição necessária dos dois outros aspectos do desenvolvimento político que o desenvolvimento da capacidade do sistema é o aspecto mais geral do desenvolvimento político.

Diversamente, se considerarmos agora o segundo aspecto do desenvolvimento político (o desenvolvimento da sociedade por meios políticos) relativamente ao terceiro aspecto (desenvolvimento político como o desenvolvimento do consenso político e de consenso social por meios políticos), descobriremos que o relacionamento entre estes dois aspectos pode ser, e freqüentemente é, de pouca ou negativa compatibilidade. Em princípio há entre estes dois aspectos, mais do que compatibilidade, complementaridade. Por definição, o segundo aspecto designa um desenvolvimento político que visa, além do sistema político, ao desenvolvimento global da sociedade. Tal desenvolvimento global inclui o desenvolvimento do sistema participacional, com a correspondente otimização, para cada membro, de seu regime de participação, que é a base do consenso social, incluindo o consenso político. Quanto mais desenvolvimento for obtido maior é o resultante consenso.

Realmente, porém, pouca ou negativa compatibilidade pode resultar facilmente quando, dadas as condições estruturais anteriores da sociedade e de seu sistema político, lograr o desenvolvimento societal por meios políticos implica, em primeiro lugar, produzir mudanças muito radicais ou revolucionárias no sistema político e, em segundo lugar, um uso não menos radical do sistema político para a promoção de mudança social e de desenvolvimento societal. Em tal hipótese a radicalidade dos meios – por mais necessário ou justificado que possa ser seu uso – ocasiona conflito ao invés de consenso.

A prática das revoluções de desenvolvimento de nossa época mostrou, como no caso típico soviético, que, seja qual for o compromisso subjetivo dos revolucionários de chegar a uma sociedade sem conflitos – e portanto totalmente consensual – eles fracassam em alcançar tal meta, em um duplo sentido. Primeiramente, no sentido de que os meios revolucionários, enquanto a revolução está em seu processo de construir um novo sistema político e, subseqüentemente, passa a usá-los em profundidade para construir uma nova sociedade, não apenas elevam a dissensão dos setores contra-revolucionários da sociedade, mas, além disso, nunca obtêm apoio completo de mais do que um pequeno, às vezes extremamente diminuto, grupo de militantes. Por toda sorte de razões, variando do peso dos sacrifícios requeridos às injustiças inevitáveis, às discrepâncias ideológicas e políticas, à mera competição pelo poder, os conflitos ostensivos ou encobertos estão sempre devastando as linhas dos revolucionários, mesmo quando líderes bem sucedidos mantêm o controle final sobre tais conflitos.

Além do mais, porém, parece que, mesmo quando um substancial desenvolvimento societal é logrado, após a época árdua de revolução e reconstrução, o consenso é muito mais difícil de alcançar (embora não seja necessariamente inalcançável) devido a algumas características e efeitos inerentes ao processo de promoção do desenvolvimento societal através de meios políticos radicais. Esse problema será discutido posteriormente na Secção B deste livro. O que é relevante para nossa presente análise é levar em conta que a incompatibilidade tendencial entre o uso de meios políticos radicais para o desenvolvimento global da sociedade e a obtenção de consenso político e social não pode ser tomado por uma inapropriação intrínseca dos meios políticos, mesmo os meios radicais, para promover o desenvolvimento de uma sociedade. Esta conclusão, como é bem conhecido, tem sido usualmente admitida pelos autores conservadores.

Se se considerar o problema, porém, sem preconceitos ideológicos (dentro dos limites em que isto é possível em ciência política) deve-se reconhecer, em última análise, que promover o desenvolvimento por meios políticos e ter que usar, para isto, de meios radicais, é freqüentemente, tanto em termos teóricos quanto práticos, a única alternativa remanescente, nos casos de sociedades controladas por elites privilegiadas não funcionais, cujos interesses e valores são incompatíveis com o desenvolvimento da sociedade como um todo, particularmente com referência à participação das massas. A Rússia tzarista e, ainda mais, a China da última época do Kuomintang, são bons exemplos desta hipótese. O menos que pode ser dito, em tais casos, é que, quando e na medida em que os meios radicais políticos realmente ocasionem um desenvolvimento global da sociedade, o consenso político e social resultante, embora não geral, resulta ainda incomparavelmente maior do que nos tempos do antigo regime, enquanto que a maioria das outras condições societais foram substancialmente melhoradas.

Este ponto final de nossa presente discussão nos leva de volta ao terceiro aspecto do desenvolvimento político que estivemos mencionando: desenvolvimento do consenso político e do consenso social através de meios políticos. O desenvolvimento político generalizado é levado à sua realização máxima quando o referido sistema político, além de maximizar sua capacidade, ao nível científico-tecnológico disponível (primeiro aspecto do desenvolvimento político), e além de contribuir ao desenvolvimento global da sociedade (segundo aspecto), obtém também um máximo de consenso político e abre o caminho para um máximo de consenso social (terceiro aspecto). Este estágio ideal, que nenhum sistema político moderno jamais alcançou e que pode ser olhado apenas como um tipo ideal, é também a expressão do maior nível ideal de desenvolvimento político generalizado.

Diversamente, o que poderia ser chamado de desenvolvimento político especializado é uma concentração dos dois primeiros aspectos acima mencionados, para otimizar o apoio estrutural-funcional que o sistema político pode fornecer à sociedade em dadas condições de extrema demanda de ação política[3]. Um

---

3. Essa é uma analogia entre a evolução geral e específica, por um lado, e desenvolvimento político geral e específico, por outro. O último, porém, não é apenas um caso especial do anterior. **A evolução biológica**

exemplo clássico de tal espécie de desenvolvimento político especializado é dado por Esparta, cujo sistema político obteve o nível mais alto possível de eficiência especializada, nas condições científico-tecnológicas disponíveis da época, para proporcionar aos espartanos um Estado policial-militar todo-poderoso, apto dessa maneira a manter, internamente, a servidão dos ilotas como para impor, externamente, a hegemonia espartana. Similarmente, os Estados comunistas de nossa época (embora contradizendo as visões teóricas e os modelos de Marx), tornaram-se altamente especializados na promoção, por meios políticos, dessa mistura especial de desenvolvimento societal global e controle ideológico e burocrático, que tem caracterizado até agora os experimentos de socialismo desenvolvimentista. Até que ponto seu sistema político é capaz de alcançar um consenso realmente amplo e manifesto e uma representatividade e legitimidade relativamente grandes — uma vez que o desenvolvimento de tais sociedades alcance um alto nível e as ameaças de agressão externa se tornem relativamente contidas por seu próprio desenvolvimento militar — é algo que está sendo correntemente testado. Os movimentos e as tendências à liberalização, desde a desestalinização da União Soviética até a democratização da Iugoslávia e a Tcheco-Eslováquia, são óbvios demais para serem ignorados ou menosprezados. As resistências a tais tendências e a ação das cliques burocrático-militares dirigentes contra tais movimentos liberalizadores também não podem ser ignoradas ou minimizadas. Seja qual for o resultado que venha a ocorrer, tudo se passa como se, similarmente ao que ocorre na evolução biológica, o preço pago por uma sociedade para o sucesso de seu desenvolvimento político específico seja a redução proporcional de seu potencial de desenvolvimento geral.

    Como uma nota conclusiva, desejaria apenas tornar claro que o desenvolvimento político especializado e seu preço societal correspondente não está ocorrendo e não está apenas sendo pago pelos sistemas políticos que se decidiram a promover a mudança social e o desenvolvimento global por meios políticos radicais. Outros modelos políticos, como as várias formas de fascismo, alcançam também uma especialização altamente eficiente, neste caso, opostamente, não para promover mudança e desen-

---

continua através de outros meios, como foi visto neste livro, na forma de evolução sociocultural. As entidades em evolução, porém, são *espécies* em um caso e *sociedades* no outro caso. Os sistemas políticos não são totalmente independentes auto-adaptáveis, como as sociedades, que têm em si mesmas, uma evolução independente geral e específica. Como um subsistema de uma sociedade, são submetidas à evolução geral e específica. O desenvolvimento político específico, portanto, é uma manifestação, não da evolução específica de um dado sistema político, mas da evolução específica da sociedade da qual o sistema político é o subsistema político.

volvimento social, mas para evitá-los, seja nacionalmente, pela contenção policial de suas próprias massas, seja internacionalmente, pelo domínio econômico-militar das sociedades estrangeiras. O preço pago por tais sociedades para a imposição e preservação dos privilégios de seus grupos dirigentes, embora freqüentemente de uma forma mais encoberta e sempre por uma razão mais fútil, não é por isso menos restritivo de seu posterior potencial de desenvolvimento.

B. MODELOS POLÍTICOS

4. Modelos Representacionais e Operacionais

O conceito de modelo

Ao termo "modelo" foi dado um uso rapidamente crescente em ciência política e em outras ciências sociais, além de em economia, nos últimos anos. Isto é devido sem dúvida, em parte, a razões de moda acadêmica. Mas modas acadêmicas, em si, são indicativas de tendências culturais e assim somos enviados a outro nível da explicação. O uso e abuso de terminologias e construções referentes a modelos expressa uma preocupação correspondentemente crescente com teoria social empiricamente fundada e testável e com duas noções correlatas. Uma, referente ao princípio metodológico de acordo com o qual as generalizações empiricamente, bem fundadas, referentes às interações sociais, deveriam ser também suscetíveis de altos níveis de formalização e axiomatização, permitindo a expressão dessa forma de conhecimento em modelos verbais ou matemáticos rigorosos. A outra noção envolvida se refere ao fato de que as teorias empiricamente bem fundadas, no campo social, deveriam proporcionar um guia para a ação, de certo modo semelhante ao proporcionado pela teoria natural, permitindo a construção de uma "tecnologia social" equivalente, ainda que aproximadamente, à tecnologia física.

Sem tentar avaliar agora as conseqüências positivas e negativas que a corrente tendência a modelos pode trazer à ciência política e às outras ciências sociais, além da economia, deve-se saber, de qualquer modo, que um uso tão difundido do termo tenderia, naturalmente, a introduzir uma crescente imprecisão em sua compreensão conceitual. Na medida em que o presente estudo, não contrariamente à tendência prevalecente, faz um amplo uso da idéia e das técnicas de modelos, parece conveniente proceder, agora, a um esclarecimento conceitual dos termos a serem empregados.

Três tipos de imprecisões conceituais estão ocorrendo atualmente, com respeito à noção de modelo. O primeiro se refere à localização desta idéia em um campo conceitual que vai do conceito de conceito ao conceito de teoria. O segundo se refere à relação entre modelos e interpretações matemáticas. O terceiro, finalmente, diz respeito à conexão entre o conceito de modelo e o conceito de estrutura.

Temos que o conceito de modelo, como muitos outros, pode ser usado de um modo amplo ou estrito. De forma ampla, entende-se por modelos as imagens (reais ou ideais) de algo (real ou ideal), no sentido de uma representação da forma, padrão ou estrutura de um objeto (real ou simbólico). Como Karl Deutsch observou (1963, p. 5), o conhecimento é um modelo mental. E ele acrescentará, subseqüentemente, que os modelos desempenham, de várias formas (alternativa ou cumulativamente), quatro funções (*id.*, pp. 7 e ss.): (1) a função organizadora, consistindo na habilidade de um modelo de permitir discernimento de forma, padrão ou estrutura, função esta que expressa o significado mais amplo de coneito; (2) a função heurística, consistindo na habilidade de levar à descoberta de novos fatos e novos métodos; (3) a função preditiva consistindo na habilidade de antecipar, no tempo ou espaço, dados eventos, em graus variáveis de especificidade e precisão qualitativas e quantitativas; (4) a função de mensuração, nos casos em que o modelo é referido ao objeto representado por relações definidas e quantificadas.

Enquanto Deutsch sugere tanto um significado amplo quanto um estrito para o conceito de modelo, outros autores enfatizarão a coextensividade do conceito de modelo e do conceito de teoria. Os modelos seriam explicações alternativas de uma teoria. Assim Richard S. Rudner (1966) entenderá modelos como interpretações isomórficas dos mesmos cálculos ou realidade. "Um modelo para uma teoria consiste numa interpretação alternativa do cálculo do qual a teoria em si é uma interpretação." Passando do nível da filosofia das ciências sociais à teoria de ciência social, temos que Maurice Duverger (1964) segue um caminho similar, entendendo modelos como teorias parciais, em contraposição às teorias gerais ou "cosmogônicas".

A identificação de modelos com interpretações matemáticas e com estruturas, que eram, como será lembrado, as duas outras formas de imprecisões conceituais que salientei anteriormente, é feita, respectivamente, entre outros autores, por H. Aujac e C.

Lévi-Strauss. Aujac entende modelos como "um sistema de equações que substituem um universo complexo, rico e concreto, em sua extensão e em sua expansão histórica, por um universo definido por um conjunto de números e de relações entre eles". Claude Lévi-Strauss (1958, p. 305) enfatiza o fato de que as estruturas como tais são próprias aos modelos de realidade, não à realidade em si: "Le principe fondamental est que la notion de structure ne se rapporte pas à la réalité empirique mais aux modèles construits d'après celle-ci"*.

A discussão do ponto anterior, referente às distinções ou identidades entre os conceitos de conceito, modelo e teoria, podem ser melhor entendidos se aceitarmos os significados amplo e estrito do conceito de modelo, como Deutsch o faz. Em seu significado amplo, como uma representação da forma, padrão ou estrutura de um objeto, um modelo pode ser apenas um conceito. Usando a definição de May Brodbeck (1959) de conceito como "termos que se referem a uma propriedade ou relação descritiva", temos que os modelos que desempenham apenas a função de organização (discernimento de forma, padrão ou estrutura), podem ser conceitos ou simples proposições. As teorias, porém, implicam muito mais do que uma imagem ou uma simples predição, em "um conjunto dedutivelmente reunido de leis", de acordo com o mesmo Brodbeck. Ou, menos rigidamente e em termos mais compatíveis com as ciências sociais, podemos dizer, com Richard Rudner (1966) que "uma teoria é um conjunto sistematicamente relacionado de proposições, que inclui algumas generalizações semelhantes a leis, que são testáveis empiricamente". Certos modelos podem se adaptar a esta descrição, quando têm um alto nível de predizibilidade. Tal requisito, no entanto, não é necessário para passar do significado amplo para o estrito de modelo. Os modelos podem ter uma habilidade de representação acurada, para dados propósitos, e ainda não ter um alto nível de predizibilidade, seja devido à espécie de objeto que representem, seja devido à espécie de representação a que se destinem. Os objetos estáticos representados como tais, como um país num mapa ou uma pessoa numa foto, podem ser representados acuradamente sem apresentar predições referentes ao que ocorrerá com aquele país ou aquela pessoa. O que é essencial para um modelo, entendido de forma estrita, é que ele proporcione uma *representação isomórfica da estrutura do objeto representado*. Os aspectos isomórficos e estruturais são as condições que fazem, da representação de um objeto, um modelo deste. Brodbeck e Rudner, já citados, salientam igualmente o requisito isomórfico dos modelos. Por outro lado, como Jean Viet ressaltou em sua análise geral dos métodos estruturais nas ciências sociais contem-

---

* "O princípio fundamental é que a noção de estrutura não se refere à realidade empírica mas aos modelos construídos a partir dela" (N. da T.)

porâneas (1967, p. 76), o que é essencial que os modelos representem e reproduzam, é a estrutura do objeto representado. Os modelos podem, dessa forma, serem definidos, *stricto sensu*, como representações isomórficas estruturais de objetos, ou mais explicitamente, como a *representação da estrutura de um objeto real ou ideal por outro objeto, real ou ideal, apresentando uma estrutura isomórfica.*

É possível agora, adicionalmente, esclarecer as duas áreas remanescentes da indeterminação conceitual, referentes ao relacionamento, por um lado, entre os modelos e as interpretações matemáticas e, por outro lado, os modelos e as estruturas.

Por agora deveria estar claro que os modelos matemáticos, como uma forma quantificada de representar um certo padrão de relacionamentos, são meios de proporcionar, através de símbolos, uma representação isomórfica estrutural, mas não os únicos. São a forma de modelos particularmente adequada para desempenhar a quarta função de Deutsch, a função de mensuração.

Mais apto para criar confusão, receio, é a excessiva ênfase de Claude Lévi-Strauss em salientar o caráter estrutural dos modelos, em face da multiplicidade de traços da realidade empírica presumidamente a-estrutural. Em última análise, a maioria das modelagens visam, para dados propósitos, simplificar a realidade sem deformá-la, ressaltando apenas suas características estruturais. Mas a reprodução isomórfica de uma estrutura, em um modelo, não poderia ser feita e não poderia jamais ser isomórfica, se tal estrutura não estivesse contida na realidade representada, no sentido de ser uma forma-padrão ou ordem empiricamente indutível ou analiticamente dedutível que constitui uma propriedade dessa realidade. Portanto, contra Lévi-Strauss, deveria ser estabelecido que as estruturas, como tais, estão contidas na realidade, ainda que na forma do arranjo ideal de suas partes constituintes.

Em sua análise comparativa já referida das várias concepções "estruturalistas" correntes, Jean Viet (*op. cit.*) dá uma indicação impressionante de como a grande maioria dos cientistas sociais contemporâneos entendem estrutura como uma *forma in re,* que pode ser entendida por indução empírica, ou por dedução analítica, ou entendida por redução fenomenológica. Autores de pontos de vista tão diferentes como Radcliffe-Brown (1952, p. 190), Georges Gurvitch (1958), S.F. Nadel (1957, p. 7), Jean Piaget (1950) e Lucien Goldman (1969), concordam, basicamente, com o fato de que as estruturas são formas ou padrões de relacionamento da realidade.

Modelos operacionais

Baseados nos esclarecimentos precedentes, podemos iniciar agora a discussão dos modelos políticos, distinguindo modelos representativos dos operacionais. Na precedente caracterização dos modelos estava implícita a compreensão desse conceito — tanto em seu sentido amplo quanto no estrito — como a representação isomórfica de uma dada estrutura. O objeto representado pode ser real ou ideal e também a sua representação. O modelo reduzido de um avião é um modelo real ou físico. Os modelos ideais ou simbólicos podem ser (1) gráficos, como em quadros, mapas e gráficos, (2) verbais, como na expressão de relações por meio de proposições, e (3) matemáticos, quando a representação isomórfica de uma estrutura é expressa por símbolos quantitativos. Em qualquer um desses casos, os modelos em questão são representativos, e este é o tipo de modelo que é usualmente referido, quando não se introduza nenhuma outra qualificação. Além desse tipo de modelos há outro, os modelos operacionais.

A compreensão dos modelos operacionais requer, primeiramente, uma distinção entre modelos representativos estáticos e dinâmicos. Os exemplos de modelos previamente representativos dados foram todos do gênero estático, em que se supõe que a estrutura representada seja imutável. O avião representado por um modelo físico reduzido ou o país representado por um mapa, são realidades cuja estrutura é considerada como imutável, ao menos para o propósito de sua modelagem. Os modelos representativos, porém, pode tentar também dar uma representação estrutural isomórfica de uma mudança de estrutura, por meios que permitam prever e apresentar uma sucessão de diferentes futuros estágios de mudança estrutural, cada um determinando, de acordo com fatores e condições especificadas, o estágio que sucede. Os modelos representativos dinâmicos podem ser também físicos, como os modelos reduzidos hidráulicos para o estudo dos efeitos de marés ou correntes marítimas nas praias. A maioria das projeções ou previsões, porém, pode ser expressa apenas por modelos simbólicos.

Quando em modelos dinâmicos, que representem isomorficamente a projeção ou previsão de um processo de mudança estrutural, se introduza, voluntariamente, uma meta proposta para esse processo, inerentemente compatível com ele, juntamente com as condições supostamente necessárias para reorientar o processo para tal meta, o modelo se torna operacional. Um modelo operacional, em adição aos representacionais, contém, além (1) da representação dos estágios futuros projetados com (2) o conjunto implícito ou expresso de fatores que condicionam esse processo, (3) uma meta voluntariamente proposta para esse processo juntamente com (4) a representação isomórfica das condições necessárias para a reorientação desse processo a fim de alcançar a meta designada.

Os modelos operacionais podem ser projetados, em princípio, para prever qualquer processo submetido a uma opção voluntária, sempre que o preenchimento da opção for entendido como dependendo de fatores inerentes ao processo e suscetível, em seus traços essenciais, à representação isomórfica. É a última característica que distingue os modelos operacionais de simples planos de ação ou estratégias. A dificuldade de dar, mesmo diminutamente, uma representação isomórfica satisfatória dos fatores que operarão sobre o processo, de forma inerente a ele, de modo que alcance uma meta voluntariamente escolhida, restringiu a precisão da maioria dos modelos operacionais e restringiu seu uso a propósitos limitados. No campo da estratégia e da política alguns experimentos interessantes foram feitos, com o uso de técnicas de simulação, para projetar modelos operacionais que forneçam vantagens para uma parte em um jogo, ou situação de conflito, ou em uma campanha eleitoral[1].

O sistema político, como um subsistema social, e a sociedade como um todo, podem ser representados por modelos estáticos e dinâmicos e podem ser objeto de modelos operacionais. A bibliografia política inicial, de Aristóteles em diante, apresenta alguns exemplos rudes de modelos representativos, tanto estáticos quanto dinâmicos e até mesmo de modelos operacionais. O próprio Aristóteles dá a descrição básica das características essenciais de um sistema político e de sua corrupção (considerada como uma tendência ética) que são, de forma tosca, modelos representativos estáticos e dinâmicos do sistema político, em geral, e dos sistemas políticos específicos que ele estudou. *O Príncipe,* de Maquiavel, pode ser encarado como um modelo político operacional tosco (psicologístico) para a obtenção de poder e sua manutenção em certos contextos e condições. Muito mais elaboradamente, mas com outras tendências, a teoria de Marx dos grandes estágios da mudança histórica e das futuras mudanças da sociedade capitalista representa um modelo operacional para a compreensão destas mudanças e para a "praxis" da participação deliberada em sua execução.

A introdução e melhoria da análise de sistema em ciência política, como já foi discutido neste livro, proporcionou novos e mais acurados elementos para construir modelos políticos representativos. A contribuição posterior, trazida ao campo pela compreensão crescentemente mais refinada do desenvolvimento político, está permitindo agora a elaboração de modelos políticos operacionais mais sofisticados. Os modelos representativos de Eisenstadt (1963 e 1966) e de Almond (1966), do sistema político, podem ser referidos entre as melhores tentativas recentes, enquanto o modelo operacional de Apter (1965), de e para o processo de modernização política, embora ainda em uma forma incipiente,

---

1. Vide R. DUNCAN LUCE e H. RAIFFA (1966), MARTIN SHUBIK, ed. (1964, particularmente pp. 70 e ss. e pp. 279 e ss.), e RAYMOND BOUDON (1967, particularmente Cap. 9).

é uma importante contribuição a esta espécie mais complexa de modelo político.

No presente livro se fez uma tentativa (item III, Cap. 5, Livro I) de descobrir as macrovariáveis que determinam a estrutura de um sistema político (Quadro 12, Livro I) e baseado nisso, de estabelecer o conjunto de variáveis requerido para o modelo representativo básico de qualquer sistema político (Quadro 21, Livro I). Usando este modelo básico foi possível sugerir (Quadro 22, Livro I) uma tipologia geral de sistemas políticos e, após uma discussão crítica da classificação de Almond e de Apter, apresentar e detalhar um novo modelo taxonômico (Quadros 24, 25 e 26, Livro I) para sistemas e regimes políticos. Com estes instrumentos, finalmente, foi possível propor uma lista geral de sistemas políticos (Quadro 27, Livro I).

Agora, a fim de permitir nosso subseqüente avanço na análise e discussão de modelos políticos operacionais, é necessário apenas lembrar que, além da utilização dos modelos representativos políticos apresentados ou tornados possíveis pelo conjunto de quadros acima referido, teremos que manter em mente também as principais descobertas ou suposições teóricas contidas nos itens e capítulos precedentes deste livro. Especial referência deve ser feita aos seguintes pontos: (1) a concepção estrutural e dinâmica de sociedade discutida no Cap. 1, Livro I, com uma ênfase em nossas conclusões referentes à insuficiência explanatória dos modelos da sociedade de "equilíbrio-funcionalista" e de "conflito de fator-único" e a correspondente necessidade, como foi ressaltado, de se adotar um novo e mais complexo modelo, dinâmico-funcionalista e ao mesmo tempo multifatoral conflitualista; (2) a teoria da mudança estrutural e da mudança estrutural social discutida no Cap. 2, Livro I; (3) a teoria do sistema e do processo políticos discutida nos Caps. 3 e 4, Livro I.

Para os fins da análise seguinte dos modelos políticos operacionais uma das conseqüências relevantes a se lembrar, dessas discussões precedentes, é a insuficiente capacidade descritiva e explanatória do "neoliberalismo" e do "comunismo", como latos macromodelos representativos e operacionais. Além de outros traços, resultantes do cenário histórico ou de condições empíricas nas quais esses dois macromodelos foram usados para explicar dadas sociedades ou inspirar com orientação teleológica, seus regimes sociais, a limitação essencial de tais modelos vêm, respectivamente, de suas suposições de equilíbrio-funcionalista e de conflito de fator-único. As limitações intrínsecas destes macromodelos, porém, não nos deveriam levar a esquecer o fato de que os regimes correntes dos Estados Unidos e da Rússia Soviética, que inspiraram tais macromodelos, estão ainda se revelando bastante satisfatórios para cada uma dessas sociedades. Dados os ajustes, em primeiro lugar, que o neoliberalismo introduziu no liberalismo do *laissez-faire*, que estava mais desqualificadamente próximo das suposições de equilíbrio-funcionalistas, e, em segundo lugar, a maneira pragmática pela qual esse modelo é posto em prática nos E.U.A., temos que o mínimo montante de regulamentação social requerido pelas presentes necessidades da sociedade americana é basicamente proporcionado por ele. De uma forma similar temos que o "comunismo" soviético expressa tanto os muitos ajustes teóricos gradualmente introduzidos no modelo básico implicado, de Lênin a Brezhnev, pelas gerações sucessivas de líderes de partido, quanto os ajustamentos pragmáticos das políticas e estruturas soviéticas aos requisitos correntes da sociedade soviética.

Apesar dos ajustes teóricos e pragmáticos introduzidos nos macromodelos "neoliberal" e "comunista", porém, seu desempenho satisfatório corrente nas sociedades americana e soviética não deveria tornar obscuro dois fatos básicos. O primeiro se refere à capacidade muito limitada, se alguma houver, de transferência de tais modelos para sociedades distintas, isto é, para as sociedades cujo desenvolvimento histórico não foi caracterizado pela interação dialética entre as suposições de tais modelos, no regime social prevalecente, e o impacto modificador, sobre o regime, que tiveram forças e situações sociais não concordantes com tais suposições. Tal é o caso, para começar, das sociedades que apresentam semelhanças, respectivamente, com a americana e a soviética e que são presumivelmente submetidas a regimes semelhantes, como as sociedades da Europa Ocidental e a chinesa. Realmente, apesar de muitas semelhanças fatuais e institucionais, as sociedades européias ocidentais são reguladas por Estados de bem-estar que podem ser até mesmo, em certos aspectos, menos eficientes em alguns de seus serviços sociais (por exemplo, educação) do que a sociedade americana, de controle privado, mas que apresentam uma estrutura muito mais ampla e efetiva para a macrorracionalidade social do que o regime americano pode proporcionar. De um modo correspondente, a sociedade chinesa, comparada com a soviética, devido ao seu presente estado de desenvolvimento, muito mais baixo, tem muito menos necessidade de liberdade competitiva e de autonomia de subsistema do que a última. Além do mais, a revolução cultural, cujos efeitos negativos e positivos ainda são insuficientemente claros, parece, de qualquer forma, ter restringido a tendência unilinear à oligopolização de poder, que reduz a flexibilidade do regime soviético e a dependabilidade de seus subsistemas. Se as coisas são assim na Europa e na China, para as sociedades do Terceiro Mundo, como bem mostrou Horowitz (1966), sejam quais forem as retóricas e eventualmente as aspirações de alguns de seus setores, é ainda mais claro que não foram capazes de transplantar às suas condições societais nenhum destes dois macromodelos e não estão aptos de o fazer no futuro.

O segundo fato a ser ressaltado, em relação a estes dois macromodelos, é a improbabilidade de sua longa e imutável permanência nas sociedades americana e soviética. Como foi observado por analistas da sociedade americana, como Galbraith (1967) ou Heilbroner (1966), entre vários outros, há uma crescente necessidade de submeter a sociedade americana, cada vez mais complexa, a formas de regulamentação social apropriadas para aumentar a macrorracionalidade social dessa sociedade. Tal necessidade, em algumas décadas, imporá mudanças sensíveis no regime social americano, ultrapassando inevitavelmente a estrutura do neoliberalismo. De maneira similar, embora em direção distinta, é amplamente conhecido pelos estudantes da sociedade soviética que o alto nível de macrorracionalidade fornecido pelo planejamento central e a socialização dos meios de produção são crescentemente reduzidos pela superconcentração unilinear de poder na hierarquia superior do Partido, com a resultante falta de liberdade e criatividade individual e de autonomia de subsistema. Como foi observado por Allen Kassof (1968, p. 502) o próprio Partido Comunista, a fim de manter seu papel de comando, "enfrentará crescentemente a necessidade de concessões, cujos resultados cumulativos alterarão grandemente a atmosfera da vida diária". O libermanismo, na economia, e a crescente autonomia dos vários corpos profissionais, dos cientistas aos dirigentes, são muitas indicações dessa tendência estrutural, cujo resultado ultrapassará inevitavelmente os pressupostos do conflito de fator-único do regime.

5. Modelos Políticos Operacionais

I. ANÁLISE DO MODELO

Elementos constitutivos

A discussão do capítulo precedente nos possibilita agora abordar uma definição conceitual de modelos políticos operacionais, e prosseguir subseqüentemente a análise dos principais elementos de tais tipos de modelos. Este será o propósito do primeiro tópico do presente capítulo. Em continuação, será feito um rápido exame crítico da bibliografia recentemente produzida sobre o assunto. A parte final desta discussão apresentará uma tentativa de formular uma nova classificação geral de modelos políticos operacionais.

Como foi visto no capítulo precedente, os modelos operacionais são uma forma mais complexa de modelo, relativa às formas representativas dinâmicas, obtida pela introdução voluntária, nos últimos modelos, de uma meta proposta, inerentemente compatível com o referido processo, juntamente com a representação isomórfica das condições necessárias para a reorientação desse processo a fim de alcançar a meta assinalada. Projetar um modelo operacional envolve, portanto, dois tipos de problemas. O primeiro se refere à classe de objetivos que se pode escolher em uma eleição que consiste em uma decisão voluntária, no sentido de que não estava deterministicamente contida ou prescrita pelo processo que visa orientar, mas, por outro lado, que deve ser estritamente circunscrita a metas de uma tal sorte que sejam inerentemente compatíveis com esse processo e capazes de reorientá-lo para a obtenção da meta assinalada. O segundo problema, uma vez escolhida uma meta inerentemente alcançável, consiste em determinar, tão bem quanto possível, as condições de que dependa a reorientação do processo para a obtenção desta meta, e em apresentar, tão acuradamente quanto possível, uma representação isomórfica, em suas linhas principais, de tais condições, a fim de tornar possível a orientação política apropriada do processo.

Considerando estes aspectos e características essenciais dos modelos políticos operacionais, tal tipo de modelo poderia ser definido como uma *representação simplificada de um processo realizável escolhido, de mudança estrutural sociopolítica* (usualmente desenvolvimento sociopolítico) e *dos fatores condicionantes mais relevantes respectivos, suficientemente acurados para apresentar, em seus traços essenciais, uma representação estrutural isomórfica dos principais estágios sucessivos de seu curso previsto, incluindo a indicação das principais condições e meios sucessivos executáveis necessários para sua orientação política apropriada.*

A análise dos elementos constitutivos dos modelos políticos operacionais, como entendidos acima, salienta duas partes distintas e aspectos correspondentes que podem ser apresentados esquematicamente da seguinte maneira:

1. Representação simplificada de um processo realizável escolhido de mudança estrutural sociopolítica e dos respectivos fatores condicionantes mais relevantes.
    1.1. Planejamento de uma mudança estrutural sociopolítica formulada como a meta a ser escolhida pelos líderes presumíveis do projeto e a ser alcançada pelos atores previstos para levar a efeito sua execução.
    1.2. Esse plano não pode ser arbitrário mas deve ser de tal sorte, em função de um conhecimento apropriado da referida sociedade e sistema político e de seu ambiente relevante, que justifique uma suposição teoricamente legítima referente à sua inerente aplicabilidade. A aplicabilidade inerente significa que:
        a. os recursos e as forças necessários para realizar tal plano existem, real ou potencialmente, mas de uma forma mobilizável, na referida sociedade e sistema político;
        b. o plano escolhido é intrinsecamente consistente e constitui um acordo sociopolítico compatível com a estrutura e as possibilidades dinâmicas da referida sociedade, em seu dado ambiente;
        c. Tal plano, mais do que teoricamente executável, tende realmente a ser executado porque, como pode ser estimado de modo razoável, determinadas forças dessa sociedade, uma vez confrontadas apropriadamente com esse plano, terão a propensão e a capacidade, dirigidas por seus próprios interesses e valores, de promover sua realização.
    1.3. O plano adotado será usualmente orientado para o desenvolvimento político e global da sociedade. Teoricamente, porém, tal plano

poderia ser orientado para qualquer espécie de mudança sociopolítica executável, inclusive a fragmentação dessa sociedade. As mudanças estruturais sociopolíticas efetivamente executáveis são mais prováveis de serem aquelas (do desenvolvimento) que otimizam as possibilidades da sociedade e do sistema político e de seus membros relevantes. Em certos casos, porém, a dissensão e conflito intra-societal e intra-sistema político poderiam favorecer a aplicação de planos fragmentadores.

1.4. As condições requeridas para verificar, como em (1.2) acima, a inerente aplicabilidade do plano escolhido implicam a compreensão causalística de como tal mudança estrutural sociopolítica irá ocorrer, o que permite assim a determinação e representação dos fatores condicionantes relevantes respectivos.

2. A representação simplificada de um processo eletivo realizável, como em (1) acima, deve apresentar em seus traços essenciais, com suficiente precisão, uma representação estrutural isomórfica dos principais estágios sucessivos de seu curso previsto, inclusive a indicação das principais condições e meios sucessivos aplicáveis, necessários para a apropriada orientação política do processo.

2.1. Para a realização da meta escolhida, tanto a meta quanto o processo que leva à sua realização devem ser apresentados de um modo que seja, ao mesmo tempo:

a. suficientemente simplificado para ser inteligível e representável. A simplificação é necessária para converter uma grande quantidade de traços, episódios e fatores em uma projeção inteligível e manejável de eventos causalmente entendidos. Tal simplificação pode ser obtida de forma válida por abstração seletiva;

b. uma representação estrutural isomórfica suficientemente acurada do processo, a fim de alcançar os requisitos descritivos, heurísticos e previsíveis de um modelo, ainda que apenas a um nível de precisão minimamente suficiente. Sem tais características nenhum modelo poderia ser logrado e, portanto, não seria possível, em antecipação da ocorrência do referido processo, ter um conhecimento digno de confiança, suficiente para sua orientação política apropriada.

2.2. Esta representação estrutural isomórfica suficientemente acurada deve incluir a indicação das principais condições e sucessivos meios implementáveis necessários para a orientação política apropriada do referido processo. Este último requisito – dentro da condição estabelecida em (1.2) – é o próprio núcleo dos modelos políticos operacionais. Os elementos analisados em (2.1) acima são os requisitos comuns de qualquer modelo dinâmico. Dada uma projeção dinâmica para um processo e uma meta alcançável escolhida, o que possibilitará aos líderes do processo de reorientá-lo para a obtenção dessa meta será (a) o conhecimento antecipado razoável dos sucessivos estágios previstos para esse processo e (b) o conhecimento igualmente antecipado das condições e meios que, em cada estágio, permitirão manter o projeto orientado para a obtenção da meta assinalada. Estas condições e meios estão relacionadas fundamentalmente com a criação de poder político suficiente, das instituições convenientes e das motivações adequadas para manter o processo orientado para a meta eleita. Pela própria natureza de tais condições, por outro lado, todos os modelos políticos operacionais, mesmo quando as metas escolhidas forem as mais iminentemente alcançáveis e os modelos forem desenhados o mais corretamente possível, podem ser levados à completa falha por erros humanos de liderança na utilização dos meios requeridos, seja qual for a disponibilidade dos últimos. Os modelos operacionais políticos são os melhores instrumentos possíveis para combinar a previsão inteligente de um processo político com a utilização inteligente das potencialidades inerentes nesse processo para sua reorientação deliberada, em função das metas eleitas realisticamente alcançáveis. Mas não são e nunca poderão ser um programa completamente seguro para o sucesso. O sucesso final dependerá sempre, em primeiro lugar, da medida em que o modelo foi bem planejado e o processo referido, inerentemente suscetível de ser orientado para a obtenção da meta escolhida. Em segundo lugar, sejam quais forem as características favoráveis do aspecto anterior, o sucesso será um trabalho de arte política e expressará a maestria com que os líderes sejam capazes de operar o modelo, nos estágios sucessivos de sua aplicação. E em terceiro lugar, sejam quais forem as outras duas condições, o sucesso real dependerá de um considerável coeficiente de chance, que expressa os inumeráveis aspectos não previsíveis de qualquer previsão complexa, tanto mais quanto mais complexo for o processo e quanto mais longas as suas projeções.

Pré-requisitos do modelo

Independentemente da habilidade com a qual um modelo político operacional seja executado e desenhado, a construção do modelo, como operação técnica, está sujeita a três pré-requisitos principais.

O primeiro pré-requisito se refere à análise estrutural do referido sistema político e sua respectiva sociedade e ambiente relevante. O objetivo de tal análise é tornar possível o desenho de um modelo representativo estático tão preciso quanto possível desse sistema político, sociedade e ambiente. Como conseqüência, se obterá uma classificação tipológica dessa sociedade. Mais relevante para tais propósitos são: (1) a determinação do regime social dessa sociedade e das principais forças e estruturas componentes da referida sociedade e de seu ambiente relevante; (2) a determinação de seus recursos principais e (3) a determinação das condições intra e extra-societais mais relevantes para a utilização de seus próprios recursos.

O segundo pré-requisito consiste na análise das tendências estruturais prováveis desta sociedade, inerentes no modelo anterior, para o planejamento de um modelo representativo dinâmico, tão preciso quanto possível da referida sociedade. Implica a previsão das transformações estruturais mais prováveis dessa sociedade em conseqüência de seu próprio funcionamento e das inter-relações externas previsíveis. A projeção resultante tornará possível a *avaliação da viabilidade societal* e, de acordo com o caso, da *viabilidade nacional dessa sociedade*.

O terceiro pré-requisito, sempre que o modelo político operacional a ser desenhado seja um modelo desenvolvimentista, consiste na análise comparativa do grau real e tendencial de desenvolvimento dessa sociedade, usando outras sociedades pertinentemente comparáveis, como padrão. A operação envolve, fundamentalmente, uma avaliação (1) do *nível comparativo presente de desenvolvimento dessa sociedade* e sua evolução provável em um futuro previsível; (2) das *possibilidades inerentes de desenvolvimento dessa sociedade, em termos de sua potencialidade de otimização e em função de sua viabilidade societal (nacional);* (3) das *condições — em princípio e em abstrato, e supondo sua viabilidade — que seriam requeridas para tal otimização.*

O preenchimento adequado dos pré-requisitos acima mencionados torna possível a formulação de um modelo político operacional pela introdução, no modelo representativo dinâmico anteriormente desenhado, dos dois elementos peculiares aos modelos operacionais: a meta alcançável escolhida e as condições e meios implementáveis necessários para a apropriada condução política do processo.

Efetiva elaboração do modelo

Esta última parte do planejamento de um modelo político operacional envolve essencialmente três aspectos: (1) a eleição da meta alcançável, (2) o efetivo desenho do modelo e (3) o detalhamento do plano para sua orientação política.

Muito brevemente, pode ser observado, com respeito ao primeiro aspecto, que o problema de escolher metas alcançáveis — na hipótese suposta de um propósito desenvolvimentista — consiste, essencialmente, na determinação de quais, entre os requisitos para a otimização da referida sociedade, sejam os de mais provável exeqüibilidade por forças efetivamente mobilizáveis dessa sociedade. Enquanto as metas desejáveis, em termos de otimização societal, podem ser indicadas e até mesmo quantificadas, de uma maneira bastante objetiva, uma vez que os modelos representativos e a avaliação do desenvolvimento proporcionaram um quadro razoável dessa sociedade, o problema crucial consiste em determinar, entre as metas desejáveis, aquelas *cuja execução seja suscetível de ser convenientemente apoiada por forças sociais suficientemente poderosas e motivadas.* Isto marca uma distinção essencial entre a abordagem ideológica à melhoria societal, que elege metas por sua desejabilidade, e a abordagem mediante modelo, que se caracteriza por sua seleção, similar às que pratica a engenharia, de metas (admitidamente desejáveis) por sua exeqüibilidade operacional. E foi precisamente porque Marx, apesar da limitação de seu modelo de representação de fator-único, foi o primeiro a compreender a futilidade de metas "boas" não inerentemente exeqüíveis, que sua própria interpretação da sociedade e seu modelo para sua mudança, alcançaram sucesso sem precedentes e estão ainda despertando a imaginação dos homens.

Com referência ao adequado desenho do modelo operacional, o problema central consiste em proporcionar um ajuste apropriado entre as tendências "normais" do processo, como indicado pelo modelo representativo dinâmico, e as pressões reorientadoras produzidas pelas forças sociais a serem mobilizadas para a consecução da meta eleita. O que é relevante é alcançar uma previsão "corrigida" do processo e de seus estágios sucessivos, que contenha, tão claramente quanto possível, a representação dos principais fatores que condicionem cada estágio e a indicação dos meios aplicáveis, necessários para a orientação política apropriada do processo.

O terceiro aspecto anteriormente referido, vinculado ao detalhe do plano para a orientação política do processo, lida precisamente com o último problema acima mencionado. O que deve ser determinado e especificado, juntamente com a estratégia para a consecução correspondente, é o tipo de acumulação de poder requerido para essa orientação, as instituições mais convenientes para esse propósito e as motivações, relativamente às várias camadas e grupos da sociedade, que devam ser usadas para alcançar o poder requerido e canalizá-lo para e através das instituições convenientes.

Revisão da Bibliografia

A análise acima permite-nos proceder agora ao rápido exame crítico da bibliografia recente sobre o assunto.

Como foi freqüentemente comentado neste estudo, Marx produziu o primeiro moderno modelo político operacional coerente. O modelo de Marx, apesar das limitações decorrentes de sua representação unifatoral da sociedade, teve a vantagem de proporcionar uma visão complexa, integrada e macroscópica do processo histórico-social, com uma amplitude de alcance que nenhuma teoria posterior jamais alcançou. Devido a sua capacidade heurística e explicativa, e a suas possibilidades de previsão nada desprezíveis, o modelo de Marx resistiu aos abusos ideológicos de marxistas e antimarxistas, igualmente, e estudos mais recentes, juntamente com o renovado interesse pelos escritos do jovem Marx, lhe devolveram sua merecida relevância acadêmica[1].

---

1. Entre a volumosa e recente bibliografia de reavaliação de Marx, vide a ampla coleção de estudos pelo Social Science Council Symposium:

Os cientistas políticos mais recentes, valendo-se das novas possibilidades criadas pela introdução da análise de sistemas no estudo do sistema político da melhoria da teoria do desenvolvimento político, puderam intentar, em graus variados de explicitação e formalização, a formulação de alguns modelos políticos operacionais. Almond (1966), Shils (1962), Eisenstadt (1966), Apter (1965) e o presente autor (1968) poderiam ser mencionados entre os que contribuíram para tal intento.

A contribuição de Almond ao campo dos modelos políticos foi orientada essencialmente à formulação de modelos representativos, como foi extensivamente discutido nas primeiras partes deste livro, e apenas por inferência podem ser consideradas suas idéias sobre os modelos operacionais. Dois pontos desta questão, porém, merecem ser focalizados. O primeiro se refere à tipologia implícita dos modelos operacionais, contida (1966, pp. 306 e ss.) em sua discussão comparativa de sistemas políticos modernos. Como pode ser ali visto, particularmente no quadro da p. 308 (cf. Quadro 2 neste livro), a classificação de regimes políticos em função de seus graus de (1) diferenciação e secularização estruturais e (2) autonomia de subsistema, estava implicando diferentes capacidades para modernização e/ou para institucionalização. No contexto do estudo de Almond, pode ser inferido que os vários regimes possíveis, desde a Democracia de Elevada Autonomia e o Totalitarismo Radical, os mais elevados no plano da modernidade, até a Democracia Pré-Mobilizada e o Autoritarismo Pré-Mobilizado, os mais baixos nessa característica, representam modelos alternativos para sociedades em condições e graus distintos de desenvolvimento, para promover sua modernização.

O segundo ponto que gostaria de sublinhar, referente às idéias de Almond sobre os modelos políticos operacionais, se relaciona à sua clara compreensão, como conclusão de sua análise do desenvolvimento político, do fato de que a ciência política alcançou um nível a partir do qual se tornou possível, tanto quanto necessário, o estudo dos aspectos operacionais do desenvolvimento. Em palavras de Almond (1966, p. 328): "É perfeitamente razoável pensar em construção do Estado, construção da nação, participação e distribuição, como problemas de planejamento ou *investimento*

Marx and Contemporary Scientific Thought, Haia (Mouton, 1965) e o simpósio da Universidade de Notre Dame, editado por NICHOLAS LOBKOWICS (1967); vide também: JEAN-PAUL SARTRE (1960), GEORGES GURVITCH (1961 e 1968), ROGER GARAUDY (1964), LOUIS SOUBISE (1967), LOUIS ALTHUSSER (1966 e 1969b), HENRI LEFEBVRE (1966), KOSTAS AXELOS (1961), EUGENE KAMENKA (1962), HERBERT MARCUSE (1966 e 1969), ERICH FROMM (1965 e como ed. 1966), FRANZ MAREK (1969), NICOS POULANTZAS (1970) JOAN ROBINSON (1956), PAUL BARAN E PAUL SWEEZY (1966), DAVID HOROWITZ, ed. (1968), ADAM SCHAFF (1970) e GAJO PETROVIC (1967).

do desenvolvimento político". E posteriormente: "Realmente esses exercícios na análise das estratégias do investimento político nos levam ao ponto em que podemos tentar formular um modelo de 'escolha racional' de crescimento político". As notas finais de Almond (*op. cit.*, p. 331) a este respeito são altamente sugestivas: "Somos confrontados aqui com a questão final da Ilustração. Pode o homem empregar a razão para entender, moldar e desenvolver suas próprias instituições, particularmente as relacionadas com poder e coerção, para planejar o desenvolvimento político com um menor custo humano e com riscos suportáveis? " E finalmente (p. 332):"O moderno cientista político não pode mais se permitir ser o desiludido filho da Ilustração, mas deve se tornar seu sóbrio depositário".

A contribuição de Edward Shils (1962) à formulação de modelos operacionais foi mais analítica. Após estudar as determinantes do desenvolvimento político, tal como a estrutura social, a cultura, a personalidade e a estrutura política, Shils investiga os cursos possíveis alternativos do desenvolvimento político, tanto como as tendências distintas empiricamente ocorrentes, quanto como modelos operacionais implícitos para a ação política. Ele salienta quatro cursos alternativos distintos e seus modelos implícitos correspondentes: (1) Democracia Política, (2) Democracia Tutelar, (3) Oligarquias Modernizadoras, (4) Oligarquias Totalitárias, (5) Oligarquias Tradicionais e (6) Oligarquias Teocráticas e Tradicionalistas. Cada modelo tem suas próprias características fundamentais; depende, para ser adotado e aplicado, de condições específicas da referida sociedade, e, em função de tais condições, apresenta certas vantagens e riscos e envolve certos custos e compromissos. Embora o estudo de Shils sofra ainda das limitações de uma pesquisa incipiente (publicado originalmente em 1959), e não esteja, igualmente, livre de preconceitos ideológicos[2], foi a primeira tentativa qualificada de considerar os regimes políticos como modelos desenvolvimentistas operacionais — ainda que sua dimensão voluntária fosse apenas implicitamente indicada — cuja seleção deve ser ditada pelas condições da referida sociedade e cuja execução terá que seguir uma certa seqüência de estágios, a fim de ser bem sucedida e de liberar as possibilidades de desenvolvimento que cada modelo pode proporcionar.

Eisenstadt (1964 e 1966), como Almond, está primariamente preocupado, também, com o estudo comparativo da modernização e com a indução, a partir dele, de modelos representativos, mais do que operacionais. Além de alcançar, porém, uma compreensão

---

2. O preconceito ideológico consiste em discriminar contra o modelo comunista, que é visto como o produto de oligarquias malévolas, e em ignorar as condições societais que podem requerer, sejam quais forem os custos e riscos inerentes, esta espécie de modelo como indispensável para superar obstáculos de outro modo incontornáveis.

particularmente clara e perceptiva dos processos que estudou, ele formulou as condições básicas que devem ser atendidas por qualquer esforço sistemático de desenvolvimento para ser bem sucedido, no que poderia ser considerado como os pré-requisitos de qualquer modelo político operacional. Enumerados muito brevemente, esses pré-requisitos são de duas ordens: uma, com referência às condições para que uma elite seja capaz de conduzir um processo de desenvolvimento, relacionada essencialmente à idéia de funcionalidade de liderança, e a outra, referente às metas estratégicas a serem alcançadas pela elite, relacionadas essencialmente com a idéia de crescimento equilibrado. Com referência à elite, estas condições são: (1) que a elite seja mista, contendo pessoas de diversas ocupações e experiências; (2) que seja mantida a funcionalidade dos cargos, tanto quanto possível, e que seja essa elite disciplinada e não atributiva; (3) que os quadros se mantenham suficientemente abertos; (4) que os empenhos à modernização não rompam completamente com o passado mas sejam capazes de ligar as instituições e valores tradicionais ao processo de desenvolvimento. Com referência às metas estratégicas a serem tratadas, Eisenstadt ressalta: (a) a reestruturação do processo de comunicação por meio de uma integração gradual e de uma cautelosa segregação relativa de certos tipos e níveis, durante um determinado tempo; (b) a difusão da educação primária no nível local e a expansão de escolas de elite especializadas, com gradual extensão da mobilidade entre as duas; (c) que essa mobilidade social seja promovida de modo que: (i) se rompa o padrão tradicional mas (ii) seja realisticamente compatível com as oportunidades em expansão; (d) que o monopólio do poder seja mantido pelos governantes, mas: (i) apoiado por novos símbolos de legitimidade, (ii) compensado pela importância crescente de novas ocupações técnicas, (iii) com a minimização da monopolização atributiva de posições superiores; (e) que se mostre a maior firmeza de desenho e propósito, mas dentro de condições que preservem: (i) o ajuste do nível das demandas à disponibilidade de recursos e à capacidade de conversão, (ii) a sucessividade dos estágios, inclusive para propósitos de participação, (iii) o desenvolvimento simultâneo, juntamente com o político, dos planos cultural e econômico e (iv) a flexibilidade de políticas e o pragmatismo de meios.

As primeiras contribuições de David Apter (1965) e do presente autor (1969) ao estudo dos modelos políticos operacionais foram levadas a um maior grau de elaboração do que as acima referidas. Tanto o meu primeiro estudo sobre o assunto quanto o de Apter, feitos um independentemente do outro, ressaltavam o duplo relacionamento existente entre o processo de desenvolvimento político e a sociedade relacionada. O processo de desenvolvimento político é uma parte dos processos societais gerais, expressa o aspecto político do desenvolvimento global de uma sociedade e é, portanto, condicionado pelas características estruturais de tal sociedade.

Por outro lado, o processo de desenvolvimento político tem sua própria especificidade, é uma mudança estrutural do sistema político e ao aumentar a capacidade do último, aumenta sua capacidade de introduzir, por meios políticos, mudanças correspondentes na sociedade como um todo. Este duplo relacionamento envolve um tipo particular de causalidade circular entre a sociedade e o sistema político e seu desenvolvimento respectivo. Dada a estrutura de uma sociedade e suas características tipológicas, apenas algumas formas de desenvolvimento político, se alguma houver, são suscetíveis de ocorrer em tal sociedade. Se algumas ocorrerem, porém, o processo resultante de desenvolvimento político reoperará sobre aquela sociedade e pode mudá-la concordantemente. Pela análise política e sociológica apropriada, pode ser determinado, para cada uma das principais classes da sociedade, o tipo de modelo político operacional mais adaptável para lograr o desenvolvimento do sistema político em questão e para promover, por meios políticos, o desenvolvimento global desta sociedade.

Para Apter as principais variáveis que determinam a classificação tipológica das sociedades, no que diz respeito às suas possibilidades de desenvolvimento político são: (1) a forma de autoridade e (2) o valor de associação prevalecente. Como foi indicado anteriormente (Esquema 4, Livro I, p. 181) as quatro principais classes resultantes de sociedades (a) coletividade sagrada, (b) libertária-secular, (c) oligárquica progressista e (d) teocracias, são receptivas à sua modernização e desenvolvimento global, respectivamente, na terminologia de Apter, pelo Sistema de Mobilização, o Sistema de Reconciliação, o Sistema Neomercantilista e a Autocracia Modernizadora.

No caso de meu estudo anterior (1968) pode ser dito brevemente que suas descobertas e argumentos centrais poderiam ser reduzidos a três pontos principais. (1) O primeiro se refere ao fato de que, nas condições de nossa época, o desenvolvimento de uma sociedade subdesenvolvida pode ser promovido apenas através do planejamento apropriado. (2) O segundo se refere ao problema e às condições para planejamento apropriado, em função das características tipológicas de uma sociedade. Nas condições de nossa época, o Estado nacional é reconhecido como sendo uma condição necessária para o desenvolvimento autônomo, com a conseqüência de que a viabilidade nacional é um pré-requisito para qualquer modelo de desenvolvimento. Por outro lado, o tipo de modelo político operacional mais adaptável para cada sociedade (viável) é considerado como sendo determinado pelo tipo de elite e de relacionamento elite-massa, existente na referida sociedade. Três tipos principais de elites e de relacionamentos elite-massa são empiricamente observáveis no caso da maioria dos países subdesenvolvidos: (a) elites sob a liderança de um setor empresarial da burguesia nacional, que provou ser capaz de iniciar algum desenvolvimento sócio-econômico espontâneo, com a característica adicional de que, em tais sociedades, há setores fortemente motivados para o desenvolvimento, na classe média e na classe operária; (b) elites oligárquicas, constituindo geralmente um patriciado de proprietários de terra, que controlam uma massa basicamente de camponeses, em uma sociedade cujo setor moderno, consistindo usualmente em partes do exército e da burocracia civil, além de umas poucas empresas modernas, possuídas por estrangeiros, é operado por uma subelite tecnocrática e administrativa da classe média; (c) elites obscurantistas e oligárquicas exploradoras de sociedades camponesas tradicionais, nas quais não há praticamente nenhuma classe média e cujo setor moderno, se existir, é representado por uma intelectualidade marginalizada e oprimida. Uma variedade do último caso pode consistir também em uma *societas sceleris,* constituída pela coalizão de uma classe rural patrícia, uma burguesia consular e setores cooptados da classe média profissional e de líderes trabalhistas, que exploram uma massa coercitivamente oprimida, com a marginalização e repressão da intelectualidade independente. (3) O terceiro ponto se refere aos modelos políticos operacionais mais adaptáveis para cada tipo de sociedade, em função da tipologia precedente, que são respectivamente: a Nacional-Capitalista, a Capitalista de Estado e a Socialista Desenvolvimentista.

II. CLASSIFICAÇÃO GERAL

É possível agora passar à última parte do presente capítulo e apresentar uma classificação geral do modelo político operacional. Como já foi notado no capítulo precedente, o marco geral possível para qualquer modelo político operacional é dado pelos Quadros apresentados no Cap. 5, Livro I, particularmente os Quadros 25 e 26. Será claro, por ora, se revermos os dois últimos quadros, que os "sistemas" de Apter são realmente um conjunto de tipos de regimes de poder. De acordo com nossos quadros, eles representam, com referência à variável G — Superordenação Política, as subvariáveis GP — Regime de Poder, da qual existem quatro classes possíveis: GP.1 — Regime de Conservação. GP.2 — Regime de Reconciliação. GP.3 — Regime de Ordenação e GP.4 — Regime de Mobilização. Estas classes indicam, em função das três classes possíveis do regime social (GS.1 — Regimes Patrimoniais, GS.2 — Regimes Civis e GS.3 — Regimes Totalitários) o tipo de regime de poder que tende a prevalecer em tais condições. As três classes referidas de regime social expressam as três formas típicas de relacionamento entre os regimes de participação e de valor, com o regime de propriedade correspondente, que tendem, empiricamente, a ocorrer nas sociedades.

O primeiro tipo (GS.1 — Regimes Patrimoniais) corresponde às sociedades fechadas de participação restrita. Os membros de tais sociedades são divididos formalmente em membros ativos e passivos, como senhores ou escravos, ou servos, ou clientes, os anteriores tendo inerentes direitos de participação e sendo os sócios totais da sociedade, e os últimos tendo apenas certas permissibilidades eventualmente concedidas, garantindo-lhes precariamente uma participação dependente. O regime de valores correspondente a tal regime de participação consagra os valores da camada nobre superior, plenamente participante da sociedade, como os valores superiores daquela sociedade. Os valores nobres são os valores dos nobres. O regime de propriedade correspondente concentra, *de jure* e *de facto* toda ou quase toda a propriedade nas mãos da camada alta.

O segundo tipo (GS.2 — Regimes Civis) corresponde às sociedades abertas, de regime de participação aberto, embora, *de facto* tendam a ser observadas várias formas de privilégios atributivos. Em tais sociedades, os valores são considerados como sendo, em última análise, independentes da sociedade, expressando, em função de crenças religiosas e ético-filosóficas, uma realidade axiológica transcendente ou transcendental. O regime de propriedade correspondente, opostamente ao que ocorre no caso prévio, estabelece, ao menos *de jure,* um igual direito de acesso à propriedade para todos, seja garantindo um direito de propriedade em princípio livre e universal (Capitalismo Livre), seja submetendo a propriedade a formas variáveis de regulamentação social, no interesse coletivo de todos.

O terceiro tipo (GS.3 — Regimes Totalitários) corresponde a sociedades controladas de regime de participação aberto, no qual *de jure* mas não *de facto,* todos os membros são iguais e têm os mesmos direitos, enquanto o regime de valores, ressaltando a participação aberta e a democracia "material" ou "moral" como o valor supremo e o desenvolvimento das potencialidades humanas e sociais inerentes básicas — ou a proteção de certos direitos e valores, no caso do capitalismo ordenado — como a meta suprema da sociedade, leva a formas estritas de controle coletivo e, correspondentemente, submete o regime de propriedade ao controle de uma agência central da sociedade.

As três classes de regime social referidas acima são correlatas às quatro classes de regime de poder, já mencionadas. Como vimos no Cap. 1 deste livro, os regimes de participação e de valores são mutuamente condicionados, e para cada tipo de relacionamento, tendem a apresentar um regime de propriedade correspondente e a requerer o sancionamento de um regime de poder apropriado. O Quadro 25, Livro I, indica as classes de regime de poder correspondentes às três classes de regime social.

GP.1 — Regime de Conservação, é o regime de poder correspondente ao sancionamento de regimes sociais do tipo Patrimonial. Os tipos correspondentes de regimes empíricos são pré-capitalistas, reduzidos atualmente a algumas poucas sociedades primitivas remanescentes.

GP.2 — Regime de Reconciliação, que corresponde a regimes sociais do tipo Civil, em uma classe de regime de poder que apresenta vários tipos empíricos. Alguns, como (G.2) Capitalismo Livre, característico da Europa Ocidental do século XIX, têm hoje apenas significância histórica. Os outros tipos, desde (G.3) Capitalismo Regulado, típico dos Estados Unidos de hoje, até (G.5) Socialismo de Bem-Estar (Welfare) que ainda não corresponde realmente a qualquer sociedade existente, mas tende a ser aproximado do socialismo Nórdico, são todos regimes que, em graus variáveis, tentam conciliar, através da regulamentação social, a liberdade pessoal com o bem-estar social.

GP.3 — Regime de Ordenação é uma das duas classes de regime de poder correspondente aos Regimes Totalitários. Apresenta vários tipos, desde o (G.6) Capitalismo Ordenado (Fascismo, Falangismo, etc.) até (G.8) Capitalismo de Estado. A grande distinção a ser encontrada nesta classe resulta de se o desenvolvimento de certas potencialidades humanas e sociais básicas, como no caso de (G.7) Socialismo Ordenado e (G.8) Capitalismo de Estado, é a meta suprema atribuída à sociedade pelos regimes de valores ou, como no caso de (G.6) Capitalismo Ordenado, o propósito final é proteger alguns direitos e valores presumivelmente eternos (como certas formas de propriedade privada e certos valores de classe) e impor controles sociais em nome e em benefício de uma democracia "moral".

GP.4 — Regime de Mobilização é a outra classe de regime de poder correspondente aos Regimes Totalitários. Seu tipo empírico tem sido (G.9) o Socialismo Desenvolvimentista. Em princípio, outras formas de Regime de Mobilização poderiam ocorrer, como podemos ver, no que diz respeito a seu significado sociopolítico, com os casos históricos do Islã e dos Anabatistas.

O relacionamento entre as classes acima mencionadas de regime de poder e as classes de regime social correspondentes são suficientemente auto-evidentes. Um regime de poder consiste essencialmente na regulamentação de poder político, com referência àqueles que podem ter acesso a ele, à medida, forma e propósito de seu exercício e aos meios de sua transferência, a fim de preservar o regime social. Dados certos regimes de participação e de valor, que formam o centro dos regimes sociais, temos como conseqüência certo tipo de elite e de relacionamento elite-massa, que o regime de poder correspondente sanciona obrigatoriamente. E dado um certo tipo de elite e de relacionamento elite-massa temos também, inerentemente, certas propensões para maiores ou menores graus de modernização e institucionalização. Esta é a razão para a correlação indicada no Quadro 26, Livro I, entre Superordenação

QUADRO 3 Superordenação Política, Modelos Políticos Operacionais de Desenvolvimento e Condições de Adaptabilidade.

G. Superordenação Política		Modelos Políticos Operacionais de Desenvolvimento (implícitos ou explícitos).	Condições de Adaptabilidade do Modelo
Regime de Poder	Tipos de Regimes		
G.P.2 Regime de Reconciliação	G.2 Capitalismo Livre	Democracia Liberal	*Histórico*: nas condições da Grã-Bretanha e E.U.A. dos séculos XVIII e XIX.
	G.3 Capitalismo Regulado	Neoliberalismo	*Restrito*: ao superpoder afluente: E.U.A.; para o Canadá, à medida que é dependente dos E.U.A.; restrito ao século corrente.
		Nacional--Capitalismo	*Restrito* a sociedades dinâmicas semidesenvolvidas viáveis, com burguesia nacional empresarial, setores modernos motivados para o desenvolvimento na classe média e trabalhadora e forte desejo socialmente arraigado para a autonomia nacional. Caso, na América Latina (combinado com características de Capitalismo de Estado) do México, Venezuela, Colômbia, Brasil, Uruguai, Argentina e Chile.
	G.4 Capitalismo de Bem-Estar	Estado de Bem-Estar	*Restrito* a sociedades completamente desenvolvidas e integradas como as democráticas européias ocidentais e eventualmente o Japão; adaptável para o Canadá e Austrália para um curso nacionalmente independente.
	G.5 Socialismo de Bem-Estar	Socialismo de Bem-Estar	*Restrito* a sociedades altamente desenvolvidas e integradas, que gozem de consenso sociopolítico amplo; tende a ser o caso das democracias nórdicas; pode se tornar adaptável para o Japão.
G.P.3 Regime de Ordenação	G.6 Capitalismo Ordenado	Autocracia Modernizadora	*Restrito* a sociedades tradicionais autocráticas, antes da consolidação de uma classe média moderna, como o Irã e a Etiópia. Ocorreu historicamente na Rússia.

MODELOS POLÍTICOS OPERACIONAIS

		Elitocracia Modernizadora	*Histórico*: Restauração Meiji, Alemanha Bismarckiana. *Restrito* corrrentemente a sociedades tradicionais sem classe média moderna mas com elite modernizadora, como Iraque, Jordânia.
	G.8 Capitalismo de Estado	Capitalismo de Estado	*Restrito* a sociedades onde os grupos dinâmicos pertencem aos setores modernos da classe média, principalmente nas Forças Armadas; caso típico: Nasserismo do Egito; adaptável a países menos desenvolvidos viáveis, como a Índia e Paquistão; Egito: na América Latina conveniente para o Equador, Peru, Bolívia, Paraguai. Combinado com característica de Capitalismo Nacional, adaptável a países Latino-Americanos mais adiantados.
G.P.4 Regime de Mobilização	G.9 Socialismo Desenvolvimentista	Comunismo	*Restrito* ao superpoder individualmente viável — URSS — e à sociedade continental — China; à Europa Oriental enquanto dependente da Soviética.
		Socialismo Desenvolvimentista	*Restrito* a países subdesenvolvidos viáveis sob elite obscurantista e exploradora e contra-elite funcional importante. Adaptável para o Sudeste da Ásia, Indonésia; para a Índia, Paquistão e América Latina, no futuro, se malograrem em se desenvolver de outras maneiras.

Política e Orientação de Desenvolvimento. Esta última correlação, porém, implica uma outra: a correlação entre as propensões inerentes para maiores ou menores graus de desenvolvimento, dados pelo tipo de elite e de relacionamento elite-massa, e os modelos políticos operacionais mais adequados, em cada caso, para otimizar as potencialidades de desenvolvimento existentes.

O Quadro 3, anterior, expressa, para cada conjunto de condições de adaptabilidade e em função do regime de poder existente em uma sociedade, os modelos políticos operacionais implícitos ou explícitos que conduziram historicamente, ou são realmente, em teoria, suscetíveis de conduzir o sistema político e a sociedade relacionados a um processo de desenvolvimento político e societal.

Como mencionado no Quadro 3, a Democracia Liberal, no sentido do Capitalismo do *laissez-faire*, foi capaz de promover o desenvolvimento global da Grã-Bretanha e dos Estados Unidos, nas condições históricas dos séculos XVIII e XIX. Isto significa essencialmente duas coisas. A primeira é que a Democracia Liberal era, embora não explicitamente, um modelo político operacional implícito muito efetivo, naquele período e para aqueles países. O elemento voluntário do modelo estava contido na suposição de que a busca ativa e racional, por cada indivíduo, de seus próprios interesses, particularmente para seu enriquecimento, dentro das condições de uma democracia contratual, levaria ao benefício geral de toda a sociedade. A representação isomórfica implicada, dos sucessivos estágios e fatores condicionantes respectivos do processo, foi proporcionada pelas teorias da Ilustração (Condorcet) e dos Fisiocratas (Quesnet) e dos economistas clássicos. De Smith a Ricardo e Marshall, como será discutido no capítulo subseqüente deste livro, as mesmas suposições não foram suficientes para o desenvolvimento histórico das outras sociedades, como no caso da França e da Alemanha, nem são aplicáveis, atualmente a qualquer sociedade.

O Neoliberalismo é uma forma regulada de Democracia Liberal aplicada correntemente nos E.U.A. sob o controle econômico tecnológico e militar dos E.U.A., no Canadá e em menor extensão (compensado pela influência britânica remanescente e pelo Estado de Bem-Estar local) na Austrália. Pode ser definido como o *quantum* de Democracia Liberal necessário para manter sob controle privado a economia e, por estes meios, proporcionar aos grupos que controlam a economia, uma influência dirigente sobre o regime social e o regime de poder, compensada pelo *quantum* de regulamentação social necessário para impedir o sistema de sofrer crises cíclicas, para manter na classe média um sentimento de participação ativo e cooptar os setores sindicalizados da classe trabalhadora através de várias recompensas materiais e manipulações simbólicas. Como a Democracia Liberal, mas muito menos do que ela, o Neoliberalismo é mais um modelo implícito do que explícito.

O elemento voluntário, em ambos, é o impulso para o auto-enriquecimento. Diferentemente da Democracia Liberal, porém, o Neoliberalismo não acredita na harmonia espontânea entre o indivíduo e a sociedade, e entre o plano econômico e os outros planos societais, nem é ingênuo a respeito da extensão e generalidade da "otimização" resultante do funcionamento do sistema. Daí, o importante e crescente elemento peculiar de manipulação deste modelo, que, por outro lado, implica trazer a ele, além da intenção dos líderes, crescentes características do Estatismo de Bem-Estar, ou, em países subdesenvolvidos, do Nacional-Capitalismo. No curso do tempo, os experimentos neoliberais bem sucedidos tendem a ser convertidos em um Estado de Bem-Estar completo.

O Nacional-Capitalismo já é um modelo operacional mais explícito do que implícito, devido à importância fundamental que o planejamento nacional tem de ter em tal modelo e a grande extensão de planejamento que tende a requerer. O modelo consiste, em parte, na adaptação de várias características participacionais e de valor do Neoliberalismo às condições das sociedades semidesenvolvidas, mas dinâmicas e viáveis. Em parte, apresenta, nas condições mais modernas, algumas características do modelo de Elitocracia Modernizadora, como o relativo fechamento da elite e sua grande margem de autonomia. Possui também algumas características do Estatismo de Bem-Estar, dada a importância simbólica da realocação de renda realmente efetivada. Tem, finalmente, algumas características do Capitalismo de Estado, devido ao papel importante que o Estado Nacional desempenha neste modelo, tanto como a agência mais típica e poderosa da sociedade nacional, quanto como o representante do interesse público.

O Estatismo de Bem-Estar e o Socialismo de Bem-Estar são ambos formas de regular a iniciativa individual no interesse coletivo da sociedade, sem suprimir a liberdade e a iniciativa individuais, e intensificando realmente, para as massas, as oportunidades efetivas de gozarem de liberdade pessoal. A distinção entre ambos pode ser sutil ou pronunciada, de acordo com o grau pelo qual o Estatismo de Bem-Estar se mantenha capitalista e o Socialismo de Bem-Estar preserve a iniciativa individual. Na prática corrente, o Estatismo de Bem-Estar europeu ocidental ainda mantém um coeficiente muito grande de privilégios atributivos, embora aumentando a extensão e a eficiência do bem-estar social. As democracias nórdicas, porém, parecem estar convertendo gradualmente seu capitalismo privado em um sistema de produção social e nacionalmente funcional e efetivo, com atributividade declinante e uma capacidade já insignificante para a manipulação extra-econômica da respectiva sociedade.

A Autocracia Modernizadora foi, historicamente, o modelo implícito de autocratas orientados para o desenvolvimento, tais como Pedro e Catarina a Grande. Com menos conteúdo autocrático, mas ainda menor conteúdo de ilustração, o modelo é correntemente uma espécie de vaga referência para o Negus da Abissínia e, em molde mais modernizador, para o Xá do Irã.

A Elitocracia Modernizadora foi, historicamente, dentro de suas condições distintas, o modelo político operacional implícito dos clãs Meiji e de Bismarck para o desenvolvimento de suas respectivas sociedades. Alguns países árabes, como o Iraque e a Jordânia, seriam hoje a espécie de sociedades onde tais modelos seriam adaptáveis e onde tende a atrair as elites locais.

O Capitalismo de Estado é em grande parte a versão contemporânea da Elitocracia Modernizadora. Enquanto o modelo anterior requer sociedades ainda muito tradicionais, com correspondentes sentimentos de legitimidade, o último é aplicável a sociedades onde há um setor dinâmico moderno na classe média, uma concepção secular de autoridade e alguma apreciável complexidade social preexistente. O Egito de Nasser (sejam quais forem os contratempos causados pelas guerras Árabe-Israelenses, que não são, por si mesmas, intrinsecamente associadas com as características do modelo) é o melhor exemplo corrente do tipo.

O Comunismo e o Socialismo Desenvolvimentista, como modelos políticos operacionais, estão apresentados no Quadro 3 como as duas variedades do mesmo tipo: o Socialismo Desenvolvimentista. A distinção entre estes dois modelos, que pode servir para vários propósitos analíticos, foi considerada, no referido quadro em função, predominantemente, dos critérios de política internacional. O Comunismo é entendido tanto como o modelo quanto como o sistema de influência política de, respectivamente, cada um dos dois grandes países socialistas competidores, a URSS e a China. É neste sentido que a Europa Oriental, enquanto se mantém dependente da Rússia Soviética, é considerada como sendo orientada por um modelo comunista. O Socialismo Desenvolvimentista é entendido como um modelo político operacional de desenvolvimento, baseado na socialização, através do Estado, dos meios de produção, sem implicar inerentemente qualquer dependência ou submissão, seja à Rússia Soviética seja à China, de acordo com a linha que a Iugoslávia foi capaz de manter. Além de outras considerações, a importância da distinção reside no fato de que, para o melhor ou para o pior, a situação internacional dos países que adotam um ou outro destes dois modelos, varia de uma maneira decisiva, com conseqüências relevantes, de acordo com sua posição geopolítica e outras circunstâncias, para sua própria viabilidade nacional.

6. A Prática Histórica

Uma tendência para o planejamento

É possível agora, usando o marco teórico, as tipologias e as classificações desenvolvidas nos capítulos precedentes, lançar uma vista aos exemplos históricos mais significantes de desenvolvimento nacional e ver como — e com que modelos implícitos — os países desenvolvidos de hoje lograram alcançar seu presente estágio de modernização e institucionalização. Isto nos levará a um breve exame crítico do processo de desenvolvimento nacional (1) da Grã-Bretanha e dos Estados Unidos, (2) da França e da Alemanha, (3) do Japão e (4) da Rússia Soviética e China.

Como o revelará a análise destes casos o processo de desenvolvimento, à medida que nos afastamos do século XVIII, irá requerendo, para ser bem sucedido, uma intervenção crescente do Estado em sua orientação e promoção. Enquanto o desenvolvimento nacional da Grã-Bretanha e dos Estados Unidos seguiu um curso espontâneo, empurrado pelo impulso para o auto-enriquecimento individual, nas condições do liberalismo do *laissez-faire,* o desenvolvimento da França e da Alemanha é resultado muito menos casual, com os respectivos Estados nacionais buscando ativamente condições para a mais rápida obtenção do crescimento industrial e do progresso tecnológico. No caso do Japão já temos o reverso do quadro. Não se trata de que o Estado tenha tentado ativamente ajudar os empresários nacionais, e sim de que o Estado haja criado. O desenvolvimento nacional foi o propósito e preocupação primários da restauração Meiji. No caso da Rússia Soviética e da China, finalmente, temos que o Estado, sejam quais forem as prescrições doutrinárias da ideologia oficial, longe de extinguir-se, tornou-se ele mesmo o empresário nacional, a fim de ser capaz de concentrar todos os recursos e decisões necessários para obter, em poucas décadas, e contra tremenda pressão externa, o que os países inicialmente desenvolvidos haviam feito em um século e em condições internacionais muito mais fáceis.

O desenvolvimento espontâneo da Grã-Bretanha, a partir da segunda metade do século XVIII, embora representando um exemplo típico do sucesso de *laissez-faire,* foi muito mais preparado e favorecido pela ação do Estado do que era reconhecido há algum tempo. Uma revisão do caso britânico confirmaria a suposição de que os comerciantes do século XVIII e os inventores das técnicas mecanizadas foram os empresários e os inovadores que promoveram realmente o crescimento e a diversificação da economia britânica. Mas traria para primeiro plano, também, a importância decisiva que, desde os Tudor e particularmente com Cromwell, as políticas do Estado tiveram na promoção deliberada da Revolução Mercantil, levando para o estabelecimento de um grande sistema de comércio, um poderio naval correspondente e uma acumulação de riquezas resultante, que teve sua conseqüência natural no desenvolvimento do *laissez-faire* da segunda metade do século XVIII[1].

A Inglaterra e os Estados Unidos

Os mercantilistas britânicos do século XVI, como Lorde Burghley, secretário de Estado e lorde tesoureiro de Elisabeth, já haviam adotado as principais decisões políticas necessárias para criar uma grande armada e atrair para a Inglaterra e nela desenvolver a construção naval e outros tipos de manufaturas. O que é mais importante, esses mercantilistas dos séculos XVI e XVII, opostamente aos portugueses e espanhóis, orientados para os metais em barras haviam entendido claramente que os metais preciosos não são, em si, riqueza final, mas apenas bons meios estáveis de intercâmbio, enquanto a riqueza, propriamente, são as mercadorias e a capacidade de produzi-las ou comercializá-las. Tais são as claras lições de pessoas como Thomas Mun, diretor da Companhia Inglesa das Índias Orientais, William Petty com sua *Political Arithmetic* e os discursos sobre o comércio de Nicholas Barbon[2]. Cromwell levará ainda mais longe o empenho do Estado para o desenvolvimento econômico e global da Inglaterra. A política das leis de Navegação, iniciada por ele e continuada após a

---

1. Vide CHARLES WILSON (1966); vide também R.M. HARTWELL, Introdução e Cap. 3, e F. CROUZET, Cap. 7, em HARTWELL, ed. (1968).

2. Vide SHEPARD B. CLOUGH (1968, p. 223 e ss.).

Restauração (leis de 1651, 1662 e 1675), fornecerá a mais completa proteção e monopólio aos comerciantes ingleses, navios e bens, impondo pesados tributos sobre os bens não transportados por navios ingleses e obrigando as colônias a importar bens dos portos ingleses e através de embarcações inglesas[3]. Por outro lado, os eventos políticos na Inglaterra — desde a centralização inicial lograda pelos Tudor e a uniformidade básica de valores e padrões de comportamento obtidos por um Estado que apoiou e sancionou a Reforma, até o protetorado cromwelliano, que impediu o domínio político de uma aristocracia consumidora (como ocorreria no Continente) transferindo, pelo contrário, o poder político à classe média e ao Parlamento, com o posterior aperfeiçoamento final do governo de Gabinete — criou as outras pré-condições necessárias para um vigoroso desenvolvimento econômico, cultural e sociopolítico a partir da segunda metade do século XVIII. O liberalismo do *laissez-faire,* que alguns autores do início do século XVIII começaram a propor, em troca do ainda prevalecente mercantilismo, e que Adam Smith advogará com tanta autoridade em *Riqueza das Nações* (1776), será adotado pela Grã-Bretanha quando, — precisamente por causa de seu precedente êxito mercantilista — já era o país mais desenvolvido do mundo e as regras do livre comércio eram as próprias regras de sua hegemonia[4].

O desenvolvimento dos E.U.A. é uma ilustração ainda melhor que a britânica, de um caso de *laissez-faire* bem sucedido, porque a sociedade americana herdou todo o acervo de desenvolvimento da Grã-Bretanha, no começo do século XVIII, com muitas e novas importantes vantagens locais e sem várias das responsabilidades britânicas. Como salientou Louis Hartz (1964) em sua teoria do "fragmento" societal — e mesmo atenuando seu excessivo culturalismo — temos que os E.U.A., como um fragmento transplantado da Inglaterra de classe média do século XVII, se beneficiou, como sociedade, de todas as condições que na mãe pátria atuavam em favor de um desenvolvimento espontâneo, enquanto, como colônia e mais tarde como nação independente, gozou de condições internacionais extremamente favoráveis durante seu período de crescimento[5]. Os primeiros colonos, bastante homogêneos e animosos, acharam no novo mundo uma abundância de terras e de condições naturais favoráveis, nenhuma resistência aborígine séria e nenhuma interferência de outros poderes europeus, mantidos em xeque pela supremacia naval britânica. Tais circunstâncias lhe permitiram desenvolver uma sociedade igualitária na Nova Inglaterra e uma próspera sociedade agrícola escravagista no Sul. A expansão ao Oeste, dinamizada pela maciça imigração européia, garantiu um

---

3. Vide MAURICE ASHLEY (1958 e 1962).
4. Vide WILSON (1966).
5. Vide LOUIS HARTZ (1964, Cap. 4).

suprimento constante de novas terras para assegurar o continuado crescimento do país, enquanto a diferenciação econômica entre o Norte e o Sul teve, ao menos até meados do século XIX, um efeito econômico extremamente favorável, levando a uma especialização que proporcionou, nacionalmente, matéria-prima para a indústria têxtil setentrional e um crescente mercado aos agricultores do Sul[6]. Uma rede favorável de rios e lagos, que podia ser facilmente otimizada com a construção de alguns canais, abriu, já no primeiro terço do século XIX, um sistema muito extenso de transportes por barcos a vapor, permitindo a intensa utilização agrícola do interior. A construção, no terço seguinte do século XIX, de um sistema de ferrovias, que gradual e vantajosamente substituiu os barcos a vapor, e sua extraordinária expansão no último terço daquele século (aumentando as milhas de ferrovias de 2 800 em 1840 a 192 000 em 1900) tiveram as vantagens cumulativas de unir, economicamente, o país e proporcionar uma demanda continuamente crescente à indústria pesada enquanto, ao mesmo tempo, ampliaram as oportunidades ocupacionais com as enormes necessidades de pessoal por parte das companhias ferroviárias. Na época da Guerra Civil, que levou a suas últimas conseqüências uma das poucas características estruturais negativas da inicial especialização econômica do Sul, os Estados Unidos já eram um país desenvolvido, embora, naquela época, nem os europeus nem os americanos fossem cônscios disso[7].

Mesmo esse extraordinário desenvolvimento espontâneo, que levou a limites sem paralelo a extensão do setor privado em uma sociedade (em um excesso que é responsável por várias das dificuldades nacionais dos E.U.A. de hoje), não se logrou sem uma contribuição de algo mais do que de *laissez-faire*, por parte do setor público. Mais do que um simples papel de *gendarme*, os governos Federal e Estaduais americanos, desempenharam, neste fantástico processo de desenvolvimento, a função muito essencial de manter constante e extremamente barato o suprimento de terra, que foi, isoladamente, talvez o fator econômico mais decisivo desse crescimento contínuo. Desde a criação da Confederação, a maior parte da terra foi posta sob a propriedade do governo. Dos 810 milhões de hectares dos E.U.A. de hoje, o governo Federal, em um ou outro momento foi proprietário de cerca de 565 milhões, isto é, de 70% da área total[8]. A política básica de forçar a compra

---

6. Sobre a colonização da Nova Inglaterra vide J.T. ADAMS (1921). Sobre a economia do Sul vide E.Q. HAWK (1934). Sobre a expansão para o Oeste vide HAROLD FAULKNER (1954, Caps. 5 e 6) e a tese de Turner em F.J. TURNER (1961).

7. Vide LESTER S. LEVY e ROY J. SAMPSON (1962) sobre transporte sobre a água e ferrovias; vide também FAULKNER (1954, Caps. 14 e 22) e G.R. TAYLOR (1951).

8. Vide B.H. HIBBARD (1939) e HERMAN E. KROSS (1966).

de território não americano contíguo, como a Luisiana e a Flórida ou de conquistá-lo, como a metade norte do México, multiplicou a disponibilidade original da terra. O governo Federal, de acordo com regras que eram crescentemente orientadas para garantir terras quase gratuitas a quem quer que quisesse explorá-las, foi capaz de assegurar, ao mesmo tempo, a ocupação total de seu território, sua utilização agrícola, sua distribuição socialmente eqüitativa e manteve, com a expansão da fronteira, uma oportunidade constantemente aberta para o trabalho remunerativo e o eventual enriquecimento de todos os homens ativos[9].

A França e a Alemanha

O desenvolvimento da França e da Alemanha, diferentemente do que ocorreu com a Grã-Bretanha e com os Estados Unidos, foi muito menos um processo casual e espontâneo e foi mais profundamente tributário da ação deliberada do Estado. A Alemanha não era uma nação unida antes de Bismarck e manteve por muito tempo vários traços tradicionais procedentes dos fins da Idade Média[10]. A França, distintamente, alcançou como a Inglaterra o benefício da integração política nacional desde o fim da Idade Média, com a vantagem adicional de ser consideravelmente maior em território, população e recursos naturais e portanto em riqueza nacional. Similarmente à Inglaterra, teve uma fase mercantilista muito ativa e esclarecida, sob a direção de grandes estadistas como Richelieu (1585-1642, primeiro-ministro desde 1629) e Colbert (1661-1684, secretário de Estado desde 1669) e foi orientada também, mais do que para a acumulação de metais preciosos, para a expansão do comércio e o desenvolvimento das manufaturas[11]. Diferentemente da Inglaterra, porém, onde a centralização dos Tudor foi seguida, de um modo ainda mais centralizado, pelo "nacionalismo" e a "democracia popular" de Cromwell, dando ênfase à sobriedade puritana e ao poder da classe média, a França foi levada — após o reinado de Henrique IV, orientado para o comércio, a fase de construção de Estado de Luís XIII-Richelieu, e o período Colbertiano do reinado de Luís XIV — ao posterior abuso da política de grandeza e dos luxos aristocráticos de Versalhes. Como resultado se poderia dizer que a França, em termos econômicos, sociais e políticos, foi levada a perder, no século XVIII, o que havia ganho nos séculos XVI e XVII. Assim, enquanto a segunda metade do século XVIII marcou o início do desenvolvimento moderno britânico, levando a um crescimento automantido desde o início do

---

9. Vide FAULKNER (1954, Cap. 10).

10. Sobre sobrevivências medievais na Alemanha vide J.H. CLAPHAM (1966, p. 82 e ss.).

11. Vide CLOUGH (1968, p. 228 e ss.).

século XIX, a França sofreu uma relativa decadência no mesmo período. Quando o intento napoleônico de construir um império Europeu, sob a hegemonia francesa, foi levado a um custoso malogro, a França ficou reduzida, em comparação com a Grã-Bretanha, à condição de um país subdesenvolvido, tanto econômica quanto social e politicamente[12].

O desenvolvimento nacional da França e da Alemanha, na segunda metade do século XIX, ao invés de ser o resultado, sob o regime do *laissez-faire,* de uma fase preparatória no século XVIII, foi uma luta contra o atraso comparativo, levado a efeito sob a orientação do segundo Império Francês e do Império Bismarckiano. A diferença entre os níveis de desenvolvimento dos três países, no início do século XIX, pode ser bem avaliada se compararmos seus respectivos resultados na produção de lingotes de ferro, então, ainda mais do que atualmente, a base do desenvolvimento industrial. Enquanto a Grã-Bretanha, em 1830, já possuía uma produção anual de mais do que 635 mil toneladas, a França estava produzindo apenas 200 mil e a Alemanha não mais do que 40 mil toneladas. A Alemanha experimenta uma primeira aceleração econômica com a adoção em 1834 do *Zollverein,* sob pressão prussiana, e já apresentará, no ano seguinte, um aumento substancial em sua produção, que pulará para 144 mil toneladas. Em 1850, nas vésperas do segundo Império Francês e do domínio de Bismarck, a produção francesa e alemã de lingotes de ferro era, respectivamente, de 405 mil toneladas e 215 mil toneladas, enquanto a Grã-Bretanha, já em 1848, estava alcançando o recorde de 2 milhões de toneladas. Com as políticas desenvolvimentistas de Napoleão III e Bismarck, porém, a França e a Alemanha duplicarão, em cinco anos, sua produção de ferro e produzirão, em 1855, respectivamente, 850 mil toneladas e 420 mil toneladas. A Grã-Bretanha já se aproxima de sua produção máxima por aquele ano, com 3,2 milhões de toneladas. A França e a Alemanha, cujos respectivos Estados se mantiveram orientados para ajudar seu desenvolvimento nacional, mantêm no referido período um rápido crescimento industrial. A produção de lingotes de ferro francesa alcançará 967 mil toneladas em 1860 e 1 226 mil toneladas em 1865, enquanto a Alemanha, nos mesmos anos, produzirá, respectivamente, 529 mil toneladas e 988 mil toneladas. Em 1870, ano da derrota do segundo Império pelos exércitos de Bismarck, a produção de lingotes de ferro alemã ultrapassa a francesa e alcança 1 390 mil toneladas[13].

---

12. Sobre os aspectos gerais da história européia, dos fins do século XVII a meados do século XVIII, vide PHILIPPE SAGNAC e A. de SAINT-LEGER (1949) e PIERRE MURET (1949). Sobre a economia francesa do século XVIII, vide HENRI SEE (1969).

13. Vide WITT BOWDEN, MICHAEL KARPOVIC e ABBOT PAYSON USHER (1937, p. 301 e ss.).

Todas as outras cifras relevantes que se referem ao desenvolvimento francês e alemão expressam a mesma tendência. A Alemanha recebe a primeira aceleração e, em termos econômicos, é trazida realmente à existência, com a união dos direitos aduaneiros de 1834. Friedrich List, o grande teórico do desenvolvimento nacional, que iniciou desde a segunda década do século XIX seus esforços para integrar a Alemanha e induzir o governo a tomar uma responsabilidade ativa e direta na promoção do desenvolvimento econômico, publica seu *Sistema Nacional de Economia Política* em 1841. O livro exercerá uma ampla e longa influência na Alemanha e será, durante o domínio de Bismarck, um contrapeso decisivo contra a influência das doutrinas do *laissez-faire* dos economistas clássicos[14].

Na França, a orientação desenvolvimentista do segundo Império, juntamente com o constante aumento da produção industrial ou a expansão ferroviária (de 4 000 km em 1852 a 19 000 km no fim do Império), conduz à criação das grandes firmas francesas, muitas ainda operando atualmente em todos os setores da atividade econômica, desde companhias industriais como a Société Pechiney (1865) ou a Société Fives-Lille (1865), companhias de transportes, como a Compagnie Générale Transatlantique (1855), ou Bancos, como o Crédit Lyonnais (1863), até as grandes lojas de departamentos, como Le Louvre (1855), La Samaritaine (1869) e outras, que foram inovações comerciais francesas daquela época[15].

Nem Bismarck nem Napoleão III foram intervencionistas de Estado no sentido atual. Eles continuaram aceitando vários postulados liberais referentes à harmonia natural da "mão invisível". Luís Napoleão, tanto um sansimonista quanto um liberal, misturou idéias sobre políticas econômicas, e se mostrou várias vezes inconsistente. Bismarck não estava pessoalmente muito interessado em questões econômicas e deixaria seus ministros tomarem conta de tais assuntos. Ambos, porém, tiveram em comum a compreensão clara de que seus países estavam relativamente atrasados, comparados com a Grã-Bretanha e que, para obter seus objetivos políticos nacionais, necessitavam impulsionar vigorosamente suas próprias economias nacionais, ajudando de todas as formas possíveis os empresários nacionais. Isto eles o fizeram. E assim, analisando retrospectivamente suas políticas, mais em sua prática real do que em suas eventuais justificações teóricas, deve-se reconhecer que o modelo implícito buscado por eles era uma espécie de Capitalismo Nacional, dentro das condições, particularmente no caso

---

14. Sobre o crescimento comparativo da França e da Alemanha, vide CLAPHAM (1966).

15. Vide. ROBERT CATHERINE e PIERRE GROUSSET (1965, p. 126 e ss.).

alemão, de uma Elitocracia Modernizadora. Napoleão III e Bismarck criaram, através de meios políticos, por um lado, as condições necessárias para evitar que as lutas de classes se tornassem sócio-economicamente destruidoras e, por outro lado, através de impostos alfandegários, incentivos fiscais e empréstimos patrocinados pelo Estado, proteções fiscais e facilidades de capital necessárias para lançar-se ao desenvolvimento de uma indústria nacional independente[16].

O Japão

O desenvolvimento nacional do Japão requererá o emprego do Estado muito mais amplo e profundamente do que no caso da França e da Alemanha. Em certo sentido, mesmo a Rússia Soviética e a China, em seus processos tardios de desenvolvimento, não serão tão dependentes das políticas do Estado como o foi o desenvolvimento Meiji. A Rússia, porque havia herdado dos finais do período Tzarista uma importante base industrial e reformas decisivas na zona rural. Mesmo se a afirmação de Rostow, de que a Rússia havia alcançado um estágio de desenvolvimento auto-suficiente antes da Primeira Guerra Mundial, possa ser descontada como uma declaração partidária, permanece o fato de que as políticas de Witte, na última década do século XIX e primeiros anos do século XX, conduziram a um primeiro estágio bem sucedido de industrialização. A China, por outro lado, embora iniciando sua revolução socialista a partir de um nível muito mais baixo do que o da Rússia, passou anteriormente por um período de ativa iniciativa privada, nos anos mais construtivos do Kuomintang.

Distintamente, o Japão se encontrou, na segunda metade do século XIX, como uma sociedade feudal e quase medieval, com o risco iminente de cair sob o controle de potências estrangeiras ocidentais. Desde a primeira visita ameaçadora do comodoro Perry, em 1853, até os vários tratados humilhantes e nocivos que lhe foram impostos no correr dos dez anos seguintes, o Japão teve que alcançar uma clara compreensão da gravidade da ameaça à sua independência nacional, compreender as causas finais de sua debilidade e alcançar, em setores suficientemente grandes de sua elite, a decisão de reagir e mudar o país tão profunda e rapidamente quanto necessário para preservar sua soberania. Esse processo foi levado a efeito, em uma seqüência de estágios, através da profunda utilização do Estado como o movimentador principal e o principal mecanismo de mudança, embora, diferentemente da Rússia e da China, o Estado não estivesse orientado para suprimir

---

16. HEINRICH HERKNER, p. 453 e ss. em WALTER GOETZ (1950, v. 8); vide E. EYCK (1964) sobre Bismarck e J.M. THOMPSON (1955) sobre Luís Napoleão.

e tomar o lugar da iniciativa privada mas, pelo contrário, para criá-la e estimulá-la, sob sua condução final[17].

Para dizê-lo em poucas palavras, o processo do desenvolvimento nacional do Japão, desde a resposta do século XIX ao desafio ocidental à sua recuperação no período seguinte à Segunda Guerra Mundial, pode ser entendido como uma seqüência de sete estágios sucessivos. O primeiro estágio corresponde às reações causadas pela imposição dos tratados ocidentais ditados ao *bakufu*[18]. Desde 1853 até a deposição final do xogunato em 1868, a elite japonesa é profundamente afetada pela noção da impotência do Japão e de seu iminente domínio pelo Ocidente. Há, ao mesmo tempo, uma luta de clãs pelo poder, entre o clã de Tokugawa, controlando hereditariamente o *bakufu* e os clãs Ocidentais de Satsuma, Hizen, Choshu e Tosa, cuja liderança passa às mãos de homens radicais, decididos a suprimir a hegemonia Tokugawa.

A restauração dos poderes efetivos do imperador e a eliminação do xogunato tornou-se a solução institucional possível para a dupla luta que ocorre, visando, ao mesmo tempo, à modernização do país e à centralização do poder nas mãos de novos homens, fora da estrutura do sistema *bakufu*. O resultado desta luta será a derrota completa do xógum e a restauração, de acordo com o juramento da carta constitucional de 1868, dos poderes do imperador, então Mutsuhito, de 16 anos de idade, que assumiu o nome real de Meiji, enquanto o governo efetivo era controlado pelo triunvirato de Okubo, Kido e Saigo.

O segundo estágio do processo levará à década seguinte e corresponderá à introdução e execução de amplas e profundas reformas em todos os campos da vida japonesa. O sistema feudal Han é suprimido e, em seu lugar, são organizadas prefeituras, sob o controle do governo central. A educação é reformada, modernizada e ampliada, com o escopo de transmitir a ciência e tecnologia ocidentais às gerações jovens e fornecer a base para um sistema educacional nacional de autodesenvolvimento. As indústrias são promovidas pelo governo, que começa a formar, ao mesmo tempo, um núcleo auto-expansivo de industriais, administradores e técnicos. Quando a rebelião dos samurais de Satsuma é esmagada em 1877, arrastando na tragédia a vida de Saigo, os últimos vestígios do Japão Feudal foram com ela suprimidos. Também se foram

---

17. Sobre o desenvolvimento do Japão, vide GEORGE M. BECKMANN (1962) e WILLIAM W. LOCKWOOD (1955 e 1964); vide também E.H. NORMAN (1940); G.C. ALLEN (1951), LAWRENCE OLSON (1963). Para a história geral do Japão, vide GEORGE SANSOM (1958-1964, particularmente v. 3) e RICHARD STORRY (1965). Sobre o sistema político do Japão vide FRANK LANGDON (1967) e ROBERT E. WARD (1967).

18. Termo usado geralmente para designar o governo durante os períodos Kamura e Tokugawa.

os tempos dos primeiros samurais Meiji e, em lugar do antigo triunvirato, novos homens, já refletindo a modernização do Japão, como Ito, Okuma, Yamagata, Inouye Kaoru e Matsukata Masayoshi, foram levados à direção do governo.

Este terceiro estágio do desenvolvimento Meiji é caracterizado pelo amadurecimento dos primeiros frutos dos esforços precedentes. Há uma crescente formação e acumulação de capital, reinvestido maciçamente em projetos industriais e agrícolas de prioridade. Pelos fins deste período, correspondente ao fim do século XIX, o Japão já era um país modernizado e desenvolvido. Em 1894 a capitalização total de companhias japonesas que empregavam mais do que 10 homens era, em milhares de ienes, nos setores de indústria, comunicações e comércio, de respectivamente, 44 590, 82 560 e 20 015. Em 1903 estas cifras saltaram para, respectivamente, 170 000, 262 380 e 76 994. A melhoria de técnicas não foi menos espetacular do que o crescimento de capital. Por 1889, 42% das fábricas com mais de 10 homens usavam máquinas movidas à força e 71% da força de trabalho industrial era empregada em tais fábricas maiores[19].

O quarto estágio de desenvolvimento japonês, que corresponde às três primeiras décadas do século XX, foi uma fase de consolidação, complexificação e também de participação ampliada no processo de desenvolvimento. O sistema de partidos, porém, não se desenvolveu de forma correspondente, ocasionando essa discrepância entre o alto nível de organização das produções políticas do sistema, e a forma rudimentar de seus insumos políticos. Na tradição cultural do *ethos* dos samurais, gradualmente transferido para o setor militar profissional e para certos setores da burocracia, tais fatos e circunstâncias levaram o país a um crescente militarismo, cujo resultado foi a invasão da Manchúria, a guerra com a China e, finalmente, Pearl Harbour e a confrontação fatal com os Estados Unidos. Essa quinta etapa do desenvolvimento japonês termina com a catástrofe de Hiroshima e a rendição incondicional, seguida, na fase subseqüente, pela ocupação americana. O Japão, porém, inicia com sua energia usual e espantosa rapidez sua recuperação de pós-guerra (sétima fase) e dez anos mais tarde estava novamente num processo acumulativo de desenvolvimento global, esta vez apoiado por uma infra-estrutura política mais democrática e um sistema de partido que funcionava bem.

O desenvolvimento japonês, considerado retrospectivamente, foi essencialmente um esforço titânico de modernização em termos, tanto quanto possível, compatíveis com as principais características de sua cultura e tradição nacionais. Essa compatibilização tornou possível, no primeiro momento, uma transição quase que pacífica do regime de xogunato para o Meiji, seguido por uma fase

---

19. Vide BECKMANN (1962, p. 338 e ss.).

na qual mudanças muito profundas foram recebidas, em geral, com aquiescência, tanto pela elite, quanto pelas massas. A preservação – e restauração – de aspectos tradicionais relevantes da cultura japonesa tornou mais fácil a compreensão da urgente necessidade de modernização, e mobilizou a vontade nacional para os enormes esforços psíquicos e físicos requeridos para sua "exitosa" culminação. Por outro lado, esses mesmos valores evitaram a emergência, nas primeiras décadas deste século, de uma sociedade democrática e conduziram o Japão ao impasse do militarismo.

Nos termos dos modelos políticos implicados, o desenvolvimento do Japão apresenta uma combinação de Capitalismo de Estado e Capitalismo Nacional, dentro das condições de uma Elitocracia Modernizadora. Poderia ser definido como o Capitalismo de Estado de uma Elitocracia Modernizadora orientado para a criação e desenvolvimento de uma sociedade Nacional-Capitalista. O Estado operava como o movimentador principal de todo o processo tendo como seu apoio uma elite modernizadora. O regime de poder do Japão da era Tokugawa foi completamente invertido, um novo regime de poder foi estabelecido e, baseado nele, um novo regime social, controlado pela elite modernizadora. O Estado foi empregado em profundidade para promover mudanças decisivas em todos os aspectos relevantes da sociedade japonesa: a educação, a economia, a tecnologia, a administração pública. Uma vez criadas as novas bases materiais, institucionais e humanas para os vários subsistemas da sociedade japonesa, foi-lhes dada uma capacidade própria e independente de auto-expansão e auto-administração, embora sob a supervisão e a orientação do Estado. E dessa maneira o Japão foi levado, finalmente, a um desenvolvimento capitalista, embora bastante distinto do capitalismo individual do Ocidente e muito mais submetido, tanto por valores internalizados da coletividade quanto pelas regulamentações institucionais do sistema, ao interesse nacional e ao bem-estar social da sociedade japonesa.

Rússia Soviética e China

O desenvolvimento nacional da Rússia e da China[20] também foi alcançado pelo uso em profundidade do Estado mas, no caso

---

20. Da volumosa bibliografia sobre a Rússia Soviética, vide, (1) sobre os aspectos históricos gerais, NICHOLAS V. RIASANOVSKY (1966), R.D. CHARQUES (1956), LEON TROTSKY (1950) e EDWARD HALLETT CARR (1951-1954); (2) sobre o desenvolvimento econômico soviético, A. BAYKOV (1948), MAURICE DOBB (1966), ANATOLE G. MAZOUR (1967), HARRY SCHWARTZ (1968) e RENÉ DUMONT (1964a); (3) sobre o sistema político, ALFRED G. MEYER (1965) e FREDERICK C. BARGHCOORN (1966); (4) sobre o modelo de desenvolvimento soviético, JOSEPH SCHUMPETER (1950, Parte I sobre Marx e Cap. 18, item V), IRVING LOUIS HOROWITZ (1966, particularmente Cap. 5), JOHN H.

desses países, além de desempenhar o papel de motor principal, o Estado desempenhou também a função de empresário nacional. Apesar das várias diferenças importantes que separam os dois processos de desenvolvimento, que começaram a partir de níveis bastantes desiguais de desenvolvimento anterior e ocorreram em ritmos muito distintos de consecução, os dois países tinham em comum duas características básicas. A primeira foi o fato de que nenhum deles logrou, como a França e a Alemanha, criar uma burguesia nacional na transição do século XVIII ao XIX. A segunda foi o fato de que, em ambos, a elite era uma aristocracia fundiária, com um importante ramo burocrático, particularmente no caso dos mandarins da China, que, opostamente ao que ocorreria com o Japão, sustentariam o *ancien régime* e, finalmente, forçariam o processo de mudança a tomar um curso revolucionário. Em ambos os casos, portanto, independentemente de outros fatores e condições, o desenvolvimento nacional tinha não apenas que ser iniciado por meios políticos, mas também não possuía outra maneira pela qual fosse implementado, e necessariamente teria que expandir a ação do Estado aos outros planos da sociedade.

A Rússia começa seu processo de modernização desde o despotismo esclarecido do século XVIII, com Pedro, o Grande e Catarina, a Grande (Autocracia Modernizadora), alcançando uma expansão impressionante, tanto de população quanto de território e de terra cultivada. Há também um certo desenvolvimento industrial na primeira metade do século XIX[21], e uma reforma econômica e social decisiva é introduzida por Alexandre II, em 1861, com a liberação dos servos e a entrega aos mesmos de parcelas de terra, pagáveis a longo prazo. A liberação induzirá os nobres — que com ela perderam diretamente 1/3 de suas terras, além da vantagem de trabalho livre para seu cultivo — a vender gradualmente as terras aos lavradores e capitalistas burgueses. Enquanto anteriormente toda a terra era possuída pelos nobres, estes se tinham desfeito, na época da Primeira Guerra, de 60% dela. A ativação da

---

KAUTSKY, pp. 57-59 em J.H. KAUTSKY, ed. (1965), MERLE FAINSOD, pp. 233-267 em JOSEPH LAPALOMBARA, ed. (1963), ALLEN KASSOF, pp. 3-13, e CYRIL E. BLACK pp. 14-56 em KASSOF, ed. (1968), e ALEX INKELES (1968, particularmente Partes I e VII). Entre os muitos estudos sobre a revolução e o desenvolvimento da China, vide: (1) para a concepção histórica geral, KENNETH S. LATOURETTE (1964 e 1966); (2) sobre o desenvolvimento econômico, T.J. HUGHES e D.E.T. LUAND (1959), e LEO A. ORLEANS (1961); (3) sobre o modelo de desenvolvimento e a revolução comunista chinesa, EDGAR SNOW (1962), BECKMANN (1962), FRANZ SCHURMAN (1966) SCHURMAN e ORVILLE SCHELL (1967), PETER S.H. TANG e JOAN M. MALONEY (1967), KEWES S. KAROL (1967) e DENNIS J. DOOLIN e ROBERT C. NORTH (1967) e (4) sobre a revolução cultural, DOOLIN (1964), PHILIP BRIDGHAM e EZRA F. VOGEL (1968) e o Relatório de Pesquisa Keasing (1967).

21. Em 1854 havia 10 000 indústrias com um total de 450 000 trabalhadores, em uma população de 67 milhões de habitantes.

economia russa, seguindo a liberação dos servos, ocasionou uma grande expansão da rede ferroviária. De 1 100 km em 1860, as linhas russas alcançaram 64 000 km em 1903. Desde os fins da década de 1880 até os primeiros anos deste século, Witte, como Ministro das Finanças, levou a efeito uma ativa e bem sucedida política de desenvolvimento industrial, visando obter, a longo prazo, auto-suficiência industrial. Nos últimos anos da monarquia, Stolypin tentou outra reforma agrária, estabelecendo a subdivisão e o cercamento de terras comunais, com o duplo propósito de fortalecer o poder econômico e político dos lavradores médios e de melhorar a utilização agrícola das terras.

Essas várias e relativamente bem sucedidas tentativas de modernização, suficientes para proporcionar à Rússia, no início do século XX, uma base econômica apreciável, não o foram para lançar o país em um processo geral de desenvolvimento nacional. Em poucas palavras, poderia dizer-se que nem o Estado Tzarista, nem os empresários particulares, queriam ou podiam levar a cabo o mínimo de mudanças e esforços realmente necessários para transformar a sociedade russa. A razão crucial para isto foi a falta de apoios sociais apropriados para a promoção de uma mudança substancial. A elite russa continuou sendo a nobreza, com a ascensão de alguns poucos capitalistas novos, que foram levados a incorporar os valores e estilo de vida dos anteriores, e esta elite nunca se tornou empenhada num propósito de desenvolvimento nacional e muito menos nos sacrifícios requeridos para tal. A burguesia gradualmente emergente, em cujo benefício, finalmente, eram endereçadas todas as reformas, desde a abolição da servidão, nunca adquiriu a independência e a autoconfiança de uma classe autônoma, capaz de formular e obter metas próprias. Pressionada entre uma aristocracia fechada e camponeses famintos de terra, entre funcionários governamentais de mentalidade fiscalista e uma classe trabalhadora crescentemente indócil, foi privada de iniciativa por sua dependência para com os valores da elite e as políticas e medidas do governo, e por seu receio de que uma liberalização excessiva pudesse levar as massas a escapar de qualquer controle. Por outro lado, o complexo industrial russo ainda pequeno tinha, em dois sentidos relevantes, as características de um enclave. Primeiramente, porque na sociedade maciçamente rural, onde a maioria dos camponeses estavam ainda consumindo artigos de artesanato tradicional, o relacionamento entre a cidade e o campo ainda não havia adquirido um caráter dinâmico e complementar. E em segundo lugar, porque a indústria russa era representada principalmente por grandes fábricas pertencentes, controladas e administradas por grupos estrangeiros, mais suscetíveis de aumentar e expandir sua influência do que de serem absorvidos pelo fraco capital local.

Corresponderia ao Estado Soviético promover o desenvolvimento nacional da Rússia, embora sua filosofia oficial se orientasse para o internacionalismo e fosse militarmente antinacionalista, e seu propósito primário não fosse o desenvolvimento econômico mas a supressão da exploração e da divisão de classes. Os estágios desse extraordinário processo, que levou, ao mesmo tempo, a uma profunda modificação dos propósitos da revolução e a uma transformação não menos radical da sociedade russa, como é bem sabido, são marcados pela transição do "comunismo de guerra", de 1917 a 1921, à "nova política econômica", que prevaleceu até a inauguração, em 1928, do primeiro plano qüinqüenal. Enquanto a NEP recuperou os níveis de pré-guerra da economia russa, o plano qüinqüenal foi capaz de lançar a economia soviética em um processo de rápido e contínuo crescimento auto-sustentado. Orientado, primariamente, para obter resultados decisivos no campo da indústria pesada, de modo que seus efeitos pudessem dinamizar toda a economia, o primeiro plano triplicava as produções dos itens básicos principais. De 1928 a 1935 e em milhares de toneladas a produção soviética de carvão passou de 35 000 a 108 900; de lingotes de ferro, de 3 300 a 12 500; de aço, de 4 300 a 12 500; de aço em rolo de 3 400 a 9 400.

O processo de desenvolvimento nacional na China vem sendo realizado em condições ainda menos favoráveis do que as russas. A China não recebeu, como a Rússia, um legado econômico e educacional importante do *ancien régime.* Além de começar de um nível muito mais baixo, teve que passar por muito mais vicissitudes — desde a queda da monarquia até o início "exitoso" de seu processo de desenvolvimento — do que teve a Russia, desde as Revoluções de Fevereiro (Março no calendário Gregoriano) à de Outubro (Novembro). O segundo fato é ligado ao anterior. A revolução chinesa será um evento tragicamente prolongado, desde as tentativas organizadoras de Sun Yat-sen, no início do século e a derrubada da monarquia, em 1912, até os seguintes e torturados anos de deterioração da República, a frente unida Comunista-Kuomintang na década de 1920, a primeira luta anti--Kuomintang na década de 1930, a luta unida renovada contra os japoneses, antes e durante a Segunda Guerra Mundial e, finalmente, a grande confrontação desde 1947 à *débâcle* final de Chiang Kai-shek, em 1949. E esta revolução prolongada será devida à falta de preparo da China para um processo decisivo e centralizado da modernização. Lênin, além de uma base econômica apreciável, herdou um Estado centralizado e pôde contar, para enfrentar o desafio da guerra civil e a intervenção estrangeira, com um partido bem organizado e disciplinado. Esse partido foi capaz, em poucos meses, de tomar o controle do governo republicano sucessor do Tzar e de construir, em poucos anos, a organização necessária para administrar a Rússia e expulsar os invasores estrangeiros. Sun Yat-sen, diversamente, podia confiar apenas em um grupo menor e desorganizado de intelectuais. Longe de obter o controle da República que sucedeu a dinastia Manchu, teve que deixar o governo ser tomado por Yuan Shih-kai, o antigo líder militar do *ancien régime*, como um compromisso para levar adiante sua causa. O resultado, porém, seria a fragmentação de poder entre os chefes de bando que infestaram a China até a consolidação de Chiang Kai-shek, que comandou as forças militares dos novos esforços revolucionários de Sun Yat-sen, na década de 1920. Chiang, porém, após a morte de Sun Yat-sen em 1925, derivou cada vez mais para posições direitistas. O processo da revolução chinesa foi uma vez mais interrompido por uma longa luta entre os direitistas, sob Chiang e os esquerdistas, sob Mao Tse-tung, até a vitória final do último, em 1949.

Um incrível esforço de desenvolvimento é realizado então pelos comunistas chineses. O primeiro plano qüinqüenal (1953-57) proporcionou investimentos anuais de mais três bilhões de dólares, representando 20% da renda nacional. Começando de praticamente nada mais do que a base industrial japonesa, construída na Manchúria, os chineses foram capazes, com a execução do primeiro plano, de completar 800 grandes projetos industriais, com um aumento de 120% da produção bruta de capital. A produção de aço foi triplicada, alcançando 5 350 mil toneladas métricas; a produção de carvão foi duplicada, para 130 000 mil toneladas métricas; a eletricidade foi duplicada para 19,3 bilhões kw; o cimento, também duplicado, para 6 860 mil toneladas métricas; máquinas-ferramentas foram também duplicadas para 28 000 mil toneladas métricas. Entretanto, enquanto a Rússia saltava para um alto nível de industrialização com a "exitosa" execução do seu plano qüinqüenal, a China estava ainda abaixo do nível russo de 1928. Seu atraso muito maior, após haver exigido um período mais longo de revolução, imporia também um maior período de desenvolvimento[22].

Comparando os processos russo e chinês de desenvolvimento é inegável que, entre suas características comuns, a mais saliente é a utilização de meios políticos — uma "exitosa" revolução socialista radical baseada na massa e dirigida pelo partido — para construir um Estado poderoso. Consolidado o controle do poder pelo partido, um estado burocrático fortemente centralizado é montado e aplicado, em profundidade, para a promoção de mudança em todos os planos da sociedade. O modelo político operacional implicado em tal processo é o Socialismo Desenvolvimentista.

O Estado é tanto uma agência de regulamentação social e de controle, quanto o ator real das principais atividades econômicas. As principais características desse modelo, as coincidências e não-coincidências manifestadas entre o comunismo prático e as teorias de Marx, bem como as semelhanças e diferenças entre os

---

22. Vide BECKMANN (1962, p. 501 e ss.).

experimentos russo e chinês, serão discutidos brevemente nos Caps. 9 e 8. É suficiente, para a presente análise, ressaltar o fato de que tanto a Revolução Russa quanto a Chinesa, quaisquer que sejam suas próprias teorias, propósitos e autojustificações oficiais, se converteram, de fato, em um gigantesco esforço de desenvolvimento nacional, no qual e para o qual o Estado, ao mesmo tempo, estabelece as regras e as metas, promove sua execução e controla os resultados. Essa estadocracia é também uma partidocracia, porque um partido único canaliza e manipula todos os insumos políticos relevantes. E essa partidocracia é uma oligarquia ideológico-técnica, porque um restrito círculo de altos membros do partido, dirigidos por certas suposições ideológicas e técnicas, conduzem o partido e o Estado e asseguram, por cooptação, a autoperpetuação desta camada dirigente[23].

Comparação crítica

Como foi adiantado no início do presente capítulo, a análise comparativa dos processos de desenvolvimento de (1) Grã-Bretanha e E.U.A., (2) França e Alemanha, (3) Japão e (4) Rússia e China, torna clara, à medida que nos afastamos do século XVIII e nos aproximamos das condições atuais, a importância crescentemente decisiva da ação política e da ação do Estado na "exitosa" consecução do desenvolvimento nacional. O *laissez-faire* britânico foi tornado não apenas possível, mas também conveniente pelo próprio sucesso precedente do mercantilismo inglês, dadas as atividades do Estado que haviam propiciado anteriormente tal mercantilismo, e dado o curso subseqüente tomado, nos séculos XVIII e XIX, pela política britânica. O *laissez-faire* dos E.U.A. refletiu, em condições mais favoráveis e protegidas, as vantagens herdadas da Grã-Bretanha. Já bem distintos serão os casos da França e da Alemanha que, embora por diferentes razões, não gozarão, no século XIX, de um legado econômico, político e social, do século precedente, que lhes possibilitasse encontrar, nas regras do *laissez-faire*, vantagens como as que a Grã-Bretanha e os E.U.A. puderam encontrar. Contrariamente, para se defenderem do predomínio britânico — que poderia se tornar uma pura dominação — e serem capazes, em um estágio posterior da história, de ajustar as expectativas de suas massas às possibilidades de suas

---

23. Para uma compreensão do comunismo como modelo de desenvolvimento, vide JOHN H. KAUTSKY (1965, particularmente Cap. 3); vide também o estudo sobre comunismo e desenvolvimento nacional de DOBB (1963) e a aguda análise da "alternativa revolucionária" para o desenvolvimento de LUDOVICO GARRUCCIO (1969, Cap. 6). Uma brilhante contribuição para a discussão desta questão é dada por IRVING HOROWITZ (1966) em sua comparação dos modelos capitalista, comunista e de desenvolvimento do Terceiro Mundo.

respectivas elites — em um relacionamento que poderia haver sido desagregador — a França e a Alemanha tiveram que adotar o recurso autoritário do governo imperial e usar o Estado daí resultante, externamente, como um órgão de contenção da competição estrangeira e, internamente, como um órgão de compatibilização massa-elite e de apoio e orientação dos empresários nacionais para a promoção de desenvolvimento nacional.

O Japão, partindo de condições muito mais atrasadas, em época mais tardia e ainda mais ameaçado em termos internacionais, já teve que se basear completamente em decisões políticas e em sua execução pelo Estado, para ser capaz de superar os obstáculos internos e externos ao seu desenvolvimento nacional. As tradições e a elite japonesas, porém, foram inerentemente compatíveis com o processo de modernização. O problema do Japão não foi mudar de elite e de tradição cultural, mas sim mudar de um setor da elite, o tradicionalista, para outro, o modernizador, e de certas linhas de sua tradição para outras. Esta combinação peculiar de tradicionalismo e modernização, de conservadorismo e revolução, teve, como foi visto, tanto a vantagem de tornar a transição inicial mais fácil e mais rápida, quanto a desvantagem de levar a sociedade japonesa ao impasse do militarismo, que ela foi capaz de superar apenas ao preço da catástrofe nacional e da derrota militar.

As sociedades russa e chinesa, se erguendo ainda mais tarde para seu desenvolvimento nacional, não apenas se encontraram, como a França e a Alemanha, incapazes de operar proveitosamente dentro das regras do liberalismo do *laissez-faire* mas, distintamente do Japão, não puderam encontrar a necessária compatibilidade entre suas elites e tradições culturais anteriores e os requisitos mínimos para a promoção bem sucedida de um processo de desenvolvimento nacional. Novas elites e novas tradições culturais tiveram que ser dolorosamente criadas no processo da revolução. Resulta claro, agora, que a sociedade soviética logrou, desde o término do segundo plano qüinqüenal, seu desenvolvimento autônomo e que, presentemente, está entrando num estágio de desenvolvimento generalizado e se aproximando de um período de opulência. Também ficou agora claro que a Revolução Chinesa será bem sucedida e alcançará o estágio de desenvolvimento contínuo em alguns anos, com uma perspectiva de desenvolvimento generalizado para dentro de algumas décadas.

Ambos os países tiveram, para triunfar em seus esforços de desenvolvimento, que criar um Estado totalitário. Sejam quais forem as intensões subjetivas dos líderes — e pelo que podemos saber Lênin e Mao eram sinceros humanistas — o fato brutal é que tudo teve que ser reconstruído a partir de zero desde as idéias e os valores até as máquinas e as organizações, o que requereu uma abordagem totalizante e um governo abarcando tudo e, conseqüentemente, um Estado totalitário. Assim, a Rússia e a China tiveram que ir ainda além do Japão e, como era inevitável, transferiram também ao futuro o pagamento de um pesado preço. Tal preço já é visível no caso soviético. Parece que o mesmo se dará no caso da China, embora as repercussões da "revolução cultural" e sua campanha antiburocrática ainda não possam ser julgadas. Este preço é o da autonomia, para os subsistemas, é o da participação popular efetiva, nos insumos políticos relevantes, é o do pensamento ideologicamente não controlado, nos assuntos culturais e, finalmente, é o da liberdade individual. O problema fundamental consiste em saber se o Estado totalitário é capaz ou não de se autodestruir, uma vez que suas características totalitárias não sejam mais funcionalmente requeridas mas, pelo contrário, se tornem crescentemente um obstáculo para a própria consecução das metas oficiais.

7. Elites Funcionais e Disfuncionais

I. O CONCEITO DE ELITE

O problema

O estudo analítico dos três modelos políticos de desenvolvimento mais usuais, que tentaremos no Cap. 9, requer ainda, em adição à nossa precedente revisão dos casos históricos mais típicos de desenvolvimento nacional, da Grã-Bretanha do século XVIII à China contemporânea, a discussão de uma questão muito essencial. Tal questão se refere à natureza e ao papel das elites e às razões pelas quais algumas elites são societalmente funcionais e outras não o são.

Como ficou muito claro a partir de nosso exame histórico anterior, algumas elites foram capazes de levar suas sociedades a seu respectivo desenvolvimento nacional e outras não o foram. As primeiras foram sempre elites que se provaram capazes de manter ou alcançar altos níveis de funcionalidade societal, seja por ajustes graduais às condições e necessidades de sua época, seja por reformas radicais, nas quais um setor modernizador da elite superaria com êxito o tradicional e então se empenharia num esforço dramático para recuperar o acumulado atraso de sua sociedade. As últimas, pelo contrário eram elites disfuncionais, mais interessadas na preservação de seus próprios privilégios, dentro de suas sociedades, do que em contribuir para o bem-estar geral.

Por que são assim as coisas? Por que certas elites são funcionais e outras disfuncionais? E, para começar, o que é uma elite?

A resposta a estas questões é indispensável não apenas para proporcionar uma explicação para o mecanismo interno dos casos históricos que discutimos mas, além do mais, para a própria compreensão analítica do processo de desenvolvimento de uma sociedade e das razões pelas quais, em dadas condições, pela execução correta do modelo político apropriado, o desenvolvimento nacional pode ser deliberadamente adquirido.

No capítulo presente procederei a uma breve discussão desta questão, começando preliminarmente, tentando um esclarecimento do tipo de realidade social que é uma elite. Em continuação, tratarei de analisar a dinâmica do relacionamento elite-massa e me empenharei, finalmente, em descobrir a razão pela qual algumas elites são ou se tornam funcionais, e outras não.

A concepção de desempenho

O conceito de elite, introduzido mais amplamente nas ciências sociais por Pareto (1902, 1926) e Mosca (1939) está demandando ainda um melhor tratamento analítico, apesar dos importantes ganhos para sua compreensão trazidos pela bibliografia mais recente sobre o assunto. Desde o próprio Pareto, uma tripla confusão tendeu a afetar o conceito de elite. A primeira se refere à distinção entre esse conceito e o conceito de classe social. Foi precisamente para contestar a teoria de Marx sobre a luta de classes que Pareto formulou a categoria de elite, salientando sua natureza de não-classe. Enquanto as classes sociais seriam, como diríamos hoje, altamente determinadas por fatores atributivos, dado que a maioria das pessoas pertencem a uma classe por haverem nascido nela, a elite representaria uma camada social funcional, fundada na capacidade pessoal. Ocorre, porém, que a condição de elite, tanto na antiga sociedade, como no caso dos patrícios, quanto na moderna, como acontece com uma parte substancial da elite econômica, pode ser herdada. Opostamente, as pessoas podem alcançar uma classe social distinta da de seus pais, através de mobilidade social ascendente ou descendente. A segunda confusão usual se refere à compreensão da elite, certas vezes, como a camada superior relativamente unificada de uma sociedade e, certas vezes, como o nível superior dos grupos mais variados, tais como a elite financeira, a elite artística ou mesmo a elite do esporte, a elite do cinema, etc. Uma terceira confusão comum se refere à identificação da elite com a elite política, e esta com a classe dirigente, em contraposição do entendimento da elite em um dos dois significados anteriormente mencionados.

A mais recente bibliografia sobre o assunto[1] manifestou uma clara tendência no sentido de entender a classe social como determinada por fatores de renda e de ocupação, com um coeficiente estatisticamente alto de atributividade, e a elite como determinada por uma diferenciação *status*-prestígio, com uma alta correlação entre *status* e competência pessoal. A condição de elite herdada corresponderia (na sociedade moderna, sim, mas e na sociedade antiga?), às facilidades transmitidas para qualificação e confirmadas por desempenho apropriado. Várias elites, portanto, coexistiriam em uma sociedade, cada uma correspondendo a distintas espécies de desempenhos. E a elite política, que seria uma destas elites, seria diferenciada de uma classe dirigente pelo fato de que a última seria composta principalmente de titulares de papéis conferidos atributivamente, enquanto a anterior seria integrada por pessoas cuja influência política expressaria, competitivamente, sua capacidade para liderança.

A concepção de estrato funcional

Embora seja alheio ao propósito deste livro tentar uma elaboração maior da teoria das elites, um esclarecimento sucinto da questão é necessário para nossa análise posterior do problema de elites funcionais e disfuncionais, que reside no próprio fundo da teoria de modelos políticos de desenvolvimento.

Como já foi ressaltado por Pareto e foi elaborado pelos mais recentes autores, o conceito de elite-massa expressa uma categoria de situação funcional. A compreensão deste conceito, porém, é impossível se não for situada no contexto de uma concepção estrutural de sociedade, como a que foi brevemente apresentado no primeiro capítulo deste livro. Como foi visto (cf. Quadro 4, Livro I), uma sociedade apresenta, analiticamente, duas dimensões. "Horizontalmente" é a inter-relação de quatro planos estruturais ou subsistemas sociais: o cultural, o participacional, o político e o econômico. "Verticalmente" é a articulação de dois níveis: o nível situacional, onde é analiticamente fixado o regime de estratificação de cada subsistema social e da sociedade como um todo, e o nível acional, onde, analiticamente, ocorre a interação humana. Seja qual for a forma social específica que possa ser apresentada pelo regime de estratificação de uma sociedade, em qualquer época dada, sob a forma de estamentos, ou castas, ou classes, ou níveis de

---

[1]. Vide HAROLD D. LASSWELL (1960), RAYMOND ARON (1950), C. WRIGHT MILLS (1956), RALF DAHRENDORF (1965), SUZANNE KELLER (1968), T.B. BOTTOMORE (1964) e PETER BACHRACH (1967).

status, esse sistema de estratificação contém, sempre, uma camada superior, uma média e uma inferior.

Estas camadas são categorias funcionais, que correspondem, para cada um dos subsistemas sociais, a conjuntos genéricos fixos de papéis de desempenho. As modalidades específicas e respectivas características desses papéis de desempenho genéricos, variarão de acordo com vários tipos de sociedade (cf. Quadro 27, Livro I) e de uma sociedade para outra. Mas, como foi indicado no Quadro 4, Livro I, serão sempre: (1) para o subsistema cultural, os papéis de (1.a) *formulador de símbolos* ou *intérprete*, (1.b) *divulgador de símbolos*, (1.c) *consumidor de símbolos;* (2) para o subsistema participacional, os papéis (e condição) de (2.a) *status superior;* (2.b) *status médio* e (2.c) *status inferior;* (3) para o subsistema político, os papéis de (3.a) *formulador de decisões*, (3.b) *executor de decisões* e (3.c) *governado;* (4) para o subsistema econômico, os papéis de (4.a) *controlador de meios de produção*, (4.b) *administrador ou técnico*, e (4.c) *trabalhador*. Estes papéis correspondem, em cada subsistema, a (a) *elite* (e contra-elite), (b) *subelite* e (c) *massa*.

De acordo com o tipo de sociedade de que se trate, tais papéis funcionais corresponderão a um certo estamento, casta, ou classe, ou não se referirão especificamente a nenhum. Consideremos, por exemplo, o papel de elite do subsistema cultural: formulador ou intérprete de símbolos. Em uma sociedade primitiva, prévia a uma especialização estrutural de funções, este papel não será diferenciado das atribuições usuais dos adultos do sexo masculino. Os símbolos da sociedade são entendidos como imutavelmente transmitidos desde o passado, e não se supõe que ninguém os deva formular, e muito menos apresentar novos símbolos. As interpretações do legado cultural existente, porém, são correntemente necessárias e são desempenhadas como parte das funções do *pater familias*. Uma sociedade primitiva mais diversificada já terá magos hereditários. As funções de sacerdotes terão uma configuração de casta na civilização hindu e, na Europa cristã, serão convertidas, para o nível superior, em um estamento. Os altos dignitários da Igreja serão, na Europa do século XIX, membros da burguesia, como classe, mas serão mais facilmente recrutáveis dentre as classes inferiores do que os formuladores de decisões ou os controladores dos meios de produção. Opostamente a essa tendência de estruturação de estamentos ou de classe dos formuladores ou intérpretes superiores de símbolos, outras sociedades, como a da Grécia, desde o século VI a.C. ou a ocidental, desde o Renascimento e com a Ilustração, terão formuladores de símbolos livres, na pessoa do filósofo (do cientista, do artista), cujo alto *status* e pertinência à elite cultural não dependerá (com qualificações para os homens não-livres na Grécia) de estamentos ou classes.

Existem, portanto, quatro tipos (e vários subtipos) de elites, subelites e massas, em uma sociedade: os tipos cultural, participacional, político e econômico. A elite participacional, porém, distintamente das outras, apresenta um caráter especial. Desde logo, deve ser considerada em dois sentidos diferentes: restrito e amplo. Em sentido restrito existem inúmeras elites participacionais, correspondentes ao desempenho de funções privadas de *status* superior, nos limites restritos de grupos específicos e usualmente pequenos: o pai, na família, o líder dos grupos de esportes ou clubes, etc. No sentido amplo ou maior, a elite participacional corresponde aos que gozam de *status* superior, com referência ao regime de participação em si, daquela sociedade, tal como os espartanos, na Lacedemônia, os patrícios, na primeira época da Roma republicana, etc. Mais importante ainda do que isto, — à diferença das outras — é o fato de que a elite participacional é inerentemente atributiva, sempre que o regime de participação (que será legitimado por um regime de valores congruente) estabeleça uma participação desigualitária entre os membros de *status* superior, médio e inferior da sociedade. E aqui podemos encontrar a origem de muitas das confusões entre elite, classe, estado, etc. Na medida em que uma sociedade mantenha um regime de participação desigualitário inflexível, existe apenas uma elite, a participacional, que é coextensiva com as formas específicas de estratificação social existentes em tal sociedade: estamento, casta ou classe.

Os regimes desigualitários, porém, podem tender por várias razões a se tornarem mais flexíveis — como tem ocorrido historicamente — e neste caso os outros tipos de elite se tornam diferenciados do participacional. Os critérios funcionais de desempenho, além de critérios atributivos de participação, levam a alocar papéis culturais de estrato superior a homens sábios ou cultos (filósofos), papéis políticos de estrato superior a líderes corajosos e capazes, e papéis econômicos de estrato superior a empresários eficientes. Neste momento teremos uma estratificação elite-massa distinta da de estamentos ou classes. Patrícios ou nobres ocuparão, atributivamente, tantos papéis de elite quanto correspondam às desigualdades remanescentes do regime de participação, enquanto a percentagem de papéis de elite não atributivos corresponderá ao grau de flexibilidade alcançado por esse regime[2].

Uma vez que o regime de participação mude, ao menos em princípio, para bases igualitárias, a elite participacional, no sentido amplo, cessa de ser autônoma, exceto em uma forma residual, e passa a expressar níveis de prestígio derivados de outros planos sociais: político, econômico e cultural. A forma autônoma residual da elite participacional é a da "alta sociedade", que tende a incorporar, porém, ocupantes prestigiosos de outros papéis de elite.

2. O conceito de José Ortega y Gasset de exemplo social é aplicável para a compreensão dos aspectos não-atributivos das elites participacionais autônomas. Vide ORTEGA Y GASSET (1946-1947, v. 3, p. 103 e ss.).

Em sociedades não desigualitárias, os quatro tipos de elites são integrados, mais frouxa ou mais fortemente, em função dos valores e interesses predominantes desta sociedade, expressos em seu regime social. O regime social pode levar a uma predominância de valores e interesses econômicos, como nas sociedades demoliberais, ou à superordenação do político, como nas sociedades contemporâneas. Sejam quais forem os princípios integradores prevalecentes, as várias elites, em vários graus de coesão e falta de coesão, formarão um agrupamento, na camada superior, que pode ser designado, no singular, como a elite societal, ou a elite, *tout court*. Uma elite societal com coerência suficiente e autoconsciência de seus valores e interesses básicos se converte em um *establishment*.

Confrontada com a elite pode existir uma contra-elite. As contra-elites expressam um alto grau de dissensão em sociedades que não se mantiveram integradas por formas tradicionais, nem alcançaram formas pluralistas modernas de integração, mas que persistem em manter, por meios coercitivos, um regime social fortemente incompatível com as idéias e valores dos intelectuais independentes. Estes tendem a formar uma *intelligentsia* vigorosamente crítica do regime, e não menos vigorosamente reprimida por ele. Embora tal dissensão possa provir de várias causas, historicamente tem correspondido a sociedades cujas elites não foram capazes de mudar e de se adaptar às novas condições do ambiente interno ou externo. Em tais casos uma contra-elite tende a emergir, a desafiar a elite, a ser submetida às formas mais severas de repressão e a tentar, em resposta, promover o levantamento revolucionário das massas contra a elite anterior.

Subelite e massa

Entre a elite e as massas funciona, em cada plano estrutural da sociedade, uma subelite de divulgadores de símbolos, de pessoas de *status* médio, de aplicadores de decisões e de administradores econômicos ou técnicos. Como ocorre com a elite, a subelite, em regimes desigualitários de participação, coincide com um estamento (o *tiers état* francês) ou classe (classe média britânica) médios. Em regimes de maior flexibilidade a subelite, como a elite, torna-se uma categoria funcional de atores de papéis de nível médio (o significado real da nova classe média).

Em sociedades desigualitárias a subelite pode ocupar várias posições diferentes, ao longo de um espectro que vai da fidelidade total, à rebelião total, relativamente ao regime social. Nenhum regime social pode subsistir sem a fidelidade de suficientes setores da subelite, que preencham os papéis indispensáveis de divulgadores de símbolos, aplicadores de decisões e administradores ou técnicos. Além disso, a posição de *status* médio da subelite, no plano participacional, é a posição-chave para a manutenção, em qualquer sociedade, da mobilidade social necessária. É a partir desse *status* que os papéis e titulares superiores da subelite são promovidos a *status* ou papéis mais altos, no nível da elite. E é aos papéis e titulares inferiores da subelite que segue a mobilidade ascendente da massa. O bloqueio dessa tal mobilidade, nas condições próprias a cada tipo de sociedade, particularmente da subelite para a elite, é a causa principal das sublevações sociais e não, como freqüentemente se crê, a pura opressão e exploração das massas. Por outro lado, no caso das sociedades desigualitárias nas quais uma contra-elite chegou a se formar, é a subelite que fornece os papéis e quadros da *intelligentsia* revolucionária.

As massas, na base de cada plano social, representam uma realidade muito distinta conforme consideremos sociedades simples ou complexas, igualitárias ou desigualitárias. Em sociedades muito primitivas, como foi discutido no Cap. 4, Livro I, a discriminação elite-massa se refere, essencialmente, à hierarquia de papéis de família. Antes da emergência de uma maior especialização social, os grupos de sexo e de idade são os principais determinantes de *status* social. Em sociedades desigualitárias mais complexas, estamentos, castas e classes, muito freqüentemente oriundas da conquista de uma sociedade por outra, discriminavam fortemente aqueles *status* baixos determinados pelo regime participacional, que tendem a formar a massa de todos os demais planos, e que assim são constituídos como uma massa societal. De acordo com a crescente flexibilização do regime de participação, o *status* de massa torna-se, ao mesmo tempo, menos discriminado e menos intra-sistemicamente consistente. Isto significa que o mesmo titular pode ter um papel de massa em um ou mais planos, mas não ter papéis de massa em algum outro plano ou planos. Isto significa também que o mesmo papel pode ter *status* baixo em um plano e *status* alto em outro. Exemplo interessante do último caso foi a posição do artista manual, na Grécia. Pelo fato de sua arte ser tecnicamente um artesanato, um escultor desfrutava de um baixo *status* participacional como um *banaus*, enquanto que, ao mesmo tempo, poderia desfrutar de alto *status* cultural, como Fídias e ser, também, economicamente próspero.

O caso anterior (titulares que têm cumulativamente papéis de diferentes *status*) tende a ser típico das sociedades igualitárias modernas. Em uma democracia de massas todos pertencem, em vários sentidos, à massa. Os altos administradores industriais serão massa cultural, como consumidores de símbolos, e podem desempenhar um simples papel dirigido, politicamente. Os trabalhadores que ocupam uma posição de massa no plano econômico, podem desfrutar *status* participacional superior como esportistas (para não se falar dos dirigentes sindicais), enquanto os altos formuladores de símbolos, em papéis acadêmicos e científicos, podem ter baixo nível econômico e *status* participacional apenas médio.

II. FUNCIONALIDADE DE ELITE

Explicações Clássicas

O esclarecimento acima do problema elite-massa nos possibilita agora considerar a questão referente a por que algumas elites são funcionais e outras não o são. Esta questão está intimamente ligada com o problema, tratado por Aristóteles, das formas de governo "sadias" e "corruptas". Aristóteles, como foi discutido anteriormente (Cap. 3, Livro I), entendia claramente que a distinção entre monarquia, aristocracia e, em nossa presente terminologia, democracia, é muito menos relevante do que a questão de se tais tipos de governo são ou não, "sadios" ou "corruptos". O que torna um governo sadio e outro corrupto? Ou, colocando a questão em seu significado mais amplo, por que algumas elites são funcionais e outras disfuncionais?

Foram dadas muitas respostas, no curso da história, a esta questão. Variaram fundamentalmente em torno de três posições básicas. Para alguns, como Platão, a resposta era essencialmente moral. Governos corruptos eram os governos de homens corruptos. As elites corruptas eram formadas por pessoas corruptas. Tal corrupção, porém, tendia a não ser arbitrária, mas resultaria do fato de que a pessoas com propensões erradas seriam dadas lideranças não merecidas. De acordo com sua teoria das paixões, transposta para sua teoria do Estado, a corrupção resultaria do fato de que a homens que não haviam adquirido controle de suas paixões apetitivas, nem chegado a níveis mais altos de conhecimento e sabedoria eram dadas funções políticas superiores. Esse tipo de resposta, finalmente, significa que apenas quando o acesso e a permanência, no nível de elite, sejam subordinados à excelência moral e intelectual, é que a elite pode ser funcional[3].

A segunda resposta que foi historicamente proposta aceitaria, basicamente, a anterior, mas tentaria acrescentar uma explicação à questão referente a como podem as elites manter sua excelência. Esta foi a preocupação principal de Aristóteles e sua própria conclusão foi a de que a excelência da elite dependeria da excelência da Constituição do Estado. De acordo com as normas adotadas, as chances seriam maiores ou menores, para assegurar a alta qualidade dos titulares de papéis dirigentes do Estado. Esta é a razão pela qual Aristóteles estava tão interessado no estudo comparativo de todas as Constituições conhecidas e pretendia, baseado nesse conhecimento, conceber uma Constituição idealmente perfeita, cuja adoção, por um ato de auto-interesse esclarecido dos próprios governos e povos, proporcionaria uma duradoura excelência políti-

---

3. Vide particularmente *The Republic*, IV, pp. 427-445.

ca para os Estados[4]. Como a concepção de Platão, a solução de Aristóteles teria uma longa vida. Durante a época da expansão romana, estudiosos políticos, como Políbio[5], veriam, na excelência da Constituição romana, o segredo do sucesso romano. A excelência das elites britânica, prussiana ou japonesa foram atribuídas à excelência de suas leis e tradições.

Uma terceira resposta histórica a essa questão veria em uma certa forma de equilíbrio, entre governantes e governados, o segredo de qualquer bom governo. O pensamento grego, uma vez mais, proporcionou com os sofistas a primeira formulação desta concepção, embora mais implícita do que explicitamente, em sua oposição típica entre a convenção e a natureza, e entre o Poder e o Direito[6]. Maus governos são o resultado do poder irreprimido, que estimula o dirigente a se satisfazer no abuso do poder. Equilíbrios e controles são o segredo de um bom governo. Esta concepção seria adotada pelos contratualistas, desde o final da Idade Média até o século XVII e transmitida aos liberais. É o fundamento da divisão de poderes de Montesquieu e a base dessa obra-prima da Ilustração que é a Constituição Americana. É também a base do liberalismo de *laissez-faire*. A livre competição entre todos, sob igual subordinação à lei, resulta no predomínio do melhor em qualquer campo social relevante, e é o único modo de formar elites meritocráticas e manter sua excelência.

Uma abordagem custo-benefício

Qual dessas três posições básicas deveria ser adotada? Uma breve discussão desta questão requer previamente o enfoque de dois pontos: o primeiro se refere ao custo social das funções da elite e o segundo às condições sociais para elites de "baixo custo".

Como foi claramente visto em nossa análise anterior do assunto, as elites desempenham funções societais: formulação de símbolos, tomada de decisões, controle de mercadorias. Por outro lado elas desfrutam, seja qual for o conteúdo de atributividade e competição proporcionado pelo regime de participação vigente, um correspondente controle de símbolos, poder, dinheiro e, original ou derivadamente, de prestígio e influência. Isto poderia ser expresso, portanto, dizendo-se que a condição de elite, ao nível de cada subsistema social e ao nível da sociedade como um todo, consiste em uma certa relação entre (1) *desempenho de direção* e (2) *desfrute de exação*.

---

4. Vide *Politics*, particularmente Livro IV, Caps. 11-13.
5. Vide *The Histories*, Livro VI, pp. 11-18.
6. Vide ERNEST BARKER, 1952, particularmente, p. 64 e ss.

Em sociedades desigualitárias, o desfrute de exação resulta diretamente do regime de participação. É coextensivo com a própria fundação desse regime e, finalmente, do regime social, que certas prerrogativas sejam asseguradas à elite participacional. Esse desfrute de exação representa, em termos sociais, uma espécie de custo fixo, que é estabelecido independentemente do valor social que possa resultar do desempenho de direção dessa elite. Distintamente, em sociedades não desigualitárias[7], o desfrute de exação é, ao menos em princípio, considerado como sendo a contrapartida dos recursos sociais alocados para uma elite (1) para permitir, operacionalmente, seu funcionamento e (2) recompensar seus serviços.

As elites funcionais, portanto, podem ser consideradas como aquelas cujo desempenho de direção, isto é, os serviços prestados à massa e à sociedade, como um todo, exceda liquidamente seu desfrute de exação, isto é, seu custo social. Inversamente, é claro, teremos que as elites disfuncionais são aquelas cujo desfrute de exação supere nitidamente seu desempenho de direção.

O problema de estimar essa conta de "custo-benefício" é obviamente de máxima complexidade. Quão "valiosos" são, em diferentes condições sociais, os serviços prestados pela elite? Quem julga isto? Como computá-lo? Escaparia ao propósito do presente estudo entrar em maiores detalhes referente a essa questão. Seja-me dado apenas salientar, seja qual for sua complexidade intrínseca e mesmo seu relativo conteúdo de insolubilidade, que foi sempre dada uma resposta prática a esta questão pela história. Dois aspectos dela, em última análise, apresentam uma importância decisiva. O primeiro se refere à maneira pela qual esse assunto é avaliado internamente, pelos vários setores de uma sociedade, seja qual for a eficiência e o custo dos serviços prestados pela elite. As sociedades desigualitárias, nas quais o regime de participação prevalecente é mantido por coerção, tendem a apresentar um quadro conflitante. Assim, por exemplo, os espartanos estavam absolutamente cônscios do fato de que estavam impondo aos ilotas um regime de participação totalmente discriminativo contra os últimos mantido apenas por eficaz coerção político-militar. Eles pensavam apenas que essa desigualdade era merecida, porque eles eram realmente superiores. Mas não obtiveram a fidelidade da massa. Essa mesma autoconfiança de superioridade apoiou por séculos os privilégios da nobreza ocidental, mas começou a vacilar desde que a Ilustração compeliu os nobres, fossem quais fossem seus interes-

---

7. Uso a expressão "sociedade não-desigualitária", em vez de "sociedade igualitária", porque nenhuma sociedade moderna estritamente igualitária jamais chegou a se firmar e a igualdade social, empiricamente, consiste na supressão do princípio de desigualdade mais do que na real igualização das condições.

ses pessoais, a reconhecer intelectualmente a arbitrariedade de seus privilégios.

As sociedades desigualitárias, porém, como foi precisamente o caso, durante séculos, da nobreza européia, podem obter um alto grau de consenso, com referência ao regime social, quando os termos privilegiados de participação da elite sejam aceitos pela massa como legítimos. Tal legitimidade, entrelaçada com as crenças básicas da cultura tradicional dessas sociedades, é uma parte integrante do regime de valores existente. Em tais condições a elite privilegiada desfruta de uma boa consciência e tende a ver seus privilégios tanto como merecidos por suas próprias condições — de acordo com uma ordem criada por Deus — quanto como os compelindo a empreender os serviços apropriados a seus *status*, usualmente de natureza militar e religiosa.

Distintamente, em sociedades não desigualitárias o relacionamento elite-massa não tende a ser visto em termos da medida em que se justifique o *status* da elite e seu desfrute de exação, mas antes em termos de quantos dos titulares de papéis de elite realmente merecem tais papéis. Sejam quais forem as concepções prevalecentes em uma sociedade sobre seu relacionamento massa--elite e o balanço entre os desempenhos de direção e desfrutes de exação, o que é relevante é a maior ou menor fidelidade obtida pela elite da massa e, como conseqüência, a legitimidade do regime social. Sempre que a fidelidade obtida permita a manutenção do *reconhecimento amplamente partilhado de sua legitimidade e um uso apenas marginal de coerção, pode ser dito que, intra-socialmente, a elite é vista como apresentando um balanço favorável desempenho de direção-desfrute de exação.*

O segundo aspecto referente à avaliação e mensuração do balanço desempenho de direção-desfrute de exação de uma elite é o grau de desenvolvimento comparativo alcançado pela sociedade em questão. A fidelidade da massa à elite pode resultar tanto de um equilíbrio objetivamente favorável entre os serviços e custos da elite, quanto das concepções tradicionais que apresentem como naturais ou merecidos os privilégios da elite. Por esta razão o consenso referente ao regime social, como observado anteriormente, tem principalmente um significado intra-societal. Objetivamente, porém, as elites efetivas, mais do que detentoras da fidelidade da massa — e certas vezes apesar da insuficiente fidelidade — são as que conduzem suas funções de uma maneira efetiva. Isto significa não apenas — e mesmo, para um certo período de tempo, nem sequer necessariamente — a manutenção de um balanço favorável *socialmente reconhecido,* entre os serviços prestados e os recursos usados ou consumidos mas, também, em última análise, *a consecução de um aumento real dos recursos societais.* O desenvolvimento, como vimos, consiste precisamente, em um aumento quantitativo e qualitativo dos valuáveis relevantes de uma sociedade. Isto resulta de uma atividade cultural, participacional, política e econômica apropriada. Reflete, portanto, se não exclusivamente, ao menos de uma forma significativa, a qualidade[8] e o custo objetivos dos serviços prestados à sociedade pela elite. O desenvolvimento societal, exceto nos casos de condições ambientais particularmente desfavoráveis, é o indicador objetivo do grau de funcionalidade da elite societal. Isto é verdade também em termos comparativos. *As sociedades que desfrutam de condições relativamente similares são mais ou menos desenvolvidas, comparadas umas com as outras, de acordo com o relativo grau de funcionalidade de sua respectiva elite.*

Condições de funcionalidade de elite

É possível considerar agora nossa questão inicialmente proposta: por que certas elites são funcionais e outras não o são? Se aplicarmos as três respostas históricas anteriormente indicadas, nossa análise dos processos de desenvolvimento da Grã-Bretanha e dos E.U.A., da França e da Alemanha, do Japão, e da Rússia e da China, observaremos, em primeiro lugar, quanto os resultados obtidos confirmam nossa prévia descoberta de que as elites funcionais são as desenvolvimentistas. Quando as elites não foram funcionais, ou foram submetidas a profundas reformas, como ocorreu particularmente no caso do Japão (com referência à elite *bakufu*), ou tiveram que ser expulsas e substituídas por uma contra-elite, como nos casos da Rússia Soviética e da China.

Por outro lado, se tentarmos descobrir porque as elites, ou seus setores reformísticos, ou as contra-elites, nos casos desses países, foram funcionais, temos que reconhecer que há uma parte de verdade em cada uma de nossas três respostas históricas. Está claro, por exemplo, no caso do Japão, confrontado com a perspectiva de iminente domínio ocidental, devido a seu atraso, que a reação dos clãs ocidentais e todo o curso subseqüente da restauração Meiji foram determinados predominantemente pelos valores internalizados da elite. Os valores supremos, referentes à preservação da soberania nacional, dos aspectos essenciais da cultura japonesa e da honra pessoal dos líderes de elite, foram a motivação para profundas mudanças, incluindo mudanças na tradição cultural e incluindo a auto-renúncia a seus próprios privilégios feudais. Poderia ser dito, neste caso, em apoio de Platão, que a excelência moral da elite Meiji a levou à autofuncionalização. Também poderia ser dito, em apoio de Aristóteles, que as boas normas que se foram condensando, historicamente, nas regras e usos societais britânicos, foram determinativas da funcionalidade

---

8. Objetividade, neste caso, significa a verificabilidade dos resultados realizados através de comparações empíricas com outras sociedades da mesma época e com essa mesma sociedade em diferentes épocas.

das elites britânicas e, por herança e auto-aperfeiçoamento, das americanas. E seria igualmente apropriado lembrar, com os sustentadores do terceiro ponto de vista, de que as dificuldades iniciais da França e da Alemanha, e as dificuldades duradouras da Rússia e da China, foram atribuíveis ao incontrolado poder de suas elites anteriores. Como se podiam permitir uma alta taxa de desfrute de exação, essas elites não se preocuparam em proporcionar a seus países melhor desempenho de direção.

A análise destes casos históricos, bem como o resto da evidência disponível parece indicar, finalmente, *que a ocorrência e manutenção de um relacionamento elite-massa funcional depende de uma certa linha de valores internalizados e do interesse próprio esclarecido da elite, no contexto dos recursos, meios e condições disponíveis para sua utilização e das pressões exercidas pela massa da própria sociedade ou provenientes de outras sociedades.* A importância suprema dos valores internalizados da elite é exemplificada tanto nos casos de desenvolvimento societal gradual, quanto nos casos de reformas sociais profundas, ou nos casos de contra-elites revolucionárias bem sucedidas. Assim o ilustra a importância que tiveram, nos processos de desenvolvimento, os vários códigos éticos ou morais, como a ética protestante ou a honra samurai.

Por outro lado, o papel do interesse próprio esclarecido é igualmente visível, seja nos esforços de desenvolvimento promovidos pela iniciativa de autocratas ou elites modernizadoras, ou pelas reações apropriadas que certas elites, as quais, ante a ameaça de suas próprias massas ou de grupos alienígenas se revelaram capazes de chegar ao ponto de renunciar a privilégios e de aceitar pesados sacrifícios, em benefício mútuo da própria elite e da sociedade como um todo. É sob esse aspecto que as pressões da massa são de capital importância. Quando as massas logram alcançar certo grau de comunicação e de organização intramassa, fora do controle da elite, elas impõem à elite tanto um regime de participação mais favorável, com referência à própria massa, quanto um equilíbrio custo-benefício mais favorável, com referência à sociedade como um todo. É para manter sua condição de elite que as elites pressionadas são levadas a adotar inovações que aumentarão a produtividade social. A revolução industrial e as subseqüentes inovações sociopolíticas, no Ocidente, até o atual Estado de Bem-Estar, podem ser explicados, em certo sentido, como respostas criativas das elites ocidentais (renovadas e auto-renovadoras) a pressões de suas massas. Tais respostas foram orientadas de tal modo a que permitam às elites manter a maior parte de sua liderança e várias de suas prerrogativas enquanto elevaram os níveis de consumo e de participação das massas, incluindo crescente mobilidade ascendente.

8. Sociedades e Modelos

Problemas Metodológicos

Podemos agora, com o apoio da experiência histórica discutida no Cap. 6 e da análise da dinâmica elite-massa realizada no precedente, retornar ao problema de modelos políticos operacionais de desenvolvimento, tratados no Cap. 5. Na análise desses modelos teremos que utilizar certas noções, em antecipação a seu próprio estudo, que será feito na secção subseqüente deste livro, com referência às operações básicas contidas na execução de projetos de desenvolvimento, seus correspondentes estágios de implementação e as condições operacionais das quais dependem sua "exitosa" execução. Com referência à última, é indispensável ter em conta o caráter *sine qua non*, para a possibilidade de aplicação "exitosa" de quaisquer modelos de desenvolvimento, que apresentam duas condições operacionais: (1) viabilidade nacional e (2) mobilizabilidade política.

Estes conceitos, como foi dito anteriormente, serão discutidos na secção subseqüente do presente livro. O primeiro (viabilidade nacional) se refere, em qualquer época dada, em função dos requisitos tecnológicos da mesma época e das condições estruturais da sociedade em questão, a se os recursos humanos e naturais dessa sociedade podem ou não serem considerados suficientes para assegurar-lhe condições mínimas de crescimento autônomo e endógeno. O segundo (mobilizabilidade política) se refere, em função das condições estruturais de uma sociedade, em uma dada fase de sua história, a se a sociedade apresenta ou não certas possibilidades politicamente implementáveis para aumentar a racionalidade do sistema social, no sentido da existência ou não, em sua elite, subelite ou, se for o caso, contra-elite, de setores real ou potencialmente interessados, capazes e mobilizáveis, para promover deliberadamente mudanças políticas e mudanças societais através de meios políticos. Na discussão seguinte dos três modelos básicos, parte-se da pressuposição de que as sociedades para as quais eles se adaptam sejam, ao mesmo tempo, nacionalmente viáveis e politicamente mobilizáveis. As sociedades que não preencham esses dois pré-requisitos simplesmente não podem, com nenhuma margem previsível de possibilidade de êxito, ser o objeto de um esforço deliberado de desenvolvimento[1].

O estudo a ser intentado no presente capítulo consiste, essencialmente, em uma investigação referente aos relacionamentos estruturais entre sociedades e modelos, para o propósito teleológico e voluntarista de usar consistentemente os últimos para mudar as primeiras. Requer, em primeiro lugar, uma análise estrutural das sociedades, conducente, pela identificação dos traços mais relevantes para a promoção de seu desenvolvimento nacional, à determinação de uma tipologia societal básica para o desenvolvimento. Necessita, em continuação, de uma indicação esquemática das principais características de cada modelo de desenvolvimento, entendido como um projeto para ação política e para a promoção, por meios políticos, de mudança social estrutural. E tornará possível, em conclusão, estabelecer que modelos são convenientes para que sociedades, por que razões e com que possibilidades de sucesso.

O problema de determinar quais são os traços estruturais relevantes de uma sociedade para a promoção de seu desenvolvimento nacional envolveria uma longa e exaustiva pesquisa, se não fosse possível usar as descobertas prévias deste livro, particularmente dos dois capítulos precedentes, para seguir um curso muito mais curto. Na verdade, nosso exame crítico dos casos históricos mais típicos de desenvolvimento nacional, e nossa análise da dinâmica elite-massa, nos proporciona um critério básico para abordar a organização de uma tipologia societal para o desenvolvimento. Tal critério é nossa descoberta anterior de uma correlação, dadas algumas outras condições — notadamente, viabilidade nacional e mobilizabilidade política — entre o grau de desenvolvi-

---

1. Os fatos sócio-históricos têm uma grande margem de imprevisibilidade, e os países "não viáveis" podem ser conduzidos a mudanças revolucionárias bem sucedidas contra a probabilidade previsível, como em Cuba com Fidel Castro. Como será discutido no Livro III, porém, a revolução cubana não superou imediatamente (e ainda pode não superar) os problemas de viabilidade da nação. Tais problemas estão sendo gradualmente ultrapassados devido a uma ajuda soviética que, em sua forma real (ou seja, sem impor a satelização de Cuba), não foi e não poderia ter sido prevista por Castro.

mento de uma sociedade e a funcionalidade de sua elite. Observamos, por um lado, que a razão final para o desenvolvimento de uma sociedade, dadas certas condições, é a funcionalidade de sua elite, isto é, o balanço favorável entre seu desempenho de direção e seu desfrute de exação. Por outro lado, compreendemos que o que faz e mantém a funcionalidade das elites é uma certa linha de valores internalizados, combinada com interesse próprio esclarecido, no desenvolvimento de tal funcionalidade, como a resposta mais adaptada às pressões da massa para maiores níveis de consumo, participação e mobilidade social e/ou aos desafios das sociedades estrangeiras.

Estudo preliminar

Podemos iniciar, portanto, supondo com certa segurança que, no âmbito amplo das sociedades que, comparativamente com suas contemporâneas bem sucedidas, deveriam ser consideradas como subdesenvolvidas, as que apresentem um nível relativo mais alto de desenvolvimento terão uma elite com certa funcionalidade. Num nível mais baixo, as sociedades manifestamente subdesenvolvidas, mas não submetidas a um grau destacado de coerção, nem apresentando características de extremo atraso, podem ser consideradas como tendo uma elite não-funcional, mas desfrutando de certo tipo de fator compensatório. No nível inferior, as sociedades extremamente subdesenvolvidas terão uma elite manifestamente disfuncional, ou apresentarão características de extremo atraso, inclusive para suas elites.

Esta classificação preliminar e grosseira permite um outro passo à frente. Se considerarmos as sociedades do primeiro grupo e usarmos nossa informação referente aos casos históricos precedentes de desenvolvimento nacional, veremos que a condição de funcionalidade relativa, mas insuficiente, da elite, parece ser devida a duas causas distintas. Uma causa possível consiste na retenção pela sociedade envolvida, em todas as suas camadas, de uma cultura tradicional, em comparação com o grau de modernização das outras sociedades contemporâneas. Neste caso, a insuficiente funcionalidade da elite seria devida, primariamente, a sua *incapacidade de fazer uso dos modos e meios de ação*, também disponíveis para outras sociedades, como foi tipicamente o caso do Japão de Komei. Outra causa possível, distintamente, consiste na existência de sérias divisões e diferenças dentro da elite, que teria, ao menos tendencialmente, um setor funcional e outro disfuncional. Não a falta de modernização, mas a *falta de coerência da elite,* com instituições e políticas representativas do setor disfuncional criando obstáculos à ação do setor funcional, seria a responsável pela insuficiente funcionalidade da elite como um todo, e pelo desenvolvimento deficiente resultante de tal sociedade.

O caso da França e da Alemanha, nos fins do século XVIII e início do século XIX, parece ser um bom exemplo de tal hipótese.

O segundo grupo de sociedades é caracterizado por uma certa desproporção entre a não-funcionalidade hipotética de sua elite e o fato de que tais sociedades nem são extremamente atrasadas nem se encontram submetidas a extrema coerção. Existe nessas sociedades um fator compensatório que melhora sua condição final, além do nível de desempenho de suas elites. Se relembrarmos algumas de nossas discussões do Cap. 2, Livro I e as breves indicações contidas no Quadro 2 deste livro, veremos que a explicação deste fator compensatório consiste no fato de que tais sociedades formaram *um setor capaz e moderno em sua subelite,* a cuja ação se devem os efeitos bastante menos desfavoráveis da não-funcionalidade da elite. O caso do Egito pré-Nasser é uma das melhores ilustrações deste tipo de sociedade.

O terceiro grupo, finalmente, apresenta um quadro bastante distinto, conforme o nível muito baixo de desenvolvimento for devido a uma elite manifestamente disfuncional ou a extremo atraso. No último caso, o subdesenvolvimento significa, acima de tudo, *a retenção de uma cultura arcaica ou primitiva,* como ocorre atualmente com muitos Estados novos africanos. No caso anterior, distintamente, o subdesenvolvimento acentuado pode ser associado com aspectos relativamente altos de modernização. O subdesenvolvimento como expressão de uma elite disfuncional é essencialmente uma deficiência da institucionalização e é *caracterizado pela manutenção de um regime de participação desigualitário,* mediante o uso extensivo da coerção e/ou fraude, seja por apoiar um regime de valores cuja legitimidade é repelida pelos setores de pensamento livre da sociedade, como no caso da Rússia e da China dos fins do século XIX e início do século XX, seja por pretender que a fachada de um regime oficial, aceitavelmente legítimo, corresponda realmente ao regime social real e seja efetivamente executado, como no caso da Cuba de Batista.

Se acrescentarmos a estas observações nosso efetivo conhecimento dos regimes de estratificação das sociedades contemporâneas, poderemos substituir as categorias funcionais abstratas de elite, subelite e massa, pelas classes, e pelos setores de classe e grupos relevantes que estejam realmente interagindo em tais sociedades. É também indispensável, por outro lado, em antecipação da breve análise da estratificação da atual sociedade internacional que será efetuada no Cap. 12, levar em conta as formas correntes de dominação, hegemonia e preponderância internacionais. Como sempre ocorreu na história, os relacionamentos de dominação, hegemonia e preponderância, entre uma sociedade e as outras, embora afetando as sociedades envolvidas como um todo, são efetivamente baseadas em, e processadas através de, relacionamentos de dependência entre a elite das sociedades dominadas e a elite da dominante. A compreensão destas relações de dependência-dominância internacionais entre elites é um requisito essencial para a análise intra-societal do grau de funcionalidade de qualquer elite.

Uma tipologia geral

No presente estágio de nossa análise, podemos tentar formular agora uma tipologia e caracterização gerais das sociedades subdesenvolvidas. Embora as principais categorias de nossa análise, por serem baseadas em traços funcionais permanentes da dinâmica elite-massa, sejam aplicáveis a qualquer sociedade, em qualquer época, podemos nos concentrar em sociedades contemporâneas, que são o objeto de nosso presente interesse e, assim fazendo, seremos dispensados de entrar em detalhes e qualificações que não seriam relevantes para o propósito central desta investigação.

Como pode ser visto no exame preliminar precedente, as sociedades subdesenvolvidas podem ser classificadas em três tipos principais, incluindo seis variedades, como se indica no seguinte esquema.

ESQUEMA 2. Tipos e variedades de sociedades subdesenvolvidas

TIPO I. SOCIEDADES COM UMA ELITE SEMIFUNCIONAL
  I-1. *Sociedade tradicional*
  I-2. *Sociedades com uma elite dividida*

TIPO II. SOCIEDADES COM UMA ELITE NÃO-FUNCIONAL
  II. *Sociedades mantidas pelo setor moderno da subelite*

TIPO III. SOCIEDADES PRIMITIVAS OU ARCAICAS E SOCIEDADES COM ELITE DISFUNCIONAL
  III-1. *Sociedades primitivas ou arcaicas*
  III-2. *Sociedades desigualitárias coercitivas*
    III-2.1 *Sociedades com uma elite aristocrática rígida*
    III-2.2 *Sociedades com uma elite* societas sceleris

Passemos agora, seguindo o esquema acima, a uma breve tentativa de caracterização tipológica das sociedades em questão.

As sociedades do Tipo I têm em comum o fato de que apresentam um relativo grau de desenvolvimento, devido a um relativo grau de funcionalidade de sua elite, mas são profundamente distintas conforme pertençam à primeira (I-1) ou à segunda (I-2) variedade. O que se entende por relativo grau de desenvolvimento, em ambos os casos, tende também a ser bastante distinto. O relativo desenvolvimento, nas condições de nossa época, de uma sociedade tradicional (I-1) se refere, primariamente, a seu grau de institucionalização. A preservação da cultura tradicional traz consigo a preservação das formas tradicionais de legitimidade, em cujo contexto a proporção desempenho de direção-desfrute de exação da elite tende, muito freqüentemente, a apresentar um balanço favorável ou ao menos socialmente não objetado. Distintamente, o significado de relativo desenvolvimento, para sociedades com uma elite dividida (I-2) se refere primariamente a seu grau de modernização, embora sua legitimidade possa ser contestada. É necessário estudar-se separadamente cada caso. De uma forma semelhante, as sociedades do Tipo III apresentam três variedades distintas. A primeira (III-1), se refere às sociedades primitivas que mantiveram remanescentes importantes de sua anterior organização e cultura tribais, como a maioria dos Estados africanos, e às sociedades arcaicas, como algumas islâmicas (Arábia Saudita e Irã) e cópticas (Etiópia), cujo grau de atraso comparativo é de tal extensão que, seja qual for a legitimidade intra-societal remanescente, o respectivo *statu quo* não pode ser mantido sem crescente disfuncionalidade da elite[2]. As duas outras variedades pertencem ao mesmo subtipo (III-2) de sociedades desigualitárias coercitivas. Têm em comum o fato de que ambas as variedades são caracterizadas por um regime social desigualitário coercitivamente imposto. Em um caso (III-2.1), as sociedades com uma elite aristocrática rígida, a crise de legitimidade resulta do fato de que o regime de valores da elite é rejeitado pelos setores modernos da subelite e pelos indivíduos de livre pensamento, que formam usualmente uma *intelligentsia* revolucionária, com a conseqüência de que apenas através de meios coercitivos pode a elite manter seu antigo regime social. No outro caso (III-2.2), as sociedades com uma elite *societas sceleris*, há uma falta de compatibilidade entre a cultura destas sociedades e seu regime social efetivo, que proporciona realmente à elite privilégios em contradição com o regime de valores prevalecente. Por esta razão, a elite pretende ter um regime social distinto do real e mantém a ficção do regime mediante uma combinação de coerção e fraude. Examinaremos brevemente cada uma destas seis variedades.

I.1 Sociedade tradicional

O melhor exemplo histórico de uma sociedade tradicional (cf. Quadro 27, Livro I, grupo A.2), comparativamente com as contemporâneas, com uma elite semifuncional, foi o Japão, nos meados do século XIX. A cultura tradicional impregnava todas as camadas da sociedade e todos os papéis sociais. O regime de participação prevalecente, em correspondência com o regime de

---

2. Tal disfuncionalidade inevitável resulta, juntamente com outras razões, porque a elite, incapaz de resistir às pressões internacionais dentro das condições do *statu quo*, tem tendência a preservar seu *status* de elite, tornando-se satélite de uma grande potência.

valores, era desigualitário, mas era legitimado pela tradição e como tal aceito tanto pela elite quanto pela massa, naquela preservando um forte sentido estamental de dever e nesta mantendo uma fidelidade básica ao regime. Os exemplos presentes de sociedades tradicionais (mas não primitivas) são muito menos simples e típicos do que o Japão do século XIX, devido à crescente penetração mundial da influência ocidental desde o século XIX e à correspondente destradicionalização da maioria das culturas. Exceto em sociedades primitivas e arcaicas, que em nossa tipologia pertencem a outro grupo (III-1), nas sociedades tradicionais remanescentes de nossa época, representadas principalmente por países orientais não modernizados, as elites foram afetadas, em larga extensão, pela cultura ocidental e não mantêm uma perspectiva tradicional comparável à da elite japonesa nos meados do século passado. Alguns países do Sudoeste da Ásia, como o Laos e o Cambodja, são, possivelmente, o exemplo contemporâneo mais próximo de uma sociedade tradicional remanescente, mas já em campanha deliberada para sua própria modernização, como o Japão de Meiji. A Índia e o Paquistão, com um montante ainda maior de ocidentalização da elite, são também exemplos de sociedades tradicionais esforçando-se deliberadamente para se modernizar. Em tais sociedades, além da permanência imobilizada da tradição, com o conseqüente retardamento da modernização, as outras características relevantes, para os propósitos de nossa tipologia, são a preservação, juntamente com a legitimidade do regime social, de um sentimento de dever na elite, de acordo com as prescrições da tradição. Será esse sentimento de dever que impelirá um setor da elite a adotar uma postura modernizadora, suscetível de captar a adesão, para tal propósito, mesmo ao custo de grandes sacrifícios de classe e pessoais, de uma grande parte da elite, conduzindo a elite para uma auto-renovação na linha da modernização e do desenvolvimento nacional global.

I.2 Elite dividida

Os melhores exemplos históricos de sociedades com uma elite dividida (cf. Quadro 27, Livro I, item 3.1.1.1) foram os casos francês e alemão de desenvolvimento nacional, sob Napoleão III e Bismarck, respectivamente. Contemporaneamente, esta categoria se adapta a muitos dos países latino-americanos. A característica típica de tais sociedades é a divisão real ou tendencial da elite entre um setor funcional e um disfuncional. O setor disfuncional, usualmente de origem tradicional (patrícios, proprietários de terra, burguesia consular, profissionais de classe superior, camada superior do exército), impõe a preservação das estruturas e políticas que bloqueiam a possibilidade de desenvolvimento nacional, essencialmente ao manter uma sociedade dualista. A superconcentração de riqueza, educação, prestígio e poder nas mãos da elite e a marginalidade correspondente da massa evitam a integração social do país, limitam o potencial do mercado nacional e sua capacidade de crescimento e afetam, de maneira similar, os planos social, cultural e político dessas sociedades. O setor funcional da elite (nova burguesia industrial, empresários nacionais modernos, altos técnicos e executivos), cujos interesses e valores seriam muito mais convenientemente atendidos pela expansão geral da nação, não está suficientemente cônscio das contradições que os opõem à elite disfuncional. Uma vaga identificação ideológica do setor funcional com o disfuncional da elite afeta negativamente, não apenas os interesses do primeiro, mas também a claridade, afirmatividade e coerência de seus valores e comportamento. A sociedade, como um todo, é submetida a sérias distorções, que reduzem substancialmente a eficiência do sistema de recompensas e penalidades, com a restrição correspondente da coesão e produtividade nacionais. Em tais sociedades, a oposição entre os setores funcionais e disfuncionais também se encontra nos níveis da subelite e das massas. A subelite é dividida entre um setor tradicional, incluindo os administradores agrários, os profissionais convencionais e os intelectuais antiquados, os funcionários públicos (*cartoriais*), um grande setor do exército, os clérigos tradicionais, os funcionários e lojistas tradicionais, e um setor moderno, incluindo os administradores e técnicos nacionais das novas indústrias, os novos profissionais e intelectuais modernos, os clérigos orientados para o social, os tecnocratas, o exército modernizador e os novos executivos nacionais de negócios modernos. A massa urbana é dividida também em setores tradicional e moderno. O anterior inclui, seja os trabalhadores sindicalizados mais antigos, que se esforçam por uma concepção rígida da proteção do trabalho, seja os migrantes das atividades rurais não sindicalizados (principalmente o proletariado terciário marginal e o *lumpen*). O último inclui os trabalhadores de novas indústrias de transformação. A massa rural, em tais sociedades, é ainda predominantemente tradicional e paroquial.

II. Sociedades mantidas pelo setor moderno da subelite

Os melhores exemplos históricos destes casos foram a Turquia pré-Kemal e o Egito pré-Nasser. A Bolívia antes da revolução de M.N.R. de 1952 e o Equador de hoje são também amostras representativas deste tipo (cf. Quadro 27, Livro I, item 3.1.2.1). Tais sociedades estão sob o controle de uma elite não-funcional, compreendendo setores de graus de disfuncionalidade variáveis, cuja camada superior é um setor patrício de proprietários de terra, com interesses e associados mercantis e financeiros nacionais e estrangeiros, incluindo as altas camadas do exército. A elite é sempre ligada e crescentemente dependente de círculos de comércio externos. Enquanto o controle da propriedade rural e urbana é mantido nas mãos da elite, os novos interesses modernos industriais e comerciais e financeiros, que vão gradualmente aparecendo, são possuídos e controlados por grupos estrangeiros, embora com uma participação menor ou nominal da elite local. Em tais sociedades, a subelite apresenta uma clara diferenciação entre um setor tradicional e um moderno. O primeiro representa o setor médio típico de sociedades coloniais e semicoloniais. É composto dos administradores rurais, lojistas, profissionais e funcionários tradicionais e burocratas dos departamentos mais convencionais do Estado, incluindo os militares. O setor moderno, quantitativamente muito menor que o anterior, inclui todos os técnicos e administradores da nação, que operam os poucos departamentos modernos do Estado, usualmente nos ministérios de finanças e economia, o setor moderno do Exército e as poucas funções executivas do setor privado moderno não operados diretamente por estrangeiros. É devido à ação deste setor moderno da subelite que o quadro final desse tipo de sociedade é proporcionalmente menos angustiante do que o seria de outra forma. À medida que o setor da subelite desempenha eficientemente seu papel, sem desafiar a posição da elite, e as expectativas usuais desta são satisfeitas, sua disfuncionalidade é parcialmente contida e o conteúdo de coerção para preservar o regime social é moderado. A elite, porém, dentro dos limites de sua capacidade de implementação, está preparada para aumentar seu coeficiente de desfrute de exação e de coerção sempre que, por quaisquer circunstâncias, suas rendas habituais caírem.

III.1 Sociedades primitivas e arcaicas

Os melhores exemplos históricos deste grupo são países africanos tais como, respectivamente, o Congo de Leopoldville e a Etiópia. As sociedades primitivas (cf. Quadro 27, Livro I, grupo A.1), porém, apresentam o maior âmbito possível, desde os aborígines australianos e outros grupos maiores, não capazes de constituir um Estado independente ainda que nominal, até as sociedades de muitos dos novos Estados africanos. As sociedades arcaicas (cf. Quadro 27, Livro I, subgrupos 5 e 6 dos grupos A.2), por outro lado, embora muito menos numerosas, têm outros exemplos além da Etiópia, no mundo islâmico e na Ásia. Os limites que separam as sociedades arcaicas das tradicionais não são claros, para os casos fronteiriços. Em sua forma típica, pode ser dito que uma sociedade tradicional é aquela em que o sistema cultural não é inerentemente incompatível (isto é, não fundado em uma concepção mágica do mundo) com a modernização e cujo regime social pode, em princípio, ser reformado por iniciativa do setor modernizador da elite. Opostamente, as sociedades arcaicas são aquelas cuja cultura é fundada em crenças não compatíveis com maiores níveis de racionalização e cujo regime social é excessivamente rígido para ser auto-reformável. As sociedades primitivas, por outro lado, podem ser entendidas, para o propósito da presente tipologia, como incluindo todas as formas de sociedades nominalmente independentes e soberanas que, apesar de certa forma de governo central, mantêm características tribais básicas. Tais sociedades têm em comum o fato de que, em seu encontro com a civilização ocidental, suas respectivas elites tiveram que reagir à influência e desafio ocidentais antes de terem obtido, elas mesmas, um nível maior de educação não tradicional. Trazidas à consciência de seu atraso, sem tempo e condições para uma retirada estratégica, as elites dessas sociedades são compelidas a lograr sua própria modernização por submissão a uma ocidentalização dirigida e controlada desde fora.

III.2.1 Sociedades com uma elite aristocrática rígida

Este grupo, em sua forma original (cf. Quadro 27, Livro I, subgrupo 6, grupo A.2), tem atualmente uma importância principalmente histórica, na medida em que suas amostras típicas desapareceram com as Revoluções Russa e Chinesa. Tais sociedades são caracterizadas pelo que poderia ser chamado de *tradicionalismo estratificado*. Enquanto as sociedades tradicionais preservam, além de suas possibilidades históricas de sobrevivência funcional, uma tradição cultural que mantém, impregnando todos os seus setores e camadas sociais, as sociedades com uma elite aristocrática rígida preservam tal tradição cultural apenas como uma tradição de classe ou de estamento da elite. O setor moderno da classe média é levado a uma rejeição crescente de tal tradição, quebrando dessa maneira as bases tradicionais de legitimidade, e impondo à elite a necessidade de uma coerção crescente correspondente, para a manutenção do regime social. A coextensão do conflito de classe com um conflito cultural de valores aumenta a rigidez da elite e a rebeldia da *intelligentsia*, estabelecendo uma situação na qual a ordem pública pode ser mantida apenas pelo emprego permanente das mais violentas formas de repressão, e na qual a oposição torna-se necessariamente de natureza conspiratória e revolucionária. Em certa medida, as sociedades arcaicas, como a Etiópia e a Arábia Saudita, são também sociedades com uma elite aristocrática rígida embora nas, condições das sociedades arcaicas, uma *intelligentsia* é menos suscetível de emergir e muito menos de alcançar uma comunicação significativa com a massa.

Uma forma derivada desta espécie de sociedade, porém, é uma das duas conseqüências tipológicas da deterioração das sociedades (I-2) com uma elite dividida (cf. Quadro 27, Livro I, itens 3.1.3.1 e 3.2.2.1). Neste último caso, quando o setor funcional da elite não é capaz de alcançar um mínimo de consciência ideológica para identificar seus próprios interesses e valores básicos, ou é impossibilitado de tomar um curso de ação coerente com suas concepções peculiares, por excessivo temor dos riscos envolvidos, ou por perder o combate de poder para o setor disfuncional da elite, este tende a conduzir a sociedade a uma das duas variedades de uma sociedade desigualitária coercitiva. Na maioria dos casos, o resultado da supremacia do setor disfuncional da elite é o estabelecimento de (III-2.2) uma elite *societas sceleris*. Em alguns poucos casos, porém, o setor disfuncional da elite pode manter uma básica ideologia *bona fide*, compreendendo seu papel de acordo com um regime dogmático de valores, de natureza arcaizante mas de perspectiva e formulação modernas[3], como o patrocínio de alguma causa suprema, como a defesa da "civilização ocidental cristã", entendida em uma idealização arcaizada, como o bem absoluto, contra o "comunismo", visto como o mal absoluto. Este foi o caso do fascismo ocidental, até sua derrota na Segunda Guerra Mundial, e corresponde presentemente às muitas variedades de Colonial-Fascismo que ocorrem no mundo subdesenvolvido. Em tal caso, o equivalente sociológico de uma elite aristocrática rígida (III-2.1), composto pela coalizão de setores da classe média, com a burguesia e os remanescentes dos proprietários patrícios de terra, formam o equivalente da elite rígida do *ancien régime*. Com a diferença relevante, porém, de que essa nova elite, sejam quais forem as implicações tradicionais de seu regime de valores, é basicamente uma elite moderna, em termos operacionais, e é portanto muito mais eficaz, na imposição de seus interesses e valores de classe, do que uma aristocracia tradicional.

III.2.2 Sociedades com uma elite *societas sceleris*

O melhor exemplo de uma sociedade com uma elite *societas sceleris* é a Cuba de Batista. A maior parte dos países centro-americanos de hoje mantêm esse caráter (cf. Quadro 27, Livro I, item 3.1.2.1). A distinção entre essa forma de sociedade desigualitária coercitiva e a acima discutida é essencialmente de natureza subjetiva, embora em termos que certas vezes podem ser verificáveis empiricamente. Tal distinção consiste na crença interior *bona fide*

---

3. Contrariamente ao que ocorre nas sociedades tradicionais, onde a legitimidade do regime social é realmente baseada nos valores religiosos da cultura, as elites fascistas e colonial-fascistas mantêm valores religiosos tradicionais arcaicos, valores esses sustentados pelo que representam de idealização arcaizante, e não por seu efetivo conteúdo religioso, como este se manifesta em suas versões modernas correntes. Por tal razão, o compromisso de defesa da "cultura cristã" se encontra associado, geralmente, à perseguição concreta das igrejas e militantes cristãos modernos, como ocorreu na Alemanha nazista e, desde o golpe de 1964, com certas manifestações de tendência colonial-fascista, no Brasil.

da elite rígida em seu regime de valores, em contraste com o cru oportunismo espoliativo e autoconsciente da elite *societas sceleris*. Como ocorre tão freqüentemente com distinções de tal espécie, existem muitos casos intermediários, nos quais a diferenciação é difícil ou impossível de se fazer, e assim se torna finalmente irrelevante. O que é característico da *societas sceleris* típica é a formação, para a consolidação da exploração da massa, de uma coalizão, em torno da elite, dos setores e grupos mais estratégicos da subelite. A elite inclui, usualmente, além do setor agrário patrício, uma burguesia consular, inteiramente aos serviços de interesses estrangeiros, os profissionais de classe superior, igualmente dedicados aos interesses de grupos estrangeiros e seus aliados locais, e o exército, que em tais sociedades é incorporado às camadas sociais mais altas e constitui, em misturas variáveis de uma guarda pretoriana moderna com uma nobreza feudal moderna, o apoio real básico do regime. Os setores e grupos cooptados da subelite incluem os funcionários públicos superiores, os setores protegidos dos empregados privados, os profissionais, os intelectuais mercenários, os administradores rurais, os suboficiais e, finalmente, mas não sem importância, os líderes sindicais. Enquanto os militares representam a base de apoio efetivo do regime, mantendo o *quantum* de violência e coerção necessário para evitar a mobilização e organização das massas exploradas por membros descontentes da subelite, os líderes sindicais são os agentes indispensáveis de mitificação dos setores melhor organizados da massa urbana, contribuindo para preservar uma fachada de bem-estar social e/ou de intenções populistas do regime ou das autoridades.

Os modelos operacionais

A precedente classificação e caracterização sucintas dos tipos e variedades de sociedades subdesenvolvidas, consideradas particularmente em vista do quadro contemporâneo, nos possibilita agora analisar os modelos políticos operacionais de desenvolvimento, que serão denominados, para fins de facilidade, de modelos políticos ou simplesmente de modelos. Concentraremos nosso estudo nos três modelos mais amplamente aplicáveis (Nacional-Capitalismo, Capitalismo de Estado e Socialismo de Desenvolvimento) embora, como foi observado anteriormente, estes três modelos não exaurem as possibilidades de seu tipo. De acordo com as condições estruturais das sociedades em questão, seu ambiente societal e o período histórico em curso, outros modelos podem ser indicados, como é referido no Quadro 3. Lembrarei brevemente, para iniciar, o caso dos modelos implícitos. O modelo liberal, apesar de sua mensagem de antiprogramação, é não obstante um modelo operacional implícito, no sentido de que supõe um processo de otimização e progresso societais pelo livre desempenho de atores auto-orientados, e sua implementação, apesar da economia do *laissez-faire,* depende da instauração e manutenção, pelo Estado, das condições políticas e institucionais apropriadas, como vimos nos casos da Grã-Bretanha e dos Estados Unidos, e foi discutido na parte final do Cap. 5. Em uma forma mais explícita, o mesmo pode ser dito do modelo neoliberal.

Além destes modelos implícitos existem outros explícitos (cf. Quadro 3 e veja Quadro 4), como os modelos de Autocracia Modernizadora (Pedro, o Grande) e Elitocracia Modernizadora (Restauração Meiji), ou o caso mais adiantado dos modelos de Bem-Estar social. Além do mais, os modelos políticos básicos apresentam uma ampla possibilidade de combinações intermediárias. A Autocracia Modernizadora e a Elitocracia Modernizadora formam dois pontos de um espectro com várias posições intermediárias. O mesmo deve ser dito dos três modelos mais relevantes, Nacional-Capitalismo, Capitalismo de Estado e Socialismo Desenvolvimentista. Existem várias misturas possíveis e empiricamente ocorrentes entre, um lado, o Nacional-Capitalismo e o Capitalismo de Estado e, por outro lado, entre o Capitalismo de Estado e o Socialismo Desenvolvimentista. Deve ser notado também que entre estes últimos modelos mais "modernos" e os modelos mais "tradicionais" de Autocracia Modernizadora e Elitocracia Modernizadora pode haver algumas conexões interessantes. A Elitocracia Modernizadora Meiji usou muitas das técnicas do Capitalismo de Estado para alcançar mais tarde a forma de um modelo de Nacional-Capitalismo, envolvendo agora um Capitalismo de Bem--Estar. Opostamente, o Socialismo Desenvolvimentista Soviético mostrou vários traços importantes de uma Modernização Autocrática durante o período de Stálin. As características de Modernização Autocrática, além do mais, se encontram também na primeira fase da Elitocracia Modernizadora de Bismarck, que evoluiu, durante a própria época de Bismarck, para um Nacional--Capitalismo. O Quadro 4, seguinte, apresenta um panorama geral do que foi dito com referência a este assunto.

Esclarecido este ponto preliminar, é necessário ressaltar também o significado, os efeitos e as implicações gerais dos modelos políticos. Essencialmente, como foi discutido no Cap. 5, os modelos políticos são projetos que estabelecem metas e estratégias, fixando condições e meios para a otimização deliberada, *em dadas condições estruturais,* da racionalidade potencial (incluindo a racionalidade moral) contida em uma dada sociedade. A questão das condições estruturais dadas é uma questão fundamental para a compreensão dos modelos políticos. Os modelos não são esquemas mágicos e não criam as condições, os atores e os impulsos elementares para a ação ou os meios para a implementação da ação, que possam ser requeridos. Os modelos são apenas técnicas de otimização de elementos preexistentes, embora em um processo de crescimento auto-induzidor. Certas sociedades não podem ser desenvolvidas por modelo de nenhum tipo, seja por não serem viáveis, como sociedades nacionais, seja por não terem realmente, em um dado estágio ou fase de sua hitória, em geral ao custo de sua própria sobrevivência futura, qualquer setor social propenso a, e capaz de, promover mudanças sociais estruturais. Certas vezes as condições requeridas para uma "exitosa" liderança inovadora são tão rigorosas, em termos das qualidades pessoais requeridas, dos sacrifícios impostos, ou dos meios para ação inicialmente disponíveis, que ninguém — como no Paraguai, desde a década de 1940 — está disposto ou é capaz de desempenhar o papel. O problema das condições operacionais para qualquer projeto de desenvolvimento será estudado no Cap. 11. É indispensável, porém, manter em vista esses pré-requisitos. Eles podem ser enumerados, incluindo os que se referem ao próprio modelo, nos seis itens seguintes: (1) viabilidade nacional, (2) mobilizabilidade política, (3) capacidade de liderança, (4) aptidão do modelo, (5) coerência de modelo e (6) não interferência de obstáculos extra-societais insuperáveis (como cataclismos naturais ou ocupação estrangeira).

Com referência aos efeitos e implicações de modelos políticos, no que se refere à sua "exitosa" execução, é também indispensável compreender que em política, como em engenharia, quanto mais fácil a meta a alcançar, tão mais simples é o modelo requerido e mais fácil é alcançar a meta. Diferentemente da engenharia, porém, na qual o nível incomparavelmente maior de possibilidade de comando científico sobre o assunto envolvido e o nível ainda maior de possibilidade de precisa aplicação tecnológica do conhecimento científico, permite um alto grau de acerto, na política somos confrontados com um princípio de probabilidade declinante de consecução de metas na medida em que aumentam a complexidade dos modelos e os requisitos para sua "exitosa" aplicação.

Como será discutido mais tarde, a aplicação de um modelo político implica vários estágios: (1) construção de modelo, incluindo escolha, formulação e politização do modelo adequado, (2) construção do Estado, (3) construção da nação, (4) construção de consenso. A probabilidade de o modelo adequado para uma da dada sociedade, em dadas condições, ser levado do estágio um para o estágio dois, e, sucessivamente até o estágio cinco, tende a ser maior para as sociedades mais desenvolvidas e menor para as sociedades menos desenvolvidas, pois à medida que decrescemos o nível inicial de desenvolvimento, temos que aumentar concordantemente a complexidade do modelo, seguida pela complexidade de seus requisitos para sucesso e, portanto, aumentamos o número de arranjos e combinações que devem coincidir, necessariamente, aumentando correspondentemente as chances de fracasso. Como foi observado anteriormente, a política é ao mesmo tempo uma ciência e uma arte. Como regra, quanto mais complexos forem os arranjos e combinações cuja combinação é requerida pelo modelo, mais dependente será a "exitosa" execução do modelo da destreza dos atores principais, o número de "solistas" terá de aumentar e maiores serão as chances de ocorrência de erros humanos e de interferências distorcivas de eventos não-previstos. Esta é a razão pela qual tão poucos dos países que permaneceram

QUADRO 4: Modelos operacionais de desenvolvimento político.

Modelos Tradicionais	Autocracia Modernizadora (AM)
	Elitocracia Modernizadora (EM)
Modelos Implícitos	Liberalismo (*laissez-faire*) (L)
	Neoliberalismo (NL)
Modelos de Desenvolvimento Explícitos	
	Nacional-Capitalismo (NC)
	Capitalismo de Estado (CE)
	Socialismo Desenvolvimentista (SD)
Modelos de Bem-Estar	Capitalismo de Bem-Estar (CB)
	Socialismo de Bem-Estar (SB)

Formas combinatórias empiricamente mais freqüentes

AM – NC	(Início do Bismarckismo)
AM – SD	(Stalinismo)
EM – NC	(Restauração Meiji)
NC – CE	(Para países latino-americanos mais desenvolvidos – por ex., Brasil)
CE – SD	(Regime posterior de Nasser e para países latino-americanos menos desenvolvidos – por ex., Equador)

subdesenvolvidos após o século XIX, como foi visto no Cap. 6, foram bem sucedidos até agora em superar seu atraso comparativo. E, como também foi discutido anteriormente, esta é a razão pela qual os países que foram ou estão sendo bem sucedidos em superar seu subdesenvolvimento graças a um tremendo esforço político, como a Rússia e a China, estão ainda tão longe de alcançar um mínimo de consenso social (estágio 4 de implementação de modelo político) comparável ao logrado pelos países cujo desenvolvimento foi realizado antes e sem esforço.

As características essenciais

A fim de prosseguir na análise do modo pelo qual nossos três modelos básicos podem ser aplicados nos casos sociopolíticos convenientes, de acordo com a tipologia societal precedentemente indicada, – o que será intentada no próximo capítulo – sumarizarei agora, de forma esquemática, a característica essencial, os principais atores promovedores e o *modus operandi* básico de cada um dos três modelos básicos.

ESQUEMA 3. Características dos Modelos Básicos

A. NACIONAL-CAPITALISMO (NC)

1. *Caráter essencial*

Modelo para superar os obstáculos ao desenvolvimento ocasionados pelo setor disfuncional da elite, através da criação de condições que levem à predominância e liderança o setor funcional desta elite, e à mobilização nacional dos setores modernizadores de todas as classes sociais, para apoiar e contribuir ativamente, com os esforços e sacrifícios necessários, para a promoção deliberada de desenvolvimento nacional, de acordo com um plano central formulado pelo Estado e executado sob sua direção e com sua intervenção principal. Ênfase sobre a nação, sua autonomia e endogenia, baseada em, e conducente a, um *ethos* nacionalista funcional.

2. *Atores sociais principais*

Setores modernizadores da burguesia e da classe média nacional em aliança com o proletariado e com o apoio dos camponeses mobilizados *versus* os setores tradicionais e consulares da burguesia e da classe média, seus patrões, sócios e aliados estrangeiros e setores rurais antimodernizadores.

3. *Modus operandi*

Combinação de ação empresarial do Estado e privada, sob a direção do Estado e com sua intervenção principal, mas com tanta descentralização e delegação de responsabilidade ao setor privado nacional quanto compatível com a eficiente execução do plano político-econômico. Planejamento e controle nacionais centrais, regulamentação pelo Estado da relação investimento-consumo, investimentos reprodutivos maciços e severa mas socialmente justa contenção do consumo. Empresas organizadas ou apoiadas pelo Estado para indústrias infra-estruturais e básicas. Maior prioridade para a educação geral e superior e para pesquisas e desenvolvimento. Liderança neobismarckiana pelo chefe de Estado, com o exercício de arbitragem social de realocação de benefícios entre os setores sociais, de acordo com um realista e societalmente funcional reajustamento igualitário do regime de participação: o Novo Pacto Social. Organização do Partido Nacional de Desenvolvimento para articular e agregar interesses de acordo com o Novo Pacto Social e de um modo conducente ao desenvolvimento nacional. Exercício de poder predominantemente através de processos demoeleitorais com o mínimo recurso autoritário estrategicamente requerido. Orientação nacionalista para o desenvolvimento e a autonomia.

B. CAPITALISMO DE ESTADO (CE)

1. *Caráter essencial*

Modelo para superar os obstáculos ao desenvolvimento ocasionados pela elite não-funcional, através da criação de condições que levem à tomada do controle à liderança político-econômica pelo setor modernizador da subelite, com a subseqüente utilização, em profundidade, do Estado, para promover a mudança societal e o desenvolvimento nacional, com ativa mobilização do apoio das massas rurais e urbanas para suportar os sacrifícios e prestar a contribuição necessários para a promoção acelerada, pelo Estado, do desenvolvimento nacional. Ênfase nas reformas sociais e no desenvolvimento nacional autônomo, baseado em, e conducente a, um *ethos* social funcional e reformista nacional.

2. *Atores sociais principais*

Setor modernizador da classe média, com pleno apoio das massas urbanas e rurais contra a elite tradicional patrícia e os aliados consulares na burguesia e na classe média, particularmente seus patrões, sócios e partidários estrangeiros.

3. *Modus operandi*

Emprego total do Estado como uma agência de planejamento, de empresariado e de controle, sem supressão do setor privado, mas com transferência a agências e empresas do Estado, das principais funções econômicas e culturais, com a orientação e desenvolvimento do possível empresariado nacional privado para o exercício de atividades suplementares e de apoio. Regulamentação estrita de rendas pessoais, com critérios basicamente igualitários, com o máximo esforço de poupança socialmente tolerável, para concentrar os recursos em investimentos econômica e educacionalmente estratégicos. Maior prioridade na educação geral e superior. Máximos esforços para superar, no menor tempo possível, o atraso científico-tecnológico. Estritos critérios técnico-funcionais na seleção do pessoal e na administração do Estado, combinados com estrita lealdade ao Estado e à nação nas funções estratégicas. Organização do Partido da Revolução para mobilização ativa de apoio rural e urbano para a mudança social e o desenvolvimento nacional e resistência à intervenção estrangeira, oferecendo recompensas para os partidários e direção na luta contra as forças reacionárias. Exercício de poder predominantemente através de formas autoritárias de cooptação, combinada com plebiscitos de massa. Adoção, desde logo, de mecanismos que levem em conta a futura expansão da participação e do controle democrático, conforme aumente o nível de desenvolvimento geral e político.

C. SOCIALISMO DE DESENVOLVIMENTO (SD)

1. *Caráter essencial*

Modelo para superar os obstáculos ao desenvolvimento ocasionados pela elite disfuncional, particularmente em sociedades desigualitárias coercitivas, através da derrubada revolucionária da elite anterior pela contra-elite, mediante o emprego apropriado de um partido bem organizado e disciplinado. Subseqüente socialização dos meios de produção, através da utilização, em profundidade, do Estado, para promover mudança societal revolucionária e desenvolvimento nacional, com o apoio revolucionário das massas urbanas e rurais, dentro do marco e para os fins de uma sociedade socialista e nacional, para suportar os sacrifícios, efetuar a contribuição necessária para a promoção acelerada do desenvolvimento nacional e lutar contra a intervenção estrangeira. Ênfase nas reformas revolucionárias e no desenvolvimento nacional autônomo, baseado em, e conducente a, um *ethos* revolucionário social e nacional racionalmente estruturado.

2. *Atores sociais principais*

A *intelligentsia* da contra-elite, organizada em um partido revolucionário, bem disciplinado, com apoio das massas urbanas e rurais controladas pelo partido, e em eventual aliança tática com setores descontentes com a elite e subelite anteriores, *versus* a elite disfuncional, seus patrocinadores de subelite e respectivo aparato repressivo, e seus patrões, sócios e partidários estrangeiros.

3. *Modus operandi*

Revolução promovida, acelerada e guiada pelo partido, de acordo com os modelos da "Revolução Conspiratória", a "Revolução Jacobina" e a "Insurreição Militar de Massas"[4]. Uma vez conquistado o poder político, todas as agências e instituições de ação política, cultural, econômica e social anteriormente usadas pela elite disfuncional serão suprimidas ou totalmente reajustadas a novos requisitos e propósitos. O Estado, sob a direção e controle do partido, é empregado em profundidade, como uma agência de planejamento, de empresariado e de controle de todas as atividades societais relevantes, com socialização tão completa quanto possível, sem indenização, dos meios de produção. Equalização básica de rendas e máximo esforço socialmente suportável de poupanças para a concentração dos recursos para investimentos, econômica, educacional e defensivamente estratégicos. Maior prioridade na educação geral e superior. Máximos esforços para superar em menor tempo possível o atraso científico-tecnológico e de defesa. Nacionalização de todas as patentes e invenções. Estritos critérios técnico-funcionais na seleção de pessoal e administração do Estado, combinados com máxima lealdade ao partido e à nação, em funções estratégicas. Ajustamento do partido revolucionário, após a conquista do poder, à função de mobilização e politização ativa das massas urbanas e rurais para apoio à revolução, e ao desenvolvimento nacional, ao novo regime e autoridades, a uma alta moral, à prevenção e à supressão de tentativas contra-revolucionárias e à luta mortal contra a intervenção estrangeira. Exercício do poder por democracia centralizada no nível de partido, e decisão hierárquica ao nível estatal. Adoção inicial de mecanismos, tão automáticos quanto possíveis, para evitar a conversão do centralismo funcional em oligarquia burocrática, proporcionando a adoção de práticas democrático-eleitorais, de acordo com o aumento de desenvolvimento geral e político.

---

4. Cf. CHALMER JOHNSON, 1964.

9. Os Três Modelos Básicos

Adequação do modelo

Podemos prosseguir agora discutindo por que e como os três modelos básicos se adaptam às condições estruturais de algumas das sociedades consideradas em nossa tipologia anterior, e em que termos são executáveis em tais sociedades, com que cursos previsíveis.

A análise comparativa da tipologia das sociedades subdesenvolvidas, com as características dos modelos básicos apresentados no Esquema 3, tornará bastante clara a maioria dos casos de adaptabilidade de modelo. Na medida em que o modelo pode ser, e realmente é, coerentemente aplicado, será claro que o Nacional-Capitalismo (NC) é o modelo adequado para promover o desenvolvimento de sociedades no caso de uma elite dividida (I-2). Será igualmente claro que o Capitalismo de Estado (CE) é o modelo apropriado para (II) as sociedades mantidas pelo setor moderno da subelite. E não será menos evidente que, nos dois casos de sociedades desigualitárias coercitivas — (III-2.1) sociedades com uma elite aristocrática rígida e (III-2.2) sociedades com uma elite *societas sceleris* — o modelo adotável é o Socialismo Desenvolvimentista (SD).

O problema de seleção ou execução do modelo se torna mais complicado nos casos de *subdesenvolvimento prolongado* e *subdesenvolvimento consolidado*. O subdesenvolvimento prolongado é a condição de sociedades subdesenvolvidas nas quais o diagnóstico básico das dificuldades societais, ainda que não politizado de forma precisa, está sendo de há muito feito por setores da *intelligentsia* local, e pode até mesmo já ter sido objeto de estudo científico preciso, tal como, em seus traços principais, o popularizam os meios de comunicação de massa, e assim tornou-se conhecido por grandes grupos, se ainda não por grandes setores da sociedade envolvida e, não obstante tudo isto, não ocorreram, ou falharam, esforços coerentes para levar avante, em escala nacional, a implantação e execução do modelo conveniente. O subdesenvolvimento prolongado, portanto, é o caso das sociedades cujo subdesenvolvimento é amplamente reconhecido por suas elites e subelites, como é notadamente o caso das sociedades latino-americanas, sem que este fato ocasionasse tentativas bem sucedidas para promover as mudanças requeridas. O subdesenvolvimento consolidado é o caso de subdesenvolvimento prolongado no qual a longa ausência de tentativas coerentes ou bem sucedidas para introduzir as mudanças requeridas deu lugar a uma deteriorização estabilizada da estrutura social, mantida pela emergência de um regime desigualitário coercitivo, fortemente arraigado, seja do tipo colonial fascista seja do tipo *societas sceleris*. A América Latina, uma vez mais, apresenta alguns dos melhores exemplos de ambos.

No caso do subdesenvolvimento prolongado, a seleção e o processo para a implantação do modelo adequado é bastante mais difícil. Muito freqüentemente, um modelo "puro" não será adequado. A maioria destas sociedades são do tipo de elite dividida, mas se mantêm em subdesenvolvimento prolongado porque, ou bem o setor funcional da elite é muito fraco para realizar com sucesso uma tentativa de conquistar a liderança (Argentina na década de 1960), ou não está disposto a assumir os riscos inerentes de tal empenho (Brasil na década de 1960). Em tais casos, é necessária uma combinação especial de modelos, da espécie NC–CE, ou para alguns casos (sociedades entre os tipos II e III-2), do tipo CE–SD. Em qualquer caso, a promoção do modelo adequado ou a combinação de modelos requer condições políticas muito mais exigentes, tais como o surgimento de líderes excepcionais e a formação de um partido ou coalizão política muito fortes.

No caso do subdesenvolvimento consolidado, no qual pode ser adequado apenas um modelo SD ou uma combinação CE–SD, o problema, que se refere à exeqüibilidade do modelo adequado, consiste no fato de que a deterioração consolidada de tais sociedades sempre afeta substancialmente sua viabilidade nacional e sua mobilizabilidade política, seja qual possa ter sido sua situação anterior, até o ponto, nos casos extremos, de convertê-las, isoladamente, em casos sem esperança. Este pode ser o caso presente do Paraguai, onde o exército, que tomou o controle do país, após a guerra do Chaco, e falhou em suas tentativas iniciais de promover uma solução de CE, foi conduzido a converter o regime em Pretorianismo-Colonial espoliador. Um curso similar ameaça o destino da Bolívia, que experimenta o controle do exército pretoriano após o primeiro fracasso da tentativa de Paz Estenssoro de estabelecer um regime de CE, e o novo malogro dos renovados esforços de desenvolvimento de tipo CE, dos generais Ovando e Torres.

Consideremos, agora, supondo a viabilidade nacional e a mobilizabilidade política das sociedades em questão, os aspectos estruturais mais relevantes da implantação e aplicação de cada um dos três modelos básicos. A análise seguinte não levará à formulação real de qualquer um destes três modelos, em termos de uma representação isomórfica de uma realidade sociopolítica. Teoricamente, ainda necessitaremos, para completar a compreensão do problema de formulação de modelo, discutir algumas questões básicas, até agora apenas enumeradas, com referência às condições operacionais e aos estágios de implementação do modelo, que serão estudados na secção subseqüente deste livro. Por outro lado, uma coisa é a discussão teórica de um modelo e outra é a formulação técnica dele, tanto para modelos políticos quanto para quaisquer outros. No caso dos modelos políticos, sua formulação técnica requer (cf. Cap. 5) que os aspectos concretos relevantes da sociedade em questão, para a qual é desenhado o modelo, sejam devidamente representados. O que faremos agora, portanto, não é desenhar concretamente modelos exeqüíveis, mas indicar *por que* e *como* os modelos básicos, que foram considerados adequados para certos tipos de sociedades subdesenvolvidas, realmente o são.

Nacional-Capitalismo — NC

a. *POR QUÊ?*

O NC é o modelo adequado para sociedades com uma elite dividida (I-2), na medida em que o setor funcional da elite seja capaz e desejoso de exercer uma liderança funcional. Além da pré-condição geral de viabilidade nacional e da mobilizabilidade política, a adequabilidade do modelo do NC para sociedades do tipo I-2 requer que o setor funcional da elite seja suficientemente forte e motivado para realizar o tipo de mudanças societais para as quais o modelo de NC está desenhado. No caso contrário, seremos levados a um caso de subdesenvolvimento prolongado, para o qual um modelo de NC "puro" não será mais adequado e as condições para a implantação e aplicação de uma combinação NC—CE, como foi dito, são bem mais complicadas.

Não obstante, sempre que o setor funcional da elite, no caso I-2, for capaz e desejoso de realizar as mudanças societais requeridas, o modelo do NC é o adequado porque representará a forma mais fácil de desenvolvimento político-societal, ao custo social mais baixo e com o máximo de apoio social. E isto assim é devido à correspondência básica entre o que é bom para os principais atores sociais, que são em si os setores liderantes da sociedade em questão, e para aquela sociedade como um todo. Esta correspondência constitui a base inerente para a adequação de um modelo, e para sua conseqüente aplicabilidade. Com o modelo de NC, esta correspondência reside, em última análise, no fato de que o setor funcional da elite necessita estabelecer um regime social basicamente igualitário e em expansão, a fim de dar apropriado atendimento a seus próprios interesses e valores. Dadas as condições existentes, e seja qual for o regime social *de jure*, as massas se encontram venalmente marginalizadas, tanto como produtoras quanto como consumidoras, em todos os planos societais. Como conseqüência, manifesta-se uma viciosa causalidade circular entre a marginalidade da maioria (que chega muitas vezes a 80%) da população e a estagnação geral do sistema. Em tais condições, a sociedade pode responder apenas, internamente, às exigências e expectativas das massas, através de uma insustentável redistribuição do escasso suprimento de riqueza existente (o que seria suicida ainda que a concentração dessa riqueza em umas poucas mãos constitua um sério problema sócio-econômico), ou através de uma repressão dessas exigências (que é o que tende a ocorrer na realidade). Isto significa que tanto a estagnação se perpetua por si mesma, quanto que o coeficiente de coerção tende a aumentar. Externamente, porém, tal sociedade se torna crescentemente incapaz de sobreviver por seus próprios méritos, tornando-se necessariamente um cliente dependente de alguma grande potência estrangeira. A estagnação interna tende a criar, além de uma crescente incapacidade para a autodefesa (devida ao crescente atraso econômico e tecnológico em face das sociedades mais desenvolvidas), uma dependência econômica externa crescente, devido aos *deficits* do orçamento interno e do balanço de pagamentos. A superação do setor disfuncional da elite, porém, juntamente com suas instituições práticas e os organismos que a acompanham, permitiria ao setor funcional expandir uma economia e uma sociedade de que seria a elite liderante, com uma participação mais do que proporcional no processo de desenvolvimento nacional (e até mesmo uma participação simplesmente proporcional seria o suficiente).

Se o setor funcional da elite for capaz e disposto a introduzir as mudanças requeridas, o problema básico com que é confrontado é o de se o processo de mudança pode ou não ser mantido em termos que sejam compatíveis com seus interesses e valores de classes. Este setor da elite, como foi discutido anteriormente, é composto essencialmente de empresários da burguesia nacional. O modelo de NC, porém, envolve, tanto uma aliança com a classe média e o proletariado, quanto uma considerável ajuda e expansão do setor público, com a submissão dos negócios privados ao planejamento, direção e controle do Estado. Como podem os empresários nacionais estarem seguros de que não estarão contribuindo para sua ruína futura, ao mobilizarem forças que podem sobrepujá-los, e ao criarem instituições que, sob o controle de outros grupos sociais, superordenarão suas próprias firmas e grupos?

Aqui aparece, obviamente, o problema da reconciliação política de conflitos que existe, potencialmente, desde o primeiro momento e que tenderá, empiricamente, a se tornar mais visível e ameaçador, particularmente se, como ocorre muito freqüentemente, os protagonistas sociais não forem suficientemente claros com referência às metas e meios, nem suficientemente cônscios das vantagens do autocontrole de classe ou grupo. Como será estudado no Livro III, esse é um tipo de problema que causou o prolongamento do subdesenvolvimento de certos países latino-americanos, dos quais o Brasil é o melhor exemplo. Este tipo de problema pode apenas ser resolvido por apropriada liderança política. Quanto mais inconscientes desse problema forem os principais atores sociais, como no corrente caso da América Latina, mais rigorosos serão os requisitos para a liderança política bem sucedida. Contrariamente, como ocorreu na segunda onda recente de desenvolvimento da Alemanha, sob Adenauer e da França sob De Gaulle[1], a maior experiência sócio-histórica dos principais atores sociais (empresários, tecnocratas, e líderes sindicais) os ajudou a adotar demandas moderadas e linhas de ação conciliadoras, que resultaram em facilitar a cooperação interclasses, com o correspondente decréscimo do nível requerido de decisões autoritárias.

Historicamente, porém, como vimos anteriormente, a superação do subdesenvolvimento francês e alemão, nos meados do século XIX, foi possível apenas devido à emergência de líderes e regimes autoritários, sob Napoleão III e Bismarck. Os empresários nacionais, em ambos os casos, não foram os principais formuladores de decisão. As decisões foram tomadas pelos líderes políticos e as condições para a aplicação de um modelo de NC, foram adotadas para a burguesia, mas não por ela.

b. *COMO?*

I. O problema da tomada do poder

Supondo, nas condições de nossa época, que a experiência passada, e uma formulação teórica e política mais clara dos problemas de execução do NC, ajudem os principais atores sociais a

---

1. No caso da França, porém, a revolta dos estudantes de 1968, empreendida precisamente por um setor social sem experiências conducentes a limitações sociais, arruinou uma grande parte do sucesso anteriormente acumulado.

serem mais racionais e cooperativos, vejamos agora como ocorre estruturalmente tal aplicação.

O primeiro fato que ocorre, com referência a tal modelo, como a qualquer dos outros, é que a formulação do modelo, não apenas como objeto de pesquisa científica (como no presente livro), mas como um projeto político para uma sociedade específica, é um trabalho dos intelectuais. Com uma compreensão científica maior ou mais pobre dos problemas implicados, os intelectuais terão que tomar a iniciativa de fazer um diagnóstico sociopolítico de suas sociedades e Estados e, de acordo com ele, propor o projeto de uma solução apropriada, que implicará, em vários graus de precisão, a tentativa de politização do modelo adequado. Certas vezes os intelectuais ativistas formuladores (do modelo de NC) são também políticos, como Luís Napoleão e Bismarck. Alguns modelos, como o SD, requerem que seus implantadores e executores sejam membros de uma *intelligentsia*. No caso do NC, o modelo é formulado e politizado por intelectuais e aceito posteriormente, em várias formas e maneiras, por líderes políticos e pelos principais atores sociais (empresários, líderes sindicais, etc.) como tende a ocorrer em países menos subdesenvolvidos, devido a sua maior diversificação funcional, salvo quando os próprios líderes políticos sejam capazes de fazê-lo e disponham, para tal fim, do assessoramento de intelectuais.

Uma vez obtido um nível suficiente de politização, um projeto de NC será confrontado rapidamente com o primeiro problema de sua aplicação. Trata-se, em função da experiência e percepção dos principais atores sociais e da capacidade da liderança política, de se se engendrará ou não uma confiança e cooperação suficientes entre as classes, sob suficiente orientação política, para levar à formação de um grande partido ou coalizão políticas. Os setores e grupos envolvidos, potencial ou teoricamente interessados, representarão, se aceitarem o projeto, uma força maciça e tenderão a adquirir uma posição dominante. Incluirão, além do setor funcional da elite, que forma em si apenas um grupo pequeno, os grupos muito maiores da subelite modernizadora e os amplos grupos das massas urbanas e rurais mobilizáveis. Se o teste de agregação de interesse político for passado de modo favorável, o partido ou coalizão de NC tenderá, bastante rapidamente, devido a seu caráter majoritário, a se tornar capaz de acumular suficiente poder político para assumir o peso do governo. De outro modo, o impasse sociopolítico continuará, com a tendência de gerar um estado de subdesenvolvimento prolongado.

II. O problema de governar

No caso de uma agregação favorável de interesses políticos, seguida pela tomada de responsabilidade governamental, o partido ou coalizão de NC terá que superar dois outros obstáculos inevitáveis. Um, de origem nacional, consiste no fato de que, de várias formas e por várias razões, tende a haver um balanço negativo entre os recursos disponíveis iniciais para o governo do NC e seus dispêndios totais. Isto afeta tanto os recursos econômicos, quanto os políticos. Como o aspecto crucial do modelo de NC seja sua enérgica promoção do desenvolvimento nacional, com um alto nível de investimentos e com a correspondente e abundante demanda de recursos, existe uma tendência para exaurir o capital anteriormente acumulado (que em países subdesenvolvidos é necessariamente parco) antes que o produto dos novos investimentos possam reabastecer os fundos de investimento. De forma paralela, o capital político do governo de NC tende a ser superusado, ao solver as tensões que acompanham o período de maturação dos investimentos, antes que os resultados sejam capazes de gerar novos apoios.

O segundo obstáculo, predominantemente de origem exterior, se refere a tensões que rapidamente se geram, na relação entre o governo de NC e certos grupos importantes de interesses estrangeiros e seus apoios políticos em seus respectivos países, interesses esses que anteriormente gozavam de condições particularmente vantajosas. O modelo de NC implica, como uma de suas características e requisitos principais, a transferência do controle sobre a economia nacional a grupos e capitais nacionais sob a supervisão e orientação do Estado. Nas condições de nossa época, particularmente em países subdesenvolvidos, como será discutido no Cap. 12, as chamadas corporações multinacionais, a maioria das quais americanas, estão tomando rapidamente o controle das posições dinâmicas ou estratégicas da economia de todos os países que não souberam evitar deliberadamente tais efeitos, através de fortes políticas defensivas apropriadas. Precisamente porque um dos aspectos fundamentais do modelo de NC consiste em articular e aplicar tais políticas defensivas, este modelo ocasiona necessariamente várias conseqüências conflitantes com esses interesses criados e seu poderoso apoio político interno. Este conflito tende a resultar, externamente, em pressões diplomáticas e financeiras estrangeiras, entre as medidas mais convencionais, contra o governo de NC, enquanto, internamente, as pressões fortes e freqüentemente pérfidas, exercidas pelos associados e agentes nacionais desses interesses, que controlam usualmente os meios de comunicação de massa, agravam seriamente o balanço negativo de recursos anteriormente mencionado.

Para superar esses dois obstáculos, usualmente interligados, o governo de NC necessita ser capaz de manipular seu *deficit* de recursos materiais mediante meios simbólicos compensatórios, aumentando o compromisso social para com o desenvolvimento nacional, ativando o orgulho pela autonomia nacional e a lealdade ao governo nacional, mobilizando, para esse efeito, o apoio dos setores progressistas e nacionalistas da burguesia e da classe média, as massas urbanas e, tanto quanto possível, os camponeses. Na medida em que, como ocorreu em geral com o modelo de NC, o governo em questão seja um governo eleito democraticamente, com uma sólida base de validez, a legalidade e a legitimidade do governo, combinadas com o apoio das forças nacionais e populares, tende a ser capaz de sustentar suas políticas no período formativo crítico, e de gerar crédito político suficiente para permitir-lhes produzir seus primeiros resultados de desenvolvimento, consolidando o regime. Contrariamente, se não for gerado o apoio oportuno suficiente, como ocorreu em países como o Brasil e a Argentina, o modelo de NC é conduzido a uma aplicação abortiva e o país é levado a uma situação de subdesenvolvimento prolongado.

Capitalismo de Estado – CE

a. *POR QUÊ?*

O CE é o modelo adequado para sociedades (II) mantidas pelo setor moderno da subelite, na medida em que o setor moderno da subelite é capaz e desejoso de superar a elite não-funcional e tomar a iniciativa de reajustar a máquina do Estado e de usá-la, em profundidade, para a promoção do desenvolvimento nacional. A base sociopolítica funcional dessa adequação, similarmente ao caso do modelo de NC, reside no fato de que há uma correspondência básica e inerente entre o que se ajusta aos interesses e valores de tal setor modernizador da classe média e o que é conveniente para o desenvolvimento nacional de tais sociedades: a superação da disfuncionalidade da elite patrícia-consular, e a criação e expansão de uma nação moderna, pelo uso intensivo e extensivo da única organização nacional que pode ser ajustada a tal função, o Estado nacional, sob a condução da subelite, e com o apoio ativo das massas urbanas e rurais.

Como no caso do modelo anterior, o grande requisito inicial é a capacidade e o desejo deste setor de desempenhar o papel que lhe é atribuído pelo modelo de CE. Certas vezes o setor modernizador da classe média é pequeno demais para alcançar a massa crítica necessária, tanto para a deposição da elite não-funcional, quanto para o controle minimamente eficiente da maquinaria do Estado, que deve ser profundamente reajustada para desempenhar seu novo papel e será necessariamente super-solicitada com freqüência. Essa pode ser, em parte, a explicação das dificuldades para a implantação deste modelo num país como o Equador, para o qual, de outro modo, se adaptaria.

Muito freqüentemente, porém, o principal elemento ausente não é tanto a capacidade potencial desse setor, mas sua real falta de vontade de adotar as medidas apropriadas. Este despreparo é devido, às vezes, ao envolvimento excessivo do setor modernizador da subelite pelos valores da elite não-funcional, conferindo-lhes uma concepção tradicional-conservadora da sociedade, associada freqüentemente a uma tendência de *laissez-faire* ou neoliberal. Os riscos implicados em tal propensão é a cooptação e corrupção final deste setor pela elite, levando a um arranjo de *societas sceleris,* como ocorreu com a Cuba de Machado e de Batista. Outra razão usual para tal falta de preparo é o medo da subelite de que a mobilização ativa e profunda das massas, que é um requisito essencial do modelo de CE, libere forças que escapem subseqüentemente ao controle do exército e dos tecnocratas da classe média. Este parece ser, até certo ponto, um fator limitante no caso do Peru, onde o golpe militar de 1968, se bem que decididamente orientado para um modelo de CE, teve receio de começar uma aplicação real de alguns dos requisitos participatórios do modelo, devido a seu temor de perder o controle das massas.

O risco implicado em tal receio inibidor das massas é a inevitável deterioração da moral do exército e dos tecnocratas, levando a sociedade a formas de subdesenvolvimento consolidado, como ocorreu, por essa razão, com o Paraguai.

A maneira de superar ambas as formas (envolvimento pelos valores da elite e medo das massas) de despreparo da subelite é sua educação e organização políticas. Como no caso das pré-condições do modelo de NC, no qual a liderança política deve assegurar a reconciliação entre os interesses e os receios da burguesia e das massas, assim, no caso do modelo de CE, os líderes políticos da subelite devem levá-la a um nível de educação e organização políticas suficiente, antes que se torne capaz de desempenhar seu papel e disposta a fazê-lo.

Dada a inerente adequação básica do modelo de CE às condições estruturais das sociedades sustentadas pelo setor moderno de sua subelite, a educação e a organização da subelite para o desempenho de seu papel social, no modelo de CE, é perfeitamente exeqüível para uma liderança capaz. Como já foi observado neste livro, e será discutido mais amplamente na próxima secção, o fator de liderança é um fator indispensável, que é suscetível de ocorrer onde haja uma aguda demanda social para sua ação, mas não de forma necessária ou automática. E assim, certas vezes, se verifica a não-ocorrência de liderança caso em que a subelite não é levada a desempenhar seu possível papel e a sociedade em questão se manterá deteriorando e decairá para formas de subdesenvolvimento consolidado.

b. *COMO?*

I. O problema da tomada do poder

No caso em que, dadas a educação e a organização políticas convenientes do setor modernizador da subelite, no tipo de sociedade agora em estudo, este setor venha a se tornar capaz de, e disposto a, levar a cabo a implantação e aplicação do modelo de CE, temos que o primeiro obstáculo a ser ultrapassado é a conquista do poder. Distintamente do caso de NC, no qual há, ao menos analiticamente, uma distinção suficientemente clara entre o processo de formulação do modelo e o processo de agregação política, no modelo de CE as duas fases têm de vir juntas. Isto não significa que os intelectuais não possam, como realmente ocorre com tanta freqüência, antecipar os líderes políticos em fazer o diagnóstico apropriado para o problema de sua sociedade, e formular as metas a serem alcançadas e os meios requeridos para isto. O que significa é que um projeto concreto de implantar e aplicar um modelo de CE não pode ser politizado, em uma sociedade concreta, de uma forma não comprometida, como uma livre oferta no "mercado político", como pode ocorrer com o modelo de NC. Um projeto concreto de CE é inerentemente conspiratório, porque significa a deposição da elite não-funcional existente, através de meios incompatíveis com o regime de poder vigente. Preparar o setor modernizador da subelite para adotar e aplicar este modelo, portanto, é iniciar a preparação para um golpe, ou mesmo para uma revolução. Tal golpe (ou revolução) pode ser de várias modalidades mas a forma mais adaptável e provável é a do golpe de Estado conspiratório[2].

Tanto para obter o grau necessário de preparo para a implantação do modelo de CE, quanto para conseguir a necessária capacidade para posteriormente, executá-lo, é indispensável, antes da deposição real do *ancien régime,* alcançar um nível bem mais alto de preparo político-militar do modelo de CE, de sua estratégia e requisitos táticos iniciais. Este preparo apresenta uma dificuldade peculiar, devido ao fato de que o que tenda a ser mais conveniente para o primeiro passo da aplicação do modelo, a tomada de poder por um golpe conspiratório e a deposição do *ancien régime,* possa ser facilmente discordante com o que seja mais conveniente para o passo subseqüente imediato, de reorganizar o Estado, formular novas políticas completamente distintas e bastante radicais, e iniciar sua aplicação efetiva.

Tomar o poder e depor o *ancien régime,* por um golpe conspiratório, tende a ser tão mais exeqüível quanto mais o aparelho militar do país, com seu sistema de comandos preexistente, for mobilizado para o golpe. Entretanto, muito raramente, ou nunca, tal *aparelho* e, particularmente, seu sistema de comandos, será, em sua totalidade ou mesmo em sua maior parte, conveniente para dar os necessários passos pós-golpe, ou disposto a fazê-lo. Em tais casos, que são quase sempre os ocorrentes, os líderes políticos do

---

2. Vide CHALMER JOHNSON (1964) sobre a teoria dos golpes de Estado conspiratórios e a tipologia das revoluções em geral.

projeto de CE têm que tomar decisões tais que maximizem as possibilidades de adotar o curso de ação conveniente, após o golpe, sem arriscar seriamente as chances de "exitosa" tomada de poder, tanto quanto possível não sangrenta[3].

Entre as várias possíveis formas de lidar com esses problemas, que incluem tanto várias modalidades de contornar ou suprimir os comandantes reacionários, quanto vários modos de neutralizar sua possível influência negativa futura, a mais usual foi, na prática histórica, a implantação do modelo através de dois passos. No primeiro passo, a maioria, eventualmente quase todos, da cadeia de comandos estratégicos anterior, é usada para depor o *ancien régime*. Para isto, um chefe militar convencional, mas respeitado, é usado pelos líderes políticos do golpe, como um homem de fachada e um chefe nominal do movimento, enquanto os líderes reais asseguram para si as posições militares estrategicamente apropriadas no novo sistema de comandos. Uma vez alcançado tal resultado, um segundo passo do golpe traz os verdadeiros líderes à tomada do poder real, e é então possível a conveniente aplicação do modelo. Como é bem sabido, esta foi a maneira pela qual Nasser usou a precedente autoridade de Nagib sobre o exército egípcio, para depor Faruk.

II. O problema de governar

Uma vez tomado o poder e estabelecidas as condições para a aplicação conveniente do modelo de CE, os problemas a serem confrontados pelo novo regime incluem, por um lado, uma versão agravada dos obstáculos iniciais do NC: falta de recursos suficientes e pressões estrangeiras. Por outro lado, abarcam duas outras dificuldades próprias ao modelo: a dificuldade da liderança de manter um controle apropriado sobre os quadros executores e os principais protagonistas sociais, e a dificuldade destes e dos quadros estratégicos de manter um controle apropriado sobre as massas mobilizadas.

O problema da relativa escassez de recursos utilizáveis, tanto econômicos quanto políticos, antes dos retornos dos investimentos iniciais reabastecerem os fundos correspondentes, é agravado dramaticamente, para o modelo de CE, devido ao estoque usualmente mais pobre de recursos disponíveis, no início do processo, agudizado pelo fato de que há apenas uma fonte de recursos e um empresário: o Estado. Este agravado *deficit* de recursos, na prática,

---

3. A minimização das perspectivas de luta real em um golpe de CE, além de ser uma forma de reduzir as chances de falha, é essencialmente uma forma de impedir o desenvolvimento de oportunidades para uma intervenção estrangeira.

toma particularmente a forma de uma *deficiência crítica de capacidade administrativa*. Coisas demais devem ser decididas e feitas pela administração central (não por amor à burocracia centralizada, mas por falta de meios alternativos), enquanto que o número e a qualidade de agências e atores disponíveis são claramente insuficientes. Por outro lado, as pressões estrangeiras, que tendem a tomar a forma de uma pressão diplomática e econômica no modelo de NC, assumirão, no modelo de CE, uma forma muito mais agressiva e direta: contragolpes instigados ou apoiados pelo exterior ou *intervenções armadas, mais ou menos abertas ou encobertas, com base e equipamento provindos do exterior.*

As duas outras dificuldades peculiares ao modelo de CE consistem nos problemas, mutuamente agravantes, de controle do nível superior ao médio e do nível médio ao inferior. Os controles no topo tendem a ser difíceis devido à própria origem e base conspiratória do novo regime. Enquanto o primeiro passo da conspiração se fundamenta em motivos e valores amplamente partilhados por todos os membros, os próximos passos envolvem, necessariamente, controvérsias sobre política e poder, que terão de ser resolvidas por um consenso muito menor, freqüentemente mediante a arbitragem autoritária do líder máximo, contra grupos e atores de importância, no círculo conspiratório. Isto tende a causar descontentamentos e a motivar tentativas rebeldes de "golpes no golpe" por companheiros competidores do líder máximo. Os controles do nível médio ao inferior tendem a se tornar mais difíceis de acordo com a própria extensão do sucesso de mobilização de massa. A massa mobilizada criará novos sublíderes, não incluídos nos quadros originais, e o relacionamento entre estes e os anteriores pode facilmente tornar-se difícil, sempre que sua cooptação seja, ou insuficientemente ampla e rápida para oferecer-lhes uma participação significativa, ou insuficientemente precedida pela sua educação e organização políticas, a fim de mantê-los leais à causa e a seus líderes.

Estes quatro problemas cruciais, essencialmente de natureza político-administrativa, que criam dificuldades que se reforçam mutuamente, tornar-se-iam facilmente incontroláveis, não fosse pelo fato de que os meios de resolvê-los consistem em criar facilidades que também reciprocamente se reforçam. Em última análise, o que ocorre é que a quebra das formas muito mais acentuadas de subdesenvolvimento, próprias ao tipo de sociedades em estudo, implica, ao mesmo tempo, uma mobilização muito profunda e complexa de todos os recursos disponíveis de tais sociedades, de acordo com processos de caráter necessariamente bastante radical e totalmente alheios à sua experiência anterior, em condições de conflito pronunciado com interesses estrangeiros, superpoderosos, que gozam de apoios locais antigos e consolidados, e de apoios políticos não menos antigos e consolidados, nos governos de suas próprias nações. *Tal tarefa, como é fácil de se entender, nunca poderia ser realizada com sucesso se a mobilização política e social apropriada das massas não liberasse um montante incalculável de novas energias, que inverterão o anterior balanço de recursos.* A chave do modelo de CE, em seus estágios iniciais de implementação, consiste na mobilização de tais energias na forma e momento apropriados. E as condições básicas para isto consistem em construir um centro de poder político muito eficiente, e em usar com a máxima eficiência os poucos recursos estratégicos que estão imediatamente sob o controle desse poder central. Fundamentalmente, e considerando os quatro problemas cruciais anteriormente indicados, temos que os meios de resolver os dois últimos problemas proporcionam as condições para resolver os outros dois. Os elementos essenciais para isto são (a) eficiência de poder, (b) otimização dos recursos estratégicos e (c) mobilização das massas.

Eficiência de poder. O mais importante dos quatro problemas é o que se refere ao poder central do sistema. E é precisamente por esta razão que, na preparação do golpe, não podem ser feitas concessões estratégicas com referência a homens e grupos que serão levados (inicial ou subseqüentemente) a posições de poder central. Eles devem formar um grupo altamente coerente, composto de homens realmente capazes, fortemente motivados para o desempenho de sua tarefa histórica e apresentando um alto nível de educação e organização políticas. Se estas condições prévias não forem encontradas, o modelo de CE dificilmente escapará dos efeitos dissolventes da rivalidade do poder e do estancamento na aplicação das políticas, com a resultante perda de poder pela liderança central e a conseqüência de que, ou perderá sua capacidade ou disposição de mobilizar a massa, ou perderá seu controle sobre o processo, levando todo o experimento ao fracasso final, como ocorreu tragicamente com a revolução do M.N.R. na Bolívia. Se o poder central, porém, cumpre com as condições acima mencionadas, será capaz de obter um suficiente grau de eficiência de poder para o exercício coerente e disciplinado da liderança, tanto no nível superior, quanto desde esse nível ao nível médio.

Otimização de recursos. O segundo requisito fundamental de sucesso é a habilidade da alta liderança superar, para usar da maneira mais eficiente, seus poucos recursos imediatamente disponíveis. Estes recursos, em última análise, consistem (a) em alguns poucos homens superiores e quadros qualificados, (b) em meios financeiros muito modestos e (c) em um estoque expansível, mas inicialmente pequeno, de símbolos e valores políticos. A dificuldade peculiar resultante da deficiência de recursos é a impossibilidade óbvia de dar, ainda que parcialmente, assistência às inúmeras demandas urgentes e importantes que surgem da situação e da aplicação do modelo. A solução para essa dificuldade consiste em selecionar as metas mais estratégicas a serem *completamente alcançadas* e adiar qualquer tentativa de resolver *diretamente* quaisquer outros problemas.

Essas metas estratégicas variarão, naturalmente, de acordo com condições locais. Basicamente, porém, se referem a certas funções *sine qua non*[4] que podem ser indicadas em abstrato: (1) aplicação das decisões políticas e administrativas fundamentais da liderança central; (2) financiamento das necessidades essenciais da liderança central; (3) formulação e divulgação dos símbolos e valores políticos necessários para criar e manter uma motivação poderosa ideológica entre todas as camadas e grupos sociais, incluindo os líderes; (4) mobilização ampla e profunda das massas para os propósitos combinados de conferir-lhes uma solidariedade ativa participante com o movimento e com seus valores e metas, prestando-lhes uma contribuição efetiva à aplicação do modelo, em termos de trabalho, auto-organização e cooperação espontânea e criativa e, por último mas não menos importante, a formação de uma milícia nacional altamente inspirada, preparada para repelir contragolpes, invasões armadas com o apoio estrangeiro e para defender, por todos os meios, as conquistas nacionais e populares e os líderes leais do movimento; (5) a preparação de novas condições e a criação de novos recursos para a mais rápida possível futura elevação do nível cultural, econômico, político e social da sociedade em questão.

As cinco funções estratégicas acima mencionadas são suficientemente auto-inteligíveis para dispensarem elaboração mais detalhada. O que é importante considerar é que, no hipotético caso de eficiência do poder ao nível da liderança central, o conveniente desempenho dessas cinco funções, apoiadas e executadas por uma ampla e profunda mobilização de massa, resolverá os outros três problemas cruciais anteriormente indicados. Se a liderança central é capaz de organizar um sistema conveniente de comandos e quadros de qualidade para a aplicação de suas decisões mais importantes, dotado dos meios financeiros mínimos requeridos, o controle dos níveis superior e médio será assegurado, bem como as condições para a mobilização apropriada das massas. A criação e manutenção de uma motivação poderosa ideológica, juntamente com a mobilização das massas, será o único meio alternativo possível de compensar a deficiência global dos recursos materiais.

A perspectiva de "fim de ideologia" é um efeito típico da opulência pré-acumulada e do consenso sociopolítico. A necessidade de incentivos morais (para o bem ou o mal da humanidade) decresce na proporção da disponibilidade de incentivos materiais. As sociedades muito pobres, confrontadas com a tarefa hercúlea

---

4. O mesmo conjunto de metas e funções é aplicável para a implementação do modelo de SD nas condições inerentes a este modelo.

de quebrar séculos de não-funcionalidade e de superpoderosos interesses criados, em sua maioria com base e apoio em nações ainda mais poderosas, não podem compensar sua óbvia insuficiência total de recursos, a não ser que incutam nos homens motivações para superar seu desvalimento a um preço pessoal, físico e psicológico, muito elevado, incluída a disposição para sacrificar suas próprias vidas.

Mobilização das massas. A resposta das massas a um apelo ideológico autêntico e coerente, como pode ser avaliado pela experiência histórica, é muito grande e, quando combinada com meios eficazes de mobilização e participação, libera ilimitadas energias sociais e individuais. Tal energia compensará a quase que completa falta de recursos com a qual o novo regime de CE será inicialmente confrontado. A organização das massas em uma milícia nacional e em certas outras forças-tarefa estratégicas proporcionará, ao mesmo tempo, os meios para conter ou superar as tentativas de golpes contra-revolucionários ou de invasões apoiadas pelo exterior e, no plano interno, será um fator decisivo para impedir o aparelho militar herdado do *ancien régime* de ser atraído pelas perspectivas de aventuras pretorianas.

A quinta das funções estratégicas anteriormente mencionadas, a preparação para novas condições e a criação de novos recursos para o desenvolvimento nacional mais rápido possível, é tanto o objetivo final do modelo quanto a condição para a consolidação de suas conquistas. Entre as tarefas a serem imediatamente abordadas, são cruciais a formação de um grupo capaz de planejadores sócio-econômicos, com a correspondente instalação de um sistema de planejamento eficiente e, ao mesmo tempo, a formação de um grupo capaz de educadores e a correspondente instalação de um sistema educacional eficiente. As sociedades subdesenvolvidas, nas últimas décadas, foram fatalmente atraídas pela ilusão economicista do que pode ser chamado de "industrialização socialmente carentes de apoio". Isto certamente não implica qualquer subestimação do papel crucial da industrialização no desenvolvimento nacional de muitos países. Salienta-se apenas o fato de que a industrialização não sustentada por certos pré-requisitos sociais indispensáveis é capaz de ser incompleta e em certo sentido abortiva, como ocorreu na América Latina. Entre esses pré-requisitos a educação, ainda que não se falando de seus efeitos indiretos mais relevantes, é um dos mais cruciais, não apenas para assegurar a adequada operação e administração do novo equipamento, mas também para suprir uma base científico-tecnológica nacional suficientemente autônoma, de modo que as decisões econômico-tecnológicas sejam congruentes com os meios e metas nacionais.

A superação bem sucedida, pelo regime de CE, dos quatro problemas cruciais anteriormente discutidos, abrirá um novo estágio, no qual os problemas de administração e deteção, e de pesquisa científico-tecnológica tornar-se-ão crescentemente mais importantes. O próximo estágio não aparecerá como uma nova fase da aplicação do modelo, mas tomará forma gradualmente, à medida que os problemas mais urgentes da fase precedente forem resolvidos. A análise de alguns destes problemas, embora de um ponto de vista distinto, será feita no Cap. 10. O que importa indicar agora é apenas o fato de que o modelo de CE tende a apresentar um caráter de certo modo transitório. Tal modelo é essencialmente um modelo para superar a não-funcionalidade da elite, nas sociedades sustentadas pelo setor modernizador de sua subelite. Sua característica mais peculiar é a reconciliação da subelite com as massas, e a criação de condições, de vários tipos, que induzem a subelite modernizadora a romper com a sociedade tradicional e facilitar este processo para ela. Uma vez obtida a consolidação do regime, a utilização ótima dos recursos tenderá, embora não necessariamente, a levar o regime a escolher entre uma evolução orientada para sua transformação em um Nacional-Capitalismo ou em um Socialismo Desenvolvimentista.

A primeira opção, provavelmente, corresponderá a níveis de sucesso muito altos, ou, opostamente, bastante modestos. Níveis de sucesso muito altos, como no caso do Japão Meiji, permitem e induzem o aumento de uma iniciativa individual, e criam também, mais rapidamente, a base mínima de riqueza necessária para um modelo de NC. Por razões opostas, um sucesso bastante modesto tende a solapar rapidamente o poder da mobilização ideológica das massas, levando e requerendo, tão cedo quanto possível, a introdução de incentivos econômicos, que compensem a erosão dos incentivos morais, como no caso do México após Cardenas.

A opção por um modelo de Socialismo Desenvolvimentista corresponde, provavelmente, aos casos intermediários. Os meios simbólicos de mobilização social e nacional se mantêm poderosos e o nível do moral bastante alto, mas a acumulação de riqueza não segue tão rápida quanto seria desejável e, para apressá-la e eventualmente para assegurar melhor resposta à sabotagem econômica dos elementos remanescentes do *ancien régime* e de seus sustentadores no exterior, uma economia socialista completamente integrada torna-se mais vantajosa. Esta foi, como é sabido, a tendência do nasserismo no Egito, mesmo antes e independentemente da catastrófica derrota da guerra dos seis dias, que, além do mais, impôs a adoção de medidas econômicas ainda mais estritas.

Socialismo Desenvolvimentista – SD

a. *POR QUÊ?*

O SD é um modelo adequado para as duas variedades de sociedades desigualitárias coercitivas (III-2): (III-2.1) sociedades com uma elite aristocrática rígida e (III-2.2) sociedades com uma elite *societas sceleris*. A variedade anterior praticamente desapareceu em sua forma original, após as Revoluções Russa e Chinesa. Há, porém, como um tipo ideal, uma nova forma derivada desta variedade, o Colonial-Fascismo, para o qual tendem algumas dessas sociedades, cujo subdesenvolvimento prolongado as conduz a certas formas de subdesenvolvimento consolidado, como pode se tornar o caso da Argentina e do Brasil. A última variedade, do tipo de *societas sceleris*, é a outra forma de subdesenvolvimento consolidado, para a qual o subdesenvolvimento prolongado pode deteriorar, como na América Central e no Paraguai.

Como no caso do modelo de CE, o agora em discussão requer, além das pré-condições usuais de todos os modelos políticos (viabilidade nacional e mobilizabilidade), que os principais atores sociais da implantação e aplicação do modelo, a contra-elite da *intelligentsia*, seja suficientemente apta e disposta a desempenhar seu papel. E como ocorre com os dois modelos anteriormente estudados, a base da adequação deste aos tipos de sociedade acima indicados reside na correspondência inerente entre o que quer fazer a *intelligentsia* revolucionária, e é realmente levada a fazer por suas concepções e valores políticos, e pelos empenhos pessoais dos membros do grupo, e o que deve ser feito nestas sociedades para promover seu desenvolvimento nacional.

Enquanto no caso do modelo de NC, entretanto, e, em grande parte, do modelo de CE, a correspondência entre o que é "bom" para os atores sociais e para a sociedade em questão contém, como um de seus componentes essenciais, alguns dos interesses de classe fundamentais destes atores, o caso do SD apresenta um quadro inteiramente distinto, na medida em que os interesses de classe dos atores estão em contradição com seus compromissos e ações, e são realmente negados e superados por estes. Isto é devido ao fato de que a *intelligentsia* revolucionária é um setor da classe média em revolta contra a sua classe. Os membros dessa *intelligentsia*, dadas as condições de sua sociedade, se vêem levados a um conflito irremediável entre suas convicções intelectuais e morais e as crenças e/ou práticas características do regime social prevalecente. E é precisamente por causa da torturante contradição entre as condições sociais de existência oferecidas a eles, como membros da *intelligentsia*, por sua sociedade dentro de sua própria classe, e suas próprias crenças intelectuais e morais, que não podem aceitar qualquer conciliação sem trair suas próprias idéias e valores, perdendo seu próprio auto-respeito e o respeito de seus camaradas. É em tais condições que a aceitação de um modo de vida revolucionário se torna a última alternativa que lhes resta.

Como no caso do modelo de CE, as cruciais dificuldades preliminares para a implantação do modelo de SD são a capacidade e a disposição da *intelligentsia* de desempenhar seu papel. A capacidade da *intelligentsia* pode se encontrar abaixo de uma massa crítica mínima, porque a sociedade em questão não proporciona condições para a educação superior de um suficiente número de jovens de sorte a permitir, a partir de seus quadros, a formação de um grupo suficientemente significante de intelectuais política e moralmente motivados, capazes de desafiar a validade do regime social existente, como tende a ocorrer em países tais como Honduras, Nicarágua ou Haiti. Em outros casos, como no Paraguai, embora a situação educacional seja melhor, a falta de oportunidades para trabalho intelectual fora dos órgãos governamentais, que estão estritamente atentos para evitar a admissão de, ou para expulsar, todos os não-conformistas, combinada com a mais completa repressão de qualquer forma de liberdade intelectual, cria condições nas quais uma *intelligentsia* não pode se desenvolver.

Em outras condições, a disposição da *intelligentsia* de suportar as privações de uma conspiração permanente para a revolução pode ser seriamente afetada pela combinação da efetividade das medidas repressivas com as escassas perspectivas realistas de sucesso revolucionário em um futuro previsível, agravado freqüentemente pela relativa facilidade, para os homens mais qualificados, de ocupar postos acadêmicos respeitáveis e mais satisfatórios em outros países, ou em instituições internacionais. O preço que pagam as sociedades que conseguem impedir a formação ou a atividade de uma *intelligentsia* é se condenarem, como nações e Estados independentes, a se tornarem uma parte não-diferenciada do proletariado externo do mundo desenvolvido, cujos habitantes constituem uma espécie de lixo antropológico. A *intelligentsia* é o recurso humano final de uma sociedade e sua mobilização revolucionária representa a última possibilidade de desenvolvimento para os países que caíram em subdesenvolvimento consolidado, em geral do tipo *societas sceleris*. Quando mesmo este recurso não adquire impulso, nada pode salvá-los da aniquilação histórica no curso da evolução sociocultural, em benefício das sociedades mais aptas.

b. *COMO?*

I. O problema da tomada do poder

Uma vez que a *intelligentsia* revolucionária adquire suficiente capacidade e disposição para realizar seu papel sociopolítico, os problemas com os quais é confrontada são ainda mais terríveis do que os enfrentados pelo setor modernizador da subelite, no modelo de CE. E isto é basicamente assim porque o modelo de SD tem, por um lado, que superar dificuldades ainda maiores após a tomada do poder, enquanto que a própria tomada de poder é incomparavelmente mais difícil do que no caso de CE.

Como vimos, no estudo do modelo precedente, o que complica o processo da tomada do poder do CE, é o fato de que a necessidade de assegurar, por antecipação, as condições político-militares próprias para assegurar a aplicação conveniente do modelo, uma vez conquistado o poder, não permitem o simples uso do aparelho militar preexistente e de sua cadeia de comandos para depor o *ancien régime*. Os vários tipos de manobras assim requeridos introduzem um importante fator de complicação, demandando uma solução tal que nem o grupo conspirador alcance sua "pureza" política às expensas de sua capacidade para executar eficientemente o golpe militar, nem adquira aptidão militar ao preço de um futuro impasse político. No caso do modelo de SD o exército do *ancien régime*, como uma corporação e uma instituição, está intimamente associado com a elite disfuncional e tende, como regra, a ser o setor mais disfuncional dela, seja na qualidade de principais dirigentes e custódios de um regime Colonial-Fascista, ou como os membros neofeudais da guarda pretoriana privilegiada de uma elite de *societas sceleris*. Na corrente situação do mundo, além do mais, como será discutido no Cap. 12, a dificuldade de se dominar o exército fascista ou mercenário local é elevada a um grau de quase insuperabilidade, pela interferência ativa das superpotências. Como vimos nos casos precedentes, as pressões estrangeiras, exercidas por meios diplomáticos e financeiros, tentam evitar que o modelo de NC execute suas políticas referentes a transferir o controle da economia nacional a órgãos e grupos nacionais. No caso do modelo de CE, tais pressões tornam-se muito mais sérias e tomam a forma de apoio e ajuda às contra-revoluções reacionárias ou às invasões armadas. No caso do SD, a intervenção estrangeira de tal forma se torna o mais importante ou um dos mais importantes elementos do quadro que, nas presentes condições do mundo, apenas as superpotências são capazes (como intervenientes estrangeiros) de participar do jogo.

Entre as regras tácitas do equilíbrio internacional de hoje, uma das mais escrupulosamente respeitadas é a referente às áreas de hegemonia reconhecidas e admitidas de cada uma das superpotências. Nestas áreas cada superpotência é livre para realizar a intervenção militar que suponha necessária, como a União Soviética na Hungria e Tcheco-Eslováquia, e os Estados Unidos na Guatemala e na República Dominicana. O aperfeiçoamento da técnica de intervenção militar a converteu num expediente preventivo, planejado para ser usado com antecipação, reforçando por todas as formas convenientes o aparelho de coerção local dos países satélites, de modo a que possa se tornar capaz de detectar e esmagar qualquer foco de insurgimento antes que ganhe impulso. Em caso de conveniência, tropas "metropolitanas", rapidamente aerotransportadas, serão enviadas para lugares perigosos e completarão ou mesmo farão diretamente o trabalho próprio do exército local.

A complicação introduzida em épocas mais recentes pela irreprimida intervenção estrangeira sistemática, no processo revolucionário de aplicação do modelo de SD requer, para a análise de tal processo, uma diferenciação entre as condições prevalecentes, a partir de quando os mecanismos de intervenção estrangeira foram aperfeiçoados e pré-montados para a ação preventiva ou contra-ação instantâneas, e as condições anteriormente ocorrentes. A linha divisória pode ser considerada como sendo, para os E.U.A., a Revolução Cubana (1956-58) e para a União Soviética a Revolução Húngara (1956). Antes destes dois eventos — e de acordo com generalizações que podem ser feitas a partir da experiência passada — pode-se dizer que o processo de implantação revolucionária do modelo de SD[5] poderia tomar três padrões gerais distintos: (1) a revolução conspiratória, (2) a revolução de colapso e (3) a insurreição militarizada de massa.

A *revolução conspiratória* é a classe menos típica de processo revolucionário para a implantação do modelo de SD, e deveria ser mencionada na lista mais para propósitos analíticos (porque representa uma forma *possível* de processo revolucionário), do que como um exemplo histórico. A revolução conspiratória, como processo revolucionário, está próxima do golpe de Estado conspiratório, no sentido de que ou uma parte minoritária crítica do exército, ou uma parte decisiva do governo anterior, se junta à conspiração do partido revolucionário. Distintamente do simples golpe de Estado, porém, envolve, como um processo de mudança política violenta, a participação direta das massas. O assim chamado *golpe de Praga*, de 1948, foi realmente uma revolução conspiratória na qual os comunistas e os socialistas da ala esquerda usaram seus postos legais no gabinete de coalizão, para manipular a polícia, neutralizar o exército e usar as massas comunistas para depor o governo anterior. Este governo anterior, porém, longe de representar qualquer uma das duas variedades de uma sociedade desigualitária coercitiva, era o governo socialista-democrático muito progressista do Dr. Benes. Os quadros do M.N.R. boliviano eram, em parte, uma *intelligentsia* revolucionária, mas também o setor modernizador da subelite. O modelo intencionado desta revolução, porém, não era o Socialismo Desenvolvimentista, mas sim o Capitalismo de Estado. Apesar do fato de que os precedentes históricos não foram típicos do modelo de SD, a revolução conspiratória, como um padrão de processo revolucionário, pode ser usada em certas condições[6] para a implantação deste modelo.

---

5. CHALMER JOHNSON (1964).

6. A condição decisiva é a existência de um setor dissidente no exército, que queira se juntar à intelectualidade na revolução conspiratória, como pode ocorrer, no futuro, em alguns países latino-americanos.

A *revolução de colapso*, juntamente com a *insurreição militarizada de massa*, é o padrão típico de implantação revolucionária do modelo de SD. O primeiro apresenta duas variedades distintas: (a) a revolução jacobina e (b) a revolução de guerrilhas. Ambas as variedades têm em comum o fato de que o processo revolucionário e seu sucesso final dependem do colapso prévio ou concomitante, por fatores não determinados diretamente pelos revolucionários, do aparelho coercitivo do Estado. Isto pode ser devido, como ocorreu no caso da Revolução Russa, à derrota militar na guerra infligida por exércitos estrangeiros. Ou, como ocorreu na Revolução Cubana, porque o aparelho coercitivo foi afetado por desintegração interna. É neste sentido que tais revoluções são de "colapso", na medida em que operam como catalisadoras ou como beneficiárias do colapso do aparelho coercitivo anterior.

O que distingue a variedade jacobina é o fato de que, neste caso, a mobilização revolucionária das massas, ao longo de várias linhas concomitantes, sob a vaga coordenação ou pelo menos orientação do partido revolucionário, é a força real do processo. No caso da guerrilha, a participação das massas é muito mais passiva e ocorre apenas quando a desintegração interna do aparelho coercitivo do Estado permite a erupção da revolta generalizada final. O processo revolucionário, na maior parte do tempo, é conduzido diretamente pelos pequenos quadros da guerrilha, em uma série de ações para fustigar as tropas do governo, que antes as desmoralizam do que as derrotam, combinadas com outras ações de alto valor simbólico, como reformas agrárias parciais e outras medidas revolucionárias tomadas pela guerrilha, ainda que pouco exeqüíveis, para dramatizar o significado e escopo de seu movimento.

A insurreição militarizada de massa, o terceiro padrão de implantação revolucionária do modelo de SD, do qual a Revolução Chinesa foi o exemplo mais típico e espetacular, implica também condições, não impostas diretamente pelos revolucionários, que debilitam as forças repressivas do governo. No caso da China, estas condições foram uma combinação da derrota militar estrangeira (os japoneses na Manchúria e durante a Segunda Guerra Mundial), das deficientes possibilidades técnicas das tropas do Kuomintang e, finalmente, das condições geotopográficas particularmente favoráveis para preservar as bases dos revolucionários de eficientes ataques de larga escala, enquanto ainda estavam preparando sua força.

O traço essencial desta forma de processo revolucionário consiste em um conflito prolongado entre os revolucionários e as forças do *ancien régime*, no curso do qual, aqueles, devido a certas debilidades do último causadas não diretamente pelos revolucionários, são capazes de organizar uma insurreição de massa, formar um exército revolucionário, assumir o controle de partes significativas do território, travar uma vitoriosa guerra de caráter político-simbólico contra a validade do governo e, com um gradual aumento de sua força e correspondente decréscimo da capacidade militar e da autoridade política do governo, logram finalmente infligir aos últimos uma completa derrota político-militar.

II. O problema de governar

O problema que enfrentam os revolucionários do SD, uma vez que tomam o poder, consiste em mantê-lo em condições extremamente adversas, caracterizadas pela exaustão dos recursos nacionais com a guerra civil, a falta de meios efetivos de administração, a sabotagem dos grupos contra-revolucionários, a falta de habilidades gerenciais e técnicas da maioria de seus sustentadores, e hostilidade dos camponeses em enviar seus bens às cidades e, por último mas não de menor importância, a intervenção militar real ou iminente de grandes potências inimigas. Assim como os problemas do CE, após a tomada do poder, são uma forma agravada dos problemas do NC, os problemas do SD após a tomada de poder são uma forma ainda mais agravada dos problemas de CE. A forma de resolver essas tremendas dificuldades é basicamente a mesma disponível para o modelo de CE: a maximização da eficiência do poder da liderança central, o uso ótimo dos escassos recursos estratégicos e a mobilização mais ampla e profunda das massas e de sua capacidade de auto-ajuda e de cooperação criativa.

A razão pela qual as condições quase desesperadas do novo governo de SD, como ocorreu historicamente, podem ser realmente superadas, sempre que for mantido suficiente poder central e a implementação do modelo for desempenhada corretamente, reside nas ilimitadas novas energias liberadas pela mobilização total das massas. E é porque é próprio ao modelo de SD, quando conduzido corretamente, obter um grau e uma extensão de mobilização e participação das massas incomparavelmente maior do que o modelo de CE (no qual permanecem muitos bloqueios devidos à atributividade da classe média), que o modelo socialista é capaz de ultrapassar obstáculos que são também incomparavelmente maiores. Nesses termos tão magnificados, tanto para as dificuldades com que se defronta, quanto para as energias liberadas, o modelo de SD tem que resolver a mesma espécie de problemas que o modelo de CE, em sua fase inicial de implementação e, subseqüentemente, tem que enfrentar também o mesmo tipo de necessidade: a mudança, de questões predominantemente políticas, a questões predominantemente técnico-administrativas.

Além do grau e extensão da mobilização de massa, existem duas outras relevantes características distintas que diferenciam a aplicação do modelo de SD da do CE. A primeira se refere às facilidades técnico-administrativas de implementação. A segunda se refere à escala da intervenção estrangeira. Com referência às facilidades técnico-administrativas de implementação, temos que, no caso do modelo de CE, a maioria dos homens e grupos capazes, que eram responsáveis anteriormente pela operação corrente do *ancien régime*, são pessoas da subelite que, direta ou indiretamente, tomaram parte no golpe do CE e apóiam o novo regime. No caso da revolução de SD, porém, a maioria dos técnicos e administradores da sociedade em questão, ou eram associados de alguma forma com a *societas sceleris* ou a elite rígida anteriores, ou são inclinados a reagir desfavoravelmente às novas tendências igualitarizantes do novo regime. A maior parte destes homens, voluntária ou forçadamente, se afastará de suas ocupações anteriores, deixando um vácuo de habilidades muito difícil de preencher. Como mostrou a experiência histórica, o novo governo de SD terá que contar com uma grande proporção de novos titulares improvisados, a serem treinados custosamente no trabalho, e será forçado também, para funções mais rigorosas, a usar conselheiros estrangeiros, sejam contratados a altos preços, sejam atraídos por solidariedade ideológica. No caso da China, além do mais, o novo governo pôde se beneficiar da ajuda da União Soviética, durante a fase inicial de colaboração.

Com referência ao terrível problema da intervenção estrangeira, temos aqui uma questão que é menos suscetível de generalizações sociopolíticas, na medida em que cada caso é condicionado por seu contexto histórico. Remotamente, a primeira revolução jacobina, a revolução puritana da Grã-Bretanha, desfrutou das vantagens da insularidade britânica, que evitou intervenções espanholas ou francesas. A Revolução Francesa, que já é um exemplo moderno do gênero, embora não-socialista, ocasionou a intervenção direta das grandes potências européias, repelidas pela *levée en masse*, que foi também uma expressão típica da nova participação popular e das novas energias liberadas pela revolução. A Revolução Russa desfrutou da circunstância favorável da distração das grandes potências pela Primeira Guerra Mundial. O interesse dos alemães de colocar a Rússia fora da guerra os levou, inicialmente, a ajudar a revolução, transportando Lênin para a Rússia e os impediu, posteriormente, de tomar uma posição direta contra o novo regime. Os Aliados, incapazes, nos primeiros anos da guerra, de deslocar suas tropas para a frente, puderam mandar apenas uma força expedicionária menor em 1917, e apoiar e equipar as tropas da Rússia Branca, o que provou ser conjuntamente insuficiente para superar a disposição de luta do Exército Vermelho popular, improvisado por Trotsky. Após a guerra, a incontrolável tendência para a desmobilização e a saturação geral de guerra impediu as grandes potências de tentar uma nova intervenção. E os chineses, sob a cobertura protetora do poder militar soviético, puderam reduzir a intervenção estrangeira à preservação das tropas do Kuomintang, que tomaram refúgio em Formosa. Esse problema, porém, mudou de natureza desde a Revolução Cubana e, para a área soviética de hegemonia, desde a Revolução Húngara. E aqui chegamos ao outro contexto histórico que pauta os intentos de implantação revolucionária do modelo de SD, que é o corrente.

As Revoluções Chinesa e Cubana parecem ter sido as duas últimas revoluções de SD bem sucedidas do século XX não impedidas ou contidas por intervenção estrangeira. Os chineses, como foi notado acima, foram protegidos pelo exército soviético contíguo. A Revolução Cubana foi tornada possível devido ao seu caráter original não-comunista e até mesmo não-socialista. Iniciada como um movimento radical garibaldino (não implicando nenhum perigo irremediável aos grandes interesses industriais), tomou um curso socialista após sua consolidação no poder e foi habilidosamente manobrada por Castro para impor aos soviéticos seu não desejado envolvimento na defesa básica do regime. Mesmo assim, o governo de Castro teve que repelir uma invasão dirigida pela CIA, que poderia ter sido muito mais perigosa se a capacidade de Castro e o apoio nacional não houvessem sido subestimados pelas próprias tendências ideológicas da CIA.

Após estas duas revoluções, e seguindo a crise cubana dos mísseis e o tratado de proibição nuclear, o reconhecimento tácito por e para cada superpotência de uma área de hegemonia intocável, que inclui a maior parte do mundo, deixando de lado apenas alguns locais de predominância disputada, criou condições completamente diferentes para o processo revolucionário de SD. Estas condições serão estudadas no Cap. 12. O que pode ser dito, em adiantamento, é que a intervenção militar estrangeira se tornou, isoladamente, o fator mais importante em um processo revolucionário. Devido a ela a maioria dos atuais clichês referentes à revolução são dramaticamente fúteis. Apenas nas diminutas áreas do mundo onde ainda não há uma fixação de fronteiras de hegemonia entre as superpotências — tais como a Índia e o Paquistão, a Indonésia e o Norte da África — é que as revoluções de SD são suscetíveis de não serem livremente impedidas ou contidas pelo superpoder localmente hegemônico. No resto do mundo uma revolução de SD, para ser levada a efeito contra os mecanismos de intervenção livremente operáveis da respectiva superpotência hegemônica deve acumular um montante de energia social e afetar uma extensão de território dos quais a revolução do Vietnã é um trágico padrão.

Apenas ao preço da mais completa convulsão das condições normais de vida, promovida e apoiada pela total mobilização revolucionária de uma enorme população, preparada e organizada para suportar, por um tempo muito longo, o assassinato maciço e desfrutando de condições geotopológicas e outras para impedir sua aniquilação técnica sem o uso de armas nucleares, é que uma revolução de SD, nas áreas do mundo submetidas ao livre controle hegemônico de uma das superpotências, é suscetível de triunfar.

A hecatombe do Vietnã, entre as tantas lições que ensinou ao mundo, mostrou os limites básicos além dos quais uma superpotência não desejará conter a guerra revolucionária de libertação de um país subdesenvolvido. Esses limites são, em última análise, por um lado, a criação de condições que levem necessariamente a uma confrontação direta com a outra superpotência (que evitará, por exemplo, o uso de armas nucleares) e, por outro, a necessidade de manter em permanente mobilização perto de um milhão de homens e suportar vários milhares de baixas por ano. Esta última condição, porém, tenderá provavelmente, no futuro, a ser menos limitativa, na medida em que as superpotências, levadas pela lógica objetiva implacável do imperialismo, sejam capazes de organizar, no devido tempo, exércitos "imperiais", recrutados nas províncias e compostos de legionários profissionais, o destino dos quais será muito mais indiferente aos cidadãos metropolitanos.

C. O PROCESSO DE DESENVOLVIMENTO POLÍTICO

10. Análise Operacional

As duas secções anteriores (A e B) deste volume estudaram, respectivamente, o significado e as características essenciais do processo de desenvolvimento político, considerado no quadro geral do Estado e do sistema social, e os modelos políticos através dos quais tal desenvolvimento pode ser deliberadamente promovido. Na presente secção C, se intentará, inicialmente, de uma forma analítico-funcional geral, e subseqüentemente nas condições históricas de nossa época (Cap. 12), compreender como um tal processo realmente ocorre. Tal empenho nos levará, em primeiro lugar, à análise operacional, em geral, das operações e estágios envolvidos na promoção do desenvolvimento político, que será o objeto do presente capítulo. Em segundo lugar, mas ainda de uma maneira geral, estudaremos as condições de que depende a "exitosa" aplicação dessas operações e estágios (Cap. 11). O último capítulo da presente secção se relacionará com a análise desses problemas nas condições históricas concretas de nossa época, particularmente em função do novo sistema internacional emergente, com suas presentes características e tendências evolutivas mais prováveis (Cap. 12).

A idéia de estágio

A mais recente bibliografia sobre o desenvolvimento político, como mais adiante se discutirá brevemente, se tornou nitidamente cônscia do fato de que, tanto analítica quanto empiricamente, a promoção do desenvolvimento político implica distintos conjuntos de operações e estágios, que tanto apresentam uma configuração suficientemente típica e determinável, quanto uma seqüência padronizada e previsível, ainda que, na concepção da maioria dos autores, a ocorrência desses estágios não esteja sujeita a qualquer fatalidade determinística[1]. Sob esse aspecto, como em tantos outros, o estudo do desenvolvimento político foi, em parte, influenciado pelo estudo do desenvolvimento econômico e por sua similar propensão a ser submetido a análises operacionais, e a ser considerado ao longo de uma sucessão de estágios. Em um sentido mais profundo, porém, seja qual for a influência anterior da análise contemporânea do desenvolvimento econômico sobre a análise do desenvolvimento político, e em particular o impacto de Rostow (1960), foi o fato de o processo societal global de desenvolvimento não poder ser entendido sem a identificação e explicação de suas principais operações constitutivas e sem a compreensão e previsão de suas sucessivas "fases típicas", que impuseram a presente tendência.

Os estágios, nesse sentido, são fases de um processo social mais amplo (isto é, segmentos temporais estruturalmente característicos deste processo), diferenciados uns dos outros por um tipo distinto de operações analíticas, e eventualmente também empíricas, seguindo uma certa ordem e sucessão, devido a um relacionamento analítico, e eventualmente também empírico, de antecedente a conseqüente.

Embora a conexão entre a concepção faseológica do desenvolvimento político e a precedente compreensão faseológica do desenvolvimento econômico seja amplamente conhecida, a dependência de ambas as concepções relativamente às sucessivas compreensões anteriores do desenrolar da História é muito menos percebida, mas não menos relevante. Na verdade, o cientista social contemporâneo herdou da filosofia e da teoria de história uma compreensão das fases históricas que é a última formulação de uma antiqüíssima controvérsia entre as concepções cíclica e progressista da história, bem como a expressão final, no quadro da última, de uma gradual imanentização da idéia da Divina Providência. Como foi particularmente bem discutido por J.B. Bury (1932), a idéia de progresso é a imanentização da idéia da Divina Providência, que foi por sua vez um substituto judaico-cristão da concepção cíclica da história pelos clássicos. A isto deveria ser acrescido que nossa idéia corrente de desenvolvimento é uma segunda imanentização, livre de valores da idéia de progresso.

---

1. Não são sujeitos ao fatalismo determinístico no sentido em que a história não é determinada rigidamente por condições estruturais e fatores objetivos, devido à liberdade humana e à interferência de ocorrências imprevisíveis.

A discussão desta fascinante questão nos levaria demasiadamente longe de nossa preocupação central. Permita-se-me apenas recordar que tanto a concepção clássica quanto a judaico-cristã de história implicaram uma seqüência faseológica de estágios típicos e foram realmente levadas a ser formalmente tratadas nesses termos. Como observa Bury (1932, p. 9 e ss.) a descrição de Platão de um ciclo de vida do mundo de 72 000 anos solares, após o qual uma decadência completa do mundo exigiria a sua recriação pela divindade, levou-o a distinguir dois grandes ciclos de 36 000 anos cada, o primeiro correspondente a um estágio ordenado e de bom funcionamento do mundo, o segundo, a sua decadência gradual, até o caos final que requereria um novo ato de criação. Os gregos aceitaram finalmente uma concepção regressiva de três estágios cíclicos: as idades de ouro, de prata e de ferro, sucessivamente reordenadas após cada recriação. Contrariamente a essa concepção cíclica, que implicava a inexistência final de um significado transcendente para o mundo e o homem, e implicava também que as melhores épocas ocorriam em um passado místico, a concepção judaico-cristã foi progressista-linear. O mundo e o homem tiveram um começo absoluto e irrepetível com a criação. Tal estágio irreversível e único foi entendido como sendo sucedido por outros estágios irrepetitíveis e únicos: o Pecado Original, a Revelação do Cristo, a época para o arrependimento (neste mundo), o advento do Anticristo, o Fim do Mundo e o Juízo Final. Os estudiosos medievais, ao longo desta linha religiosa, conceberam uma sucessão de quatro estágios históricos, desde o Pecado Original do homem até o advento do Anticristo, cada um caracterizado por sua civilização predominante: babilônica, persa, macedônica e romana.

A grande mudança na concepção judaico-cristã de história, que resultou gradualmente do Renascimento e teve sua formulação clara com Fontenelle e a Ilustração, foi a imanentização da idéia da Divina Providência na idéia de Progresso. A história não foi mais vista como o desenrolar de um plano divino, traçado antes do próprio início do mundo, dirigido pela Divina Providência e transferindo a realização completa do homem para um mundo extraterreno e transistórico. A história foi entendida como um processo terrenal de aperfeiçoamento gradual do homem, pelo uso natural e melhorado de sua inerente racionalidade. Fossem quais fossem os fatores, e sua ordem de importância, que os vários autores concebessem como condicionantes desse processo, o que é comum a eles é a compreensão de tal processo como um processo natural e imanente, determinado finalmente pelo fato de que o homem, embora perturbado por suas próprias paixões e preconceitos, e por eventos externos naturais e sociais, é por sua própria natureza dotado de razão, cujo uso gradual o leva à plena compreensão do mundo e de si mesmo, com a correspondente expansão de seu autodomínio e de seu comando sobre a natureza.

Os três estágios de Turgot (anímico, de princípios abstratos e de observação racional) se antecipam claramente, incluída a lei dos três estágios de Comte, à futura idéia positivista de um progresso científico, que implicava uma melhoria moral correspondente, concepção essa que Condorcet levará à sua mais elaborada forma "ilustrada". Os estágios de Hegel de auto-realização do Espírito (subjetivo, objetivo e absoluto) são a reconhecida origem da futura idéia historicista de progresso cultural, implicando também melhoria moral. A culminação da idéia de progresso, como uma imanentização da idéia da Divina Providência, será a concepção spenceriana do progresso evolutivo e a concepção marxista de materialismo histórico que, seja de um modo progressista-linear, seja de forma dialética, implicam um processo, estágio por estágio, de racionalidade e liberdade crescentes.

Na atualidade, as ciências sociais voltaram predominantemente à concepção de um desenvolvimento sociocultural evolutivo, por estágios, após passar por uma fase antievolucionista, que se seguiu ao abuso metafísico do evolucionismo spenceriano e à dogmatização da dialética marxista. Esta questão já foi discutida no Cap. 2, Livro I. O descrédito da idéia de progresso, na primeira metade deste século, ocasionou, em nova forma, uma concepção cíclica de história. Spengler, Toynbee e Sorokin podem ser referidos entre os novos teóricos cíclicos mais proeminentes. Sejam quais forem as importantes contribuições trazidas por estes autores, que conduziram, entre outras conseqüências, a uma nova valorização dos aspectos recorrentes no desenvolvimento das sociedades, as idéias centrais a qualquer concepção cíclica de história, de (1) uma repetição ou reiteração básicas do drama social e (2) da não-transmissibilidade e não-cumulatividade final das realizações culturais das sociedades, tornaram-se crescentemente rejeitadas pelas ciências sociais contemporâneas. Como já foi anteriormente dito no Cap. 2, Livro I, o novo evolucionismo cultural, além de diferenciar a evolução geral da específica, ressalta o fato de que a evolução geral, em si um conceito livre de valores, não é igual ao progresso moral. Além do mais, como foi salientado por Erick Kahler[2], a continuação da evolução biológica, em termos de evolução sociocultural, parece estar levando a desenvolvimentos que ultrapassam o ser humano individual, em benefício da coletividade. Em palavras de Kahler: "a tremenda expansão recente da consciência humana se aplica ao homem como um todo, mas não mais ao indivíduo humano" (1967, p. 16).

Este breve esclarecimento das origens históricas do conceito de "estágios de desenvolvimento", nos permite discutir agora esse problema, com referência ao desenvolvimento político.

---

2. Vide particularmente seus ensaios "Culture and Evolution" e

A bibliografia atual

As concepções, entre os estudiosos do desenvolvimento político, referentes às operações e estágios básicos característicos desse processo foram mencionadas, de alguma maneira, em nossa anterior revisão da bibliografia sobre o desenvolvimento político (Cap. 2). Não seria necessário voltarmos, agora, a um extensivo tratamento dessa questão. Permita-se-me salientar apenas, para iniciar, a medida em que, implícita ou explicitamente, pensam todos os autores que o processo de desenvolvimento político apresenta, tanto histórica quanto analiticamente, uma sucessão de estágios típicos identificáveis.

Olhando de forma retrospectiva o desenvolvimento político de alguns países europeus e dos Estados Unidos, Huntington (1966 e 1968, Cap. 2) diferencia dois conjuntos básicos de operações, cada um dos quais correspondendo, nos países que alcançaram com sucesso seu desenvolvimento político, a um estágio distinto e sucessivo deste processo: (1) racionalização da autoridade, levando à substituição de muitas autoridades locais por uma central; (2) diferenciação de novas funções políticas e desenvolvimento de estruturas específicas para elas; (3) participação ampliada, pela incorporação gradual, ao centro, dos grupos e camadas sociais periféricos. Esse processo, de acordo com Huntington, foi bem sucedido quando as três operações básicas acima mencionadas se realizaram de forma sucessiva, cada uma correspondendo a um dado estágio do desenvolvimento político. Sua superposição, que pode ocorrer, como pode ser visto atualmente nos países mais subdesenvolvidos, é um obstáculo fatal ao desenvolvimento. A estratégia requerida para assegurar a sucessividade apropriada desses estágios é caracterizada por duas condições essenciais: (1) o retardamento da mobilização, para impedir as pessoas de vir da periferia ao centro antes que possam ser devidamente incorporadas; (2) a promoção da construção de instituições, que é a base do desenvolvimento político.

Eisenstadt (1966) tenta compreender também as operações e estágios básicos do desenvolvimento político, pela análise e indução histórica, a partir de processos passados, de alguns princípios gerais aplicáveis a qualquer sociedade em desenvolvimento. Ele vê o processo (em sua fase moderna), como dividido essencialmente em dois estágios: (1) modernização limitada, que correspondeu historicamente, no Ocidente, aos séculos XVIII e XIX, e que consiste na incorporação da classe média ao centro de decisão, combinada com a secularização cultural e o desenvolvimento científico-tecnológico; (2) modernização em massa, que corresponde historicamente ao século XX para o Ocidente, consis-

---

"Science and History" (1967b). Vide também suas contribuições muito relevantes em 1961 e 1964.

tindo na incorporação das massas, juntamente com a expansão e uso maciço da ciência e da tecnologia. A superposição dos dois estágios, que tende a ocorrer em nossos dias nas sociedades que não foram capazes de lograr o primeiro estágio no século passado, cria uma pressão excessiva sobre o sistema político, que tende a quebrar, exceto se uma regulamentação particularmente delicada for convenientemente adotada, combinando a incorporação das massas com sua adequada socialização e com um funcionamento desagregador da sociedade global[3].

Almond (1966) tenta uma abordagem mais analítica e se preocupa mais especificamente com o sistema político propriamente dito. Ele discrimina quatro operações e estágios básicos: (1) *construção do Estado,* que ocasiona a formação de uma autoridade central, sua penetração no sistema político e a integração dos vários grupos sob a jurisdição dessa autoridade central; (2) *construção da Nação,* que cria lealdades e compromissos e que aumenta, assim, o insumo de apoios; (3) *participação,* que expande os grupos e camadas incluídos no processo político ativo; (4) *distribuição,* que aumenta, através de várias formas de realocação, o acesso de todos aos benefícios da vida social. Como os outros autores, Almond observará que essas operações básicas corresponderam a distintos estágios sucessivos para as sociedades que obtiveram com sucesso, no passado, seu desenvolvimento político, e devem ser assim para as sociedades atuais em desenvolvimento. A tendência corrente de superpor alguns desses estágios, ou todos eles superpressionará seus respectivos sistemas políticos, ocasionando efeitos de desagregação.

O estudo mais completo, até agora, do problema dos estágios de desenvolvimento político, foi feito por Organski (1965) em um livro muito interessante e valioso que leva o título do assunto. Organski entende o desenvolvimento político "como a crescente eficiência governamental em utilizar os recursos humanos e materiais da nação para metas nacionais" (*Op. cit.,* p. 7). Por outro lado, Organski considera que desenvolvimento nacional, crescimento nacional e modernização são apenas diferentes expressões para indicar a mesma realidade: produtividade econômica crescente, mobilidade geográfica e social crescentes, e eficiência política crescente em mobilizar os recursos humanos e materiais da nação para metas nacionais.

Como se pode ver, a última parte de seu conceito mais amplo do desenvolvimento nacional corresponde a seu conceito do desenvolvimento político. À medida que as nações se vão desen-

---

3. Como entendo Eisenstadt, isto incluiria experiências, com diferentes modelos e diferentes margens de sucesso, como a auto-administração regulada da Iugoslávia, as comunas da China, e a "revolução em liberdade" do Chile.

volvendo, as funções do governo nacional para promover posterior desenvolvimento mudam também de acordo com uma sucessão de estágios de desenvolvimento. De acordo com ele, estes estágios, embora não inevitáveis, são empiricamente observáveis; correspondem ao que ocorreu realmente em qualquer sociedade até agora e representam uma seqüência altamente provável de fases para as sociedades que continuem a promover ou a prosseguir seu desenvolvimento no futuro. Por razões tanto analíticas quanto empíricas, esses estágios são sucessivos, não sendo possível a completa realização de um estágio se o estágio precedente não tiver sido implementado. Os problemas peculiares a dois estágios contínuos, porém, podem em parte, mas dentro de limites, ser superpostos. Isto significa que o estágio precedente não foi completamente realizado e enquanto esta situação subsista, o estágio seguinte nunca será logrado com sucesso[4].

Organski distingue quatro estágios básicos de desenvolvimento político: (1) a *política de unificação primitiva,* consistindo na formação de uma autoridade central e um dado território, e para um dado povo ou grupo de pessoas (historicamente, para o Ocidente, até meados do século XVIII); (2) a *política de industrialização* (para o Ocidente a partir de meados do século XVIII até os fins do século XIX), envolvendo, ao mesmo tempo, o processo de industrialização econômica e as mudanças sociopolíticas que ocasionam novas classes, aumentam a participação e incrementam a integração nacional. Esse processo foi desempenhado, historicamente, e apresenta, no plano analítico, três possibilidades alternativas: (a) o modelo *burguês* (distinto da democracia moderna), no qual a acumulação de capital é feita através de meios privados, às expensas da classe trabalhadora, mas de forma encoberta, e com a burguesia, por revolução ou por transições graduais, se substituindo à elite aristocrática anterior; (b) o modelo stalinista, com a acumulação de capital sendo feita ostensivamente às expensas da classe trabalhadora e com as novas classes de burocratas (ou seus predecessores revolucionários) se sobrepondo, forçadamente, por uma revolução radical, às elites aristocrática e burguesa anteriores; (c) o modelo *sincrético,* do qual o exemplo típico foi o fascismo italiano, onde há um compromisso entre a elite fundiária anterior e a burguesia, sob a mediação dos radicais direitistas da classe média, levando a um Estado autoritário, que protege os interesses agrários, fazendo-se a acumulação de capitais, embora em veloci-

---

4. A superposição incompleta dos estágios é um conceito implícito na compreensão destes estágios como estágios "reais", não apenas típicos no plano analítico, mas também no empírico, estruturalmente diferenciados entre si e condicionados de forma causal pelo estágio precedente. Pela mesma razão Marx, que introduziu pela primeira vez a idéia de estágios reais, pensava que um estágio não poderia ser superado antes que exaurisse suas possibilidades "produtivas" inerentes.

dade e extensão menores, às expensas da classe trabalhadora; (3) a *política de bem-estar nacional* (para o Ocidente, primeira metade do século XX), que consiste, ao contrário do estágio 2 (acumulação de capital às expensas das massas), em proteger as pessoas do capital, envolvendo tanto realocação maciça de recursos (altamente incrementados) quanto a participação das massas (não necessariamente "democrática"). Tanto histórica quanto analiticamente existem três modelos para este estágio: (a) *democracia de massas,* combinando a expansão da franquia como acesso crescente aos bens de consumo; (b) *nazismo,* combinando formas simbólicas e altamente irracionais de participação e gratificação de massa com um Estado autoritário; (c) *comunismo,* combinando os requisitos do Estado de bem-estar e participação simbólica das massas com um governo totalitário e a ditadura do partido; (4) a *política de abundância* (apenas despontando nos E.U.A.), baseada na superprodutividade (cibernética, administração científica, etc.) do sistema econômico, com uma disponibilidade geral de bens para todos, acentuado declínio nas necessidades de trabalho e um correspondente decréscimo dos empregos "produtivos", e também da força organizada de trabalho, mudança da ênfase social, dos interesses econômicos a outros (políticos ou culturais), fusão das elites econômicas e políticas, crescente concentração do poder, difusa necessidade de planejar e propensão para uma espécie de sociedade socialista, democrática ou não, provavelmente com mais freqüência não democrática.

A concepção central de Organski, referente à sucessão de estágios, é baseada em seu entendimento da industrialização, como processo econômico, social, cultural e político de modernização (sustentado tecnologicamente), como a fase crucial no desenvolvimento de uma sociedade. A entrada nesta fase corresponde à decolagem de Rostow. As grandes dificuldades a serem ultrapassadas em tal fase, mais de natureza política, cultural e social, do que de caráter econômico, e o fato de que essas dificuldades, à medida que passa o tempo, tendem a crescer para os recém-chegados, forçou historicamente as últimas sociedades em desenvolvimento a adotarem modelos distintos do *burguês.* Organski duvida expressamente que o modelo *burguês* possa ser utilizável ainda por qualquer nação em desenvolvimento. Por outro lado, ele ressalta como o desenvolvimento subseqüente de uma nação é profundamente influenciado pelo modo como haja realizado sua industrialização. Os modelos do estágio 3 são predeterminados, basicamente, pelo curso tomado no estágio 2. O estágio 4, finalmente, ainda é uma questão aberta, na medida em que apenas agora as nações mais desenvolvidas parecem estar concluindo o estágio precedente. É certo, por outro lado, que as novas condições impostas pela superprodutividade econômica, com o correspondente decréscimo substancial da necessidade de trabalho humano, combinado com a supermassificação e a superurbanização do mundo e a correspondente necessidade de planejamento central, criarão demandas e funções que ainda não podem ser claramente previstas. Organski insinua que, ainda neste estágio adiantado e futuro, as escolhas feitas no estágio 2 exercerão sensível influência.

Outro aspecto muito interessante do estudo de Organski é sua compreensão dos modelos sincrético (fascista) e stalinista, como formas alternativas de industrialização, diferenciando ambas do nazismo e do comunismo, respectivamente, por serem, estes últimos, modelos de bem-estar nacional. O entendimento do fascismo e nazismo como modelos alternativos para, respectivamente, a industrialização e a política de bem-estar nacional, embora representando um melhoramento decisivo na avaliação histórico-analítica de tais fenômenos, requereriam, em minha opinião, mais qualificações do que as apresentadas por Organski.

No que se refere ao modelo sincrético Organski reconhece que representa, entre os modelos alternativos para a industrialização, o tipo mais pobre, devido a sua baixa capacidade de acumulação de capital e de mudança social. A esta qualificação deveria ser acrescentado que, apesar das intenções industrializadoras dos líderes fascistas, a capacidade do modelo para a industrialização, afetada negativamente por seus empenhos em preservar o *statu quo* social, pode requerer circunstâncias externas, tais como guerras de conquista bem sucedidas ou, contrariamente (no caso do Colonial-Fascismo), ajuda estrangeira maciça, para produzir um resultado ainda que modesto. Como foi observado anteriormente neste livro, o fascismo é uma tentativa de modernização sem institucionalização. Precisamente porque a industrialização, particularmente ao nível de uma sociedade nacional específica, é um processo que ultrapassa de longe seus aspectos econômicos, a tentativa, própria ao sincretismo, de modernizar uma nação sem afetar seu anterior regime de participação e de poder e, em grande medida, de valores, é incapaz de gerar muitas das condições necessárias requeridas para uma industrialização nacional bem sucedida. Mussolini, para principiar, teve que unir-se à Alemanha em uma guerra de conquista. Além do mais, sua contribuição à industrialização italiana foi predominantemente – embora certamente não de forma exclusiva – um intento de melhorar, no plano administrativo (lei e ordem), o uso do complexo industrial italiano preexistente, adaptando-o, com algumas adições, a seus propósitos guerreiros. A industrialização italiana foi iniciada pela burguesia do *Risorgimento* e foi completada, efetivamente, após a Segunda Guerra Mundial, pelo regime demo-cristão[5].

---

5. A criação, entretanto, de entidades como o IRI (constituída para fins temporários em 1933 e com funções permanentes em 1937) e a constituição de várias outras companhias e empresas públicas, embora jamais levadas a seu pleno desenvolvimento por Mussolini, foram decisivas na

Por outro lado, eu introduziria ressalvas na concepção de Organski do nazismo como um modelo alternativo de bem-estar nacional, ressaltando o fato de que, à parte os Volkswagens e alguns outros materiais ou expedientes institucionais, as redistribuições de bem-estar às massas não ocorreram realmente em uma forma significante, não apenas devido ao envolvimento na guerra, mas devido ao aspecto "stalinista" no regime de acumulação de capital do nazismo, que lhe era essencialmente inerente[6]. Duvido, assim, que o nazismo, como uma forma geral abstrata, possa ser adaptável como um modelo alternativo de bem-estar.

Sejam quais forem estas e outras qualificações similares que podem ser apresentadas às formulações de Organski, em termos de "crítica interna" de suas concepções sobre os estágios de desenvolvimento político, o que é mais relevante é a "crítica externa", referente à pertinência global de sua teoria. Comparando os estágios de Organski (veja Quadro 5) de desenvolvimento político com os apresentados por outros estudiosos anteriormente mencionados, como Almond por exemplo, pode ser visto que, apesar de certas semelhanças (como a do estágio 1 de Almond, construção de Estado, como a do estágio 1 de Organski, unificação primitiva), há uma diferença de gênero. Almond apresentou uma série de estágios de desenvolvimento político *stricto sensu*. Organski fala de desenvolvimento político e certamente trata dele, mas seu quadro geral de referência é o desenvolvimento global das nações modernas, e seus estágios de desenvolvimento se referem ao desenvolvimento nacional como um processo societal global. Vista nesta perspectiva, a discussão da teoria de Organski requer uma dupla abordagem: (1) uma, referente ao processo global de desenvolvimento nacional de uma sociedade e seus respectivos estágios; (2) a outra, referente aos processos e estágios específicos do desenvolvimento político e seu relacionamento com o processo anterior.

Uma apreciação crítica

Como indicado anteriormente em uma nota de rodapé sobre os estágios de Organski, sua teoria de estágios que, como foi dito acima, se refere ao desenvolvimento nacional global das sociedades, retornou às idéias de Marx sobre fases "reais" de desenvolvimento,

---

industrialização de pós-guerra da Itália. Vide, sobre o assunto, GIUSEPPE PETRILLI (1967) e SERGE HUGHES (1967, particularmente pp. 254 e ss.). Para uma perspectiva teórica e histórica mais ampla, vide o excelente estudo de LUDOVICO GARRUCCIO (1969).

6. O projeto de construir um novo império mundial alemão era central para o nazismo, e para esse projeto se requeria um acúmulo de capital e um desenvolvimento industrial muito maiores.

embora a partir de um sistema mais complexo de causalidade histórica. Vista nestes termos, a teoria de estágios de Organski apresenta uma descrição tipológica, empiricamente bem fundada e analiticamente pertinente, das fases reais sucessivas pelas quais transitavam historicamente sociedades ocidentais, em seu processo de desenvolvimento nacional, desde os fins da Idade Média e particularmente desde o Renascimento.

Além do mais, essa teoria é apropriada, tanto empírica quanto analiticamente, para a compreensão do processo de formação e desenvolvimento nacional intentado por sociedades não-
-ocidentais, desde quando foram confrontadas, pelas revoluções comercial e industrial ocidentais, com o desafio do domínio ocidental. Finalmente, sua teoria é também adequada, ao menos heuristicamente, para a previsão das tendências e características futuras do desenvolvimento nacional das sociedades que obtiveram com sucesso o segundo estágio.

Duas qualificações, porém, são a meu ver indispensáveis. A primeira se refere ao fato de que a teoria de Organski apresenta uma explicação e tipologia convenientes para o desenvolvimento nacional das *sociedades modernas ocidentais,* e, dada a universalização da influência e padrões ocidentais, para as sociedades modernas em geral. Seu uso para propósitos históricos mais amplos requereria uma reformulação, na qual os estágios de Organski teriam que ser estruturados em uma série maior de estágios históricos. A segunda qualificação, mais imediatamente relevante para os problemas de desenvolvimento político, se refere ao fato de que os estágios de Organski são estágios de desenvolvimento *nacional* de sociedades, isto é, do desenvolvimento de sociedades autogovernadas como sociedades nacionais, no quadro do Estado nacional. Isto está claramente implícito em sua teoria e foi inclusive formalmente reconhecido por Organski, embora duas conseqüências fundamentais deste requisito nacional não tenham sido consideradas por ele.

A primeira conseqüência, de caráter geral, se refere ao fato de que as sociedades incapazes de lograr com sucesso sua industrialização *perderão sua viabilidade nacional* e tenderão, a longo prazo, a ser incorporadas a outros sistemas sociais, sob o controle de centros de decisão alheios a elas, em um processo que culminará com a supressão de sua autonomia nacional e a dissolução dessas sociedades, como sistemas diferenciados, que se mantenham e adaptem por si mesmos. Este problema será tratado mais extensivamente no próximo capítulo, como a primeira condição de possibilidade para qualquer desenvolvimento político. A segunda conseqüência, aplicável às condições históricas geradas desde o fim da Segunda Guerra Mundial, se refere ao fato de que o sistema internacional, no qual as nações ocidentais se desenvolveram e industrializaram (desde os fins do século XVIII até a

QUADRO 5: Concepções típicas atuais sobre os estágios de Desenvolvimento Político.

Abordagem funcional		Abordagem real	
Huntington (1966-68)	Eisenstadt (1966)	Almond (1966)	Organski (1965)

1. Racionalização da autoridade (centralização).
2. Diferenciação de novas funções políticas.
3. Participação ampliada.
	1. Modernização limitada (séculos XVIII e XIX para o Ocidente; incorporação das classes médias, secularização e ciência e tecnologia).
	2. Modernização em massa (século XX para o Ocidente; incorporação das massas, superexpansão da ciência e da tecnologia).
		1. Construção de Estado
		2. Construção da Nação
		3. Participação
		4. Distribuição
			1. Política da unificação primitiva.
			2. Política de industrialização. Meios alternativos:
			  a) Modelo burguês
			  b) Modelo stalinista
			  c) Modelo sincrético
			3. Política de bem-estar nacional. Meios alternativos:
			  a) Modelo de democracia de massas
			  b) Modelo nazista
			  c) Modelo comunista
			4. Política de abundância

Observação: Superposição possível mas desagregadora; para impedi-la: a) retardamento da mobilização política. b) construção de instituições.	Observação: Superposição possível mas desagregadora. Para impedi-la: incorporação regulada ao centro de grupos periféricos.	Observação: Superposição possível e desagregadora.	Observação: Superposição possível apenas em termos limitados entre estágios contínuos; ultimação de um estágio impossível antes da realização do estágio precedente.

Primeira Guerra Mundial), e o sistema internacional seguinte (entre as duas guerras mundiais), no qual o processo de desenvolvimento nacional foi estendido ao mundo em sua totalidade, mudou completamente com a emergência das superpotências e outros decorrentes efeitos. Como será estudado no Cap. 12, o novo sistema internacional, ainda em seu processo inicial de configuração, será incompatível com o desenvolvimento das novas nações e afetará profundamente as nações já desenvolvidas, isto é, as que já estão no processo de entrada nos estágios terceiro e quarto de Organski, anulando, em diferentes formas e graus, a autodeterminação destas nações, que não obteriam, ao menos nas próximas duas ou três décadas, um nível apropriado de "autonomia internacional".

A segunda abordagem à teoria de Organski, como foi dito anteriormente, requer sua análise em função de sua contribuição explanatória e heurística à compreensão e previsão do processo de desenvolvimento político *stricto sensu*. Como já foi adiantado, os estágios de Organski são imediata e propriamente aplicáveis ao processo societal global de desenvolvimento nacional e não, como tal, ao processo intra-societal de desenvolvimento do sistema político. A este respeito, portanto, há uma falta de correspondência, tanto analítica quanto empiricamente, entre a teoria e seu propósito aberto. Como foi formulado apropriadamente por Almond, e será elaborado na parte subseqüente deste capítulo, os estágios de um processo de desenvolvimento político, *stricto sensu*, se referem às operações analíticas e empíricas típicas e sua seqüência necessária, em quaisquer condições ambientais; para incrementar a capacidade de um sistema político (modernização política) e para aumentar, para a sociedade e para alguns, muitos ou todos os seus membros individuais, a serviçabilidade do sistema político (institucionalização política).

A questão apresenta uma clara analogia com o processo de desenvolvimento econômico. Poupanças, acumulação de capitais, investimentos seletivos, administração efetiva e incrementos de produção e de produtividade são, analiticamente, operações típicas distintas, que apresentam uma ordem seqüencial básica, que deve ser realizada ou alcançada em qualquer processo de desenvolvimento econômico, seja qual for o modelo utilizado (por exemplo, capitalista ou socialista), a época histórica e o estágio de desenvolvimento da sociedade envolvida. O significado concreto dessas operações, porém, variará em certa medida e para certos fins, em função do modelo adotado e, em maior medida e para outros fins, em função da época histórica e do nível de desenvolvimento da sociedade em questão.

A principal linha de investigação entre os estudiosos do desenvolvimento político se orientou no sentido da identificação e da análise de suas operações e estágios "funcionais", independentemente das condições sócio-históricas. Organski, preocupado com os estágios "reais", teve particular consciência dessas condições sócio-históricas mas assumiu, indevidamente, como idênticos, os estágios anteriores e os "funcionais". Realmente, como será sugerido em continuação, as duas séries, a "funcional" de Almond e de outros autores e a "real", de Organski, são ambas necessárias para o estudo comparativo do desenvolvimento político.

Estágios Funcionais e Reais

É possível agora, levando em conta a precedente discussão das várias concepções sobre os estágios de desenvolvimento político, usar as análises e os descobrimentos das secções precedentes em uma tentativa de avançar alguns passos na compreensão teórica das operações e estágios básicos envolvidos no processo de desenvolvimento político. Como foi observado anteriormente (Cap. 3), o desenvolvimento político é modernização política mais institucionalização política. Tal processo consiste (cf. Quadro 21, Livro I) no aumento comparável e mensurável de um conjunto de (I) Variáveis Operacionais e um conjunto de (II) Variáveis Participacionais, cada conjunto contendo várias macrovariáveis, cujas variações quantitativas e qualitativas ocasionam o incremento ou o decréscimo de certas variáveis resultantes.

Algumas destas variáveis resultantes são comparáveis e mensuráveis ao longo de uma série, seja qual for a sociedade envolvida e a época histórica. Isto ocorre com a maioria das Variáveis Operacionais, indicativas do grau de modernização política. Tal é o caso da macrovariável (A) Orientação Racional, referente às variáveis resultantes de Secularização[7] e Controlabilidade; da macrovariável (B) Diferenciação Estrutural, referente às variáveis resultantes Complexidade e Autonomia de Subsistema; da macrovariável (C) Capacidade, referente às variáveis resultantes Confiabilidade, Efetividade, Adaptabilidade e Flexibilidade.

Algumas outras variáveis resultantes expressam uma relação entre o sistema político e sua respectiva sociedade, incluindo os elementos intra-societais (classes sociais, grupos, indivíduos) e elementos extra-societais (as outras sociedades interatuantes) e podem ser comparadas apenas como conjuntos de relacionamentos entre um sistema político e sua sociedade, e outro sistema político e sua respectiva sociedade.

Tal é o caso das poucas Variáveis Operacionais remanescentes, e de todas as Variáveis Participacionais. Entre as anteriores temos,

---

7. A secularização de sistemas políticos distintos pode ser comparada ao longo de uma série, no sentido de secularização de sua respectiva cultura política. Se assim não for, as comparações se devem fazer em séries de relacionamentos entre o sistema político e a sociedade.

para a macrovariável (B) Diferenciação Estrutural, as variáveis resultantes de Independência (atribuída a um dado sistema internacional) e Autonomia (atribuída a uma dada sociedade); para a macrovariável (C), Capacidade, a variável resultante de Viabilidade Nacional (atribuída a um relacionamento de autopreservação entre uma sociedade e seu ambiente internacional). E tal é o caso de todas as Variáveis Operacionais, indicativas do grau de institucionalização política, devido ao seu caráter de relação sistema político-sociedade inerente.

Seja ao longo de uma série, como para o primeiro grupo referido de variáveis resultantes, seja em termos de pares de relacionamentos sistema político-sociedade, a comparação e mensuração do desenvolvimento político de dois ou mais sistemas políticos, da mesma sociedade, em diferentes épocas, ou de diferentes sociedades na mesma época ou épocas diferentes, apresentam um quadro muito distinto conforme a época histórica respectiva seja ou não levada em conta e, com ela, os estágios reais respectivos de desenvolvimento das sociedades globais envolvidas.

As análises funcionais diacrônicas do desenvolvimento político, tão freqüentemente levadas a cabo por cientistas políticos, são um expediente útil e indispensável para fazer-se entender melhor os aspectos operacionais e analíticos dos processos políticos dos sistemas em estudo. O tipo de padrão "absoluto" de desenvolvimento político implicado em tais comparações, como quando, por exemplo, se compara o desenvolvimento político da Atenas de Péricles com a Inglaterra dos Tudor, a França de Luís XIV e os E.U.A. de hoje, tem apenas um significado analítico, que expressa quanto e quão bem certas funções são desempenhadas por distintos sistemas políticos. Mas um sistema pode ter mais Efetividade do que outro e em geral mais Modernização e também, em face de suas respectivas sociedades, pode apresentar uma maior Participação e em geral mais Institucionalização do que outro e, não obstante isto, tal sistema político pode ser *relativamente* menos desenvolvido do que o outro, se forem consideradas sua época histórica respectiva e seu nível de desenvolvimento societal global. Entre outros fatores que afetam a comparabilidade direta do grau de desenvolvimento político dos sistemas políticos de distintas sociedades[8], o que exclui a relevância empírica de mensurações diacrônicas "absolutas" de desenvolvimento é uma razão de caráter histórico. Resulta do fato de que cada época histórica e cada estágio *real* de desenvolvimento de uma sociedade contém, tanto analítica quanto empiricamente, certos *limites de possibilidades de*

---

8. Esses outros fatores incluem as conexões sistêmicas entre um sistema político e sua sociedade, que só se pode abstrair em termos metodológicos e para propósitos analíticos, mas que implicam distintas conseqüências empíricas, de uma sociedade a outra, particularmente em épocas históricas e estágios evolutivos diferentes.

desenvolvimento. Comparar diacronicamente os estágios de desenvolvimento, sem levar em conta os limites das possibilidades de desenvolvimento envolvidos, é comparar os coeficientes de diferentes quantidades, em entidades de diferentes qualidades. Esta é a razão pela qual as séries de estágios *reais* e *funcionais* devem ser ambas usadas, em diferentes formas combinatórias, de acordo com as necessidades e propósitos da análise.

Os estágios reais

Adiantando outro passo, consideremos agora o problema das operações típicas distintas, sua ordem de seqüência e os estágios correspondentes, envolvidos no processo de desenvolvimento político. Tanto a abordagem *real* quanto a *funcional*, quer por razões analíticas quanto empíricas, implicam uma série de operações típicas, distintas e básicas, ao longo de uma ordem seqüencial, correspondentes a certos estágios básicos. As operações e estágios básicos implicados na abordagem *real* se referem, finalmente, ao *processo de formação e utilização do poder coletivo humano*. Tal processo corresponde à evolução geral sociocultural da espécie humana: seu crescente domínio sobre seu ambiente humano e natural. Empiricamente, isto é, de acordo com o que finalmente ocorreu na história, temos que tal processo (se começarmos do homem já humanizado) pode ser dividido em três macroestágios: (1) *Societalização* (controle político sobre a sociedade), (2) *Mecanização* (controle societal sobre a natureza) e (3) *Sócio-organização* (autocontrole societal).

O primeiro estágio (*Societalização*) corresponde à emergência e consolidação do poder político, pela formação de sociedades territoriais, sua expansão e incorporação às sociedades maiores, sob uma autoridade e governo centrais, de vários grupos anteriormente discretos. Este longo processo que, com altos e baixos, e através de várias civilizações, transcorre desde a pré-história, como foi discutido anteriormente (Cap. 4, Livro I), até (no Ocidente) a monarquia absoluta dinástica do século XVIII, corresponde ao estágio de Organski de *unificação primitiva*. É um processo através do qual, como já fora claramente entendido por Hobbes, a debilidade relativa de indivíduos e grupos pequenos é capaz de gerar, pela divisão de trabalho e a centralização do poder e da autoridade (Leviatã, o "super-homem" feito de muitos homens), a força do poder societal, muitas vezes maior do que a soma total desorganizada, da força individual dos membros da sociedade.

O segundo estágio (*Mecanização*) corresponde à enorme multiplicação desse poder pelo controle científico-tecnológico da natureza. É o estágio de *industrialização* de Organski. O terceiro estágio (*Sócio-organização*) corresponde à reorganização planejada da sociedade pelo uso societalmente autocontrolado dos meios de

ANÁLISE OPERACIONAL

QUADRO 6: Estágios Reais de Desenvolvimento Societal.

Estágios	Operações (nas hipóteses bem sucedidas)
1. SOCIETALIZAÇÃO	
1.1. *Unificação Política* — Formação e desenvolvimento de sociedade territorial sob autoridade centralizada **ou** Colapso dos dirigentes centralizadores, com segmentação societal a nível organizativo inferior.	Construção da sociedade e alcance, por ação centralmente coordenada, de controle moderado sobre o ambiente natural, baseado no uso natural de recursos naturais.
1.2. *Expansão extra-societal* — Expansão extra-societal e ocupação de novas terras até alcançar o limite sociogeográfico da capacidade de incorporar ou dominar sociedades discretas anteriormente preexistentes, e alcance de equilíbrio viável com outras sociedades independentes: equilíbrio intersocietal **ou** Colapso sob pressões externas e queda sob domínio ou influência estrangeira.	Equilíbrio intersocietal de poder e estratificação com alocação correspondente de controle sobre recursos humanos e naturais acessíveis, incluindo território, a um baixo nível de uso de energia.
1.3. *Diversificação intra-societal* — Diversificação intra-societal, de acordo com o regime social e alcance de estratificação social minimamente funcional (em geral altamente atributiva) **ou** Conflitos sociais desagregadores, segmentação e domínio estrangeiro.	Estratificação e institucionalização do regime social correspondente em termos ao menos minimamente compatíveis com a automanutenção e crescimento societal contínuo.

QUADRO 6: (Continuação)

2. MECANIZAÇÃO

2.1. *Industrialização*

Formação e desenvolvimento da industrialização auto-sustentada, com emergência de novos regimes de participação e valores, e de novas estruturas e grupos sociais correspondentes

ou

Conflitos sociais desagregadores e (1) consolidação impeditiva da sociedade desigualitária coercitiva, ao nível pré ou subindustrial ou (2) segmentação societal em unidades não auto-sustentáveis, e em ambos os casos, queda sob domínio estrangeiro.

Expansão múltipla do alcance e escopo do controle sobre o ambiente nacional por ação científico-tecnológica socialmente articulada.

2.2. *Expansão internacional*

Expansão internacional do domínio e da influência da sociedade, baseada em nova capacidade industrial e orientada para sua assistência e posterior desenvolvimento, até alcançar um equilíbrio internacional auto-sustentado,

ou

Contração ou colapso sob pressões mais fortes do ambiente internacional e queda sob domínio estrangeiro.

Equilíbrio internacional de poder e estratificação com alocação correspondente do controle sobre os recursos humanos e naturais da Terra, incluindo o território, a um nível muito alto de uso de energia.

2.3. *Diversificação nacional*

Diversificação estrutural-funcional nacional com controle crescente sobre o ambiente natural, aumento do mercado interno, e incorporação ao centro de grupos anteriormente periféricos, alcançando formas funcionais decrescentemente atributivas e crescentemente funcionais de estratificação social

ou

Conflitos sociais desagregadores e impedidores, que decresce a coesão interna e a influência externa, até a queda sob domínio estrangeiro.

Institucionalização interna do regime social e estratificação social correspondente, em termos de funcionalidade crescente.

3. SÓCIO-ORGANIZAÇÃO

3.1. Organizacionalização

Formação e desenvolvimento de um controle ambiental generalizado expansivo, por formas socialmente controladas de autocontrole societal, com emergência de novo regime social e novas estruturas e grupos sociais correspondentes

ou

Efeitos desagregadores de novas capacidades socialmente não-reguladas, com desintegração social e queda sob domínio estrangeiro.

Aumento imprevisível do controle anterior sobre o ambiente natural e sua generalização ao ambiente humano por formas socialmente controladas de autocontrole societal.

3.2. Internacionalização

Expansão internacional do domínio e influência da sociedade, baseada no controle ambiental generalizado societalmente autocontrolado, até o alcance de um sistema internacional uni ou pluricentrado minimamente funcional e equilibrado

ou

Autodestruição em conflitos internacionais catastróficos.

Formação e desenvolvimento de um sistema internacional uni ou pluricentrado minimamente funcional e equilibrado.

3.3. Re-humanização (ou desumanização)

Expansão intra-societal por capacidade produtiva e auto-reguladora quase ilimitada, levando: (1) a formas basicamente igualitárias imprevisíveis e extensão de bem-estar social e à criatividade coletiva e individual regulada

ou

(2) A diferenciação, especialização e estratificação biopsicológica planejada da sociedade e indivíduos, com mutações imprevisíveis da espécie humana

ou

(3) Extinção suicida da espécie por manipulações genéticas e ambientais inadequadas.

Formação e desenvolvimento socialmente controlados de formas imprevisíveis de (1) criatividade individual e coletiva basicamente igualitária ou (2) diferenciações humanas e sociais biopsicológicas planejadas.

controle precedentemente acumulados, e sempre expansivos, sobre qualquer ambiente. A isto correspondem os dois últimos estágios de Organski.

Analiticamente, a estes três macroestágios correspondem três distintas operações típicas básicas: (1) controle parcial e limitado do ambiente natural e humano societal, por ação coletiva coordenada centralmente; (2) expansão múltipla do alcance e conteúdo de tal controle por ação científico-tecnológica articulada pelo mercado e/ou autoridades centrais; (3) emprego planejado de tal controle ambiental em expansão por meio de formas socialmente controladas de autocontrole societal. O estudo mais detalhado desta fascinante questão[9] nos levaria para muito longe da preocupação central do presente livro. Para nossos presentes propósitos é suficiente apresentar, no Quadro 6, as características essenciais, em minha opinião, de cada macroestágio real e suas subdivisões, de acordo com a evidência que se possa induzir do estudo comparativo sócio-histórico de sociedades e civilizações.

Os estágios funcionais

Se tomarmos agora a abordagem *funcional* e analisarmos o processo de desenvolvimento político (isto é, de modernização e institucionalização políticas crescentes), em qualquer época histórica, para sociedades em qualquer dos estágios de desenvolvimento considerados no Quadro 5, veremos que pode ser dividido em quatro estágios típicos básicos: (1) *Construção de Modelo*, (2) *Construção de Estado*, (3) *Construção da Nação* e (4) *Construção de Consenso*.

1. Construção de modelo

O primeiro estágio corresponde à mudança dialética (a que se pode chegar por processos incrementais) no regime de poder. Sejam quais forem as causas de tal mudança e os meios pelos quais ocorra (cf. Cap. 5, Livro I), de acordo ou não com o regime político anterior e com sua ordem legal, as mudanças no regime de poder ocasionam, explícita ou implicitamente, e em maior ou menor medida, um novo modelo político, com novos compromis-

---

9. Um estudo mais detalhado incluiria, entre muitos outros problemas, a questão de se a série de estágios reais é ou não aberta, o que em última análise envolve a questão de um entendimento progressista ou cíclico da evolução natural e cultural. Na representação do Quadro 6 a série é concebida como aberta, uma vez que a evolução autoprogramada acarreta resultados imprevisíveis.

sos e regulamentações políticas, além de envolver mudanças nos papéis dos titulares do poder e da autoridade. A mudança em questão terá efeitos de desenvolvimento sempre que causar um aumento positivo significativo nas variáveis resultantes das macrovariáveis Operacional e Participacional indicadas no Quadro 21, Livro I.

Este primeiro estágio funcional envolve uma seqüência de quatro operações básicas. A primeira se refere à formulação (explícita ou implícita) de um novo plano ou modelo político orientado para o desenvolvimento, implicando diferentes formas e medidas de participação e de distribuição, interessando a novos grupos ou camadas sociais, sob uma nova liderança política. A formulação deste novo modelo, endereçada (alternativa ou cumulativamente) a novos setores sociais, sob uma nova liderança política, formalmente compatíveis ou não com o regime político existente, implica um desafio às autoridades vigentes e aos interesses e valores que elas expressam, criando uma confrontação política entre as autoridades vigentes e os novos líderes ou pretendentes políticos, de acordo com nossa terminologia (cf. Quadro 14, Livro I). A próxima operação básica envolvida nestes estágios se refere ao processo de articulação de interesses e agregação de interesses, em favor do novo modelo político e de seus líderes, que será seguida usualmente por processos semelhantes em favor das autoridades e do *statu quo*. O desempenho bem sucedido, pelos pretendentes, da operação anterior, permitir-lhes-á passar à próxima e terceira operação, que consiste na politização dos interesses que eles articularam e agregaram, de acordo com seu novo modelo político. Esta é a fase crucial, na qual todas as pré-condições e operações anteriores são dirigidas para tomar uma forma política ostensível de um lance para o poder, em termos de um movimento ou partido político, que pode usar veículos e canais institucionais anteriormente preexistentes ou criar seus próprios. A quarta e última operação básica consiste na tomada de poder, "legal" ou "ilegalmente", pelos pretendentes, através de seu movimento político de apoio. Se esta quarta operação não ocorrer, o primeiro estágio não se realiza e todo o processo de desenvolvimento político que fora iniciado terminará abortivamente.

Uma vitória ou derrota definidas, porém, não é freqüentemente o resultado da confrontação de um novo modelo e liderança políticos, com o *statu quo* e as autoridades anteriores. Todas as formas de conciliação são possíveis e realmente ocorreram, em cujo caso a questão crucial, a despeito das formas ostensíveis e nominais tomadas pela conciliação é a medida que o novo regime, seus líderes e seus sustentadores, prevalecem sobre os anteriores. O que é relevante é sempre a medida em que, de uma ou outra maneira, as mudanças estruturais, com caráter de desenvolvimento, sejam realmente introduzidas no regime anterior de poder e no seu modelo implícito político.

2. Construção de Estado

O segundo estágio, que chamo de *Construção de Estado,* para manter tanto quanto possível a terminologia já corrente (proposta originalmente por Almond), não é necessariamente correspondente à formação de um novo Estado. Esta é uma das implicações inadequadas resultantes do fato de que, até agora, não se fez a distinção entre os estágios *real* e *funcional* de processos de desenvolvimento. A criação de Estados, propriamente dita, é um processo que ocorre em certas condições e épocas históricas, com referência a sociedades em um dado estágio *real* de seu desenvolvimento. Como vimos, este ponto foi entendido corretamente por Organski, que situa a formação original de Estados em seu estágio de *unificação primitiva.* De acordo com a tipologia e séries de estágios reais, sugeridas neste livro (cf. Quadro 6), a construção original de Estado ocorre no estágio de *Societalização.* No estágio real seguinte *(Mecanização),* porém, novas formas de construção de Estado ocorrem quando, por exemplo, a expansão internacional de uma sociedade industrializada a leva a criar colônias (como no século XIX) ou, na época atual, satélites. O estágio real subseqüente *(Sócio-organização),* que apenas agora está começando para a maior parte das sociedades desenvolvidas atuais, envolverá também, em termos que não podem ser ainda claramente vistos, a formação de novas formas de Estado.

Para os propósitos de nossas séries *funcionais,* o estágio de *Construção de Estado* deve ser entendido como relacionado com todas as formas, historicamente possíveis em qualquer estágio de desenvolvimento real de uma sociedade, de construção ou reconstrução de estruturas e funções de jurisdição autônoma centralmente controlada. Este segundo estágio funcional de um processo de desenvolvimento político está relacionado, nas várias condições sócio-históricas nas quais pode ocorrer, com o ajuste congruente do regime político e de sua ordem legal, incluindo a organização política, ao novo regime de poder que tenha logrado prevalecer (no estágio precedente de *Construção de Modelo).* Tal ajuste congruente envolve, essencialmente, como sua operação básica, a adaptação das estruturas, funções e titulares do sistema político, particularmente em seus setores de conversão e produção (governo central e burocracia central) ao novo regime de poder e a seu modelo político correspondente (explícito ou implícito).

Se o novo modelo político que, por hipótese, fora implantado no estágio precedente, e os novos líderes então trazidos aos papéis de poder e autoridade, não forem capazes de construir ou reconstruir o Estado em uma forma congruente com o novo regime de poder que representem, este regime de poder será privado das condições necessárias para sua aplicação. O resultado conseqüente, mais cedo ou mais tarde, será a perda da vigência deste regime de poder e a implantação de outro regime de poder, usualmente com certa margem de retorno ao antigo *statu quo*.

A *Construção de Estado* lograda com sucesso, de acordo com as condições sócio-históricas relacionadas, pela construção ou reconstrução de uma maquinaria de Estado ajustada, bem como seus titulares, ao novo regime de poder prevalecente proporcionará a implementação necessária para tal regime. Esta pode ser a conversão do Estado aristocrático anterior de uma sociedade agrícola no Estado burguês democrático liberal, de uma sociedade industrializadora, como na Europa dos séculos XVIII e XIX. Pode ser também, como em algumas sociedades subdesenvolvidas de hoje, a mudança de um Estado patrício oligárquico em um Nacional-Capitalista, Capitalista de Estado ou Socialista Desenvolvimentista, de acordo com um dos modelos de desenvolvimento estudados na secção precedente deste livro. Seja qual for o caso, o desempenho bem sucedido deste estágio funcional abre as possibilidades operacionais para o estágio seguinte, o estágio de *Construção de Nação*.

3. Construção de Nação

Como no caso do estágio acima discutido, a terminologia pode ser enganosa. A construção da nação, em forma própria e original, foi a tarefa histórica dos Estados europeus burgueses que emergiram do Renascimento. Na forma de monarquias absolutistas, até o século XVIII e subseqüentemente na forma de Estado burguês demo-liberal, estes Estados foram os agentes diretos, embora não exclusivos, da transformação de suas respectivas sociedades, no sentido imediato de construção de nação.

Como um estágio funcional, que pode ocorrer em várias condições sócio-históricas, a *Construção de Nação* significa, essencialmente, o ajuste congruente, ao novo regime de poder e a suas estruturas e funções políticas, do regime de participação de uma sociedade e, em parte, em maior ou menor medida, de seus regimes de valores e propriedade, incluindo os reajustes correspondentes das estruturas, funções e, em certa medida, dos titulares da elite, dos outros sistemas da sociedade (nação). A operação básica envolvida neste estágio é a formação ou reforma de uma sociedade pelo seu sistema político. Consiste, portanto, na obtenção final dos propósitos sociais explícita ou implicitamente contidos no novo modelo político.

O malogro, pelos novos líderes e pelo seu modelo político (por incapacidade inerente ou contingente), no desempenho desta operação de engenharia sociopolítica envolve necessariamente, mais cedo ou mais tarde, a ilegitimização do novo regime de poder, da nova maquinaria do Estado e das novas autoridades. O processo em andamento de desenvolvimento político, se malogrado em se tornar um processo de desenvolvimento geral e em estender sua ação configurativa aos outros planos da sociedade envolvida, criará conflitos desagregadores e será interrompido no próprio plano político. Tais conflitos desagregadores, que em certas condições podem provocar a segmentação da sociedade (América espanhola), em qualquer caso ocasionarão, com o bloqueio do processo de desenvolvimento, a emergência de outro regime de poder, com certa forma de retorno ao *statu quo* anterior[10].

Contrariamente, se o estágio de *Construção da Nação* é continuado até sua realização completa, o processo de desenvolvimento político que já havia logrado formar ou reformar uma maquinaria de Estado congruente, exercerá um efeito congruente sobre todos os outros sistemas da sociedade referida. O desenvolvimento do sistema político será consolidado e haverá um ajuste congruente básico a este desenvolvimento de toda a sociedade, ao nível das possibilidades permitidas pelo modelo e pelas condições históricas da sociedade em referência.

4. Construção de Consenso

O quarto e último estágio funcional de um processo de desenvolvimento político, *Construção de Consenso*, corresponde aos reajustes intra-societais congruentes que resultam da realização do estágio anterior. Os regimes de valores e propriedade, que foram, em maior ou menor medida, ajustados parcialmente, no estágio precedente, ao novo regime de poder, são levados então (ao nível real ocorrente de desenvolvimento) a um ajuste congruente completo. Tal ajuste congruente geral dos outros sistemas societais ao desenvolvimento alcançado pelo sistema político — sempre dentro das condições sócio-históricas da sociedade referida — gera um consenso básico, no nível de participação realizado. As operações básicas desempenhadas neste último estágio são de natureza integradora: integração societal (nacional), integração de valores e integração massa-elite.

Como foi notado anteriormente, neste como em outros estágios, os processos ocorrentes são condicionados pelo estágio real de desenvolvimento e pelas épocas históricas da sociedade referida. As várias formas de integração e as conexas formas de consenso obtidas neste quarto e último estágio de desenvolvimento político expressam, portanto, o desenvolvimento sócio-histórico

---

10. Exemplos típicos: o retorno da Hungria ao *statu quo* após o malogro de Bela-Kun; a Turquia, após o insuficiente esforço de construção da nação por Mustafá Kemal; e a América Latina na década corrente, após o malogro das democracias populistas.

real então realizado pela referida sociedade. Se a referida sociedade (como a Inglaterra elisabetana) está apenas, em termos reais, no estágio de *Societalização,* a integração e o consenso se referem basicamente à aristocracia. As massas agrárias podem estar pacificamente submetidas a uma conformidade tradicional, mas nunca manifestarão, em termos políticos ou sociais, qualquer consenso ativo ou intencional, na medida em que qualquer consenso que possam expressar será de natureza cultural-religiosa. Neste nível sócio-histórico, portanto, o "último" estágio de um processo de desenvolvimento político, que pode ter começado com a fundação de uma dinastia nacional e a "exitosa" configuração, por ele, de um Estado dinástico e de uma nação dinasticamente integrada, expressará uma forma de desenvolvimento político e nacional generalizado, que é "final" apenas em função das possibilidades de desenvolvimento apresentadas, por tal sistema político e sociedade, em tal estágio evolutivo. O mesmo é aplicável, em termos da época histórica e condições sociais referidas, a sociedades que realizaram com sucesso um processo de desenvolvimento político no estágio real de *Mecanização* (como a Inglaterra vitoriana). Suas formas de integração e consenso referem-se primariamente à burguesia e à precedente classe superior que é reassimilada.

No Quadro 7 seguinte, há uma breve indicação dos quatro estágios funcionais de desenvolvimento político, das operações básicas envolvidas em cada um e dos efeitos tendenciais da realização bem sucedida de cada um.

Processo aberto e cíclico

Enquanto os *estágios reais* de desenvolvimento, como indicado anteriormente, são estágios de "extremo-aberto", nada permitindo qualquer antecipação de como o estágio, agora apenas incipiente, de *Sócio-Organização,* evoluirá, os *estágios funcionais* de desenvolvimento político têm caráter cíclico. Cada *estágio real,* para uma sociedade em desenvolvimento, pode conter ao menos um e com freqüência vários ciclos completos de *estágios funcionais.* Isto é devido ao fato já mencionado de que cada época histórica apresenta um certo alcance limitado de possibilidades de desenvolvimento. Dentro de cada um destes "âmbitos" históricos, podem ocorrer um ou mais ciclos completos de desenvolvimento político, com a "generalização" societal resultante do desenvolvimento eventualmente realizado pelo sistema político. Uma vez que as mudanças de natureza mais profunda, que afetam a capacidade sócio-evolutiva da referida sociedade, produzem alterações no regime social, o tipo de equilíbrio societal realizado anteriormente, a um certo nível e dentro de certas condições de consenso, é levado a se romper e um novo estágio de *Construção de Modelo* é ini-

QUADRO 7: Estágios Funcionais de Desenvolvimento Político

Estágios	Operações (para a realização de cada estágio)	Efeitos Tendenciais (da realização de cada estágio)
1. CONSTRUÇÃO DE MODELO Expressa e ocasiona mudanças no regime de poder e, de acordo ou não com o regime político e a ordem legal, cria confrontação política entre as autoridades urgentes e pretendentes e seus planos e modelos políticos respectivos (explícitos ou implícitos), com final transferência de poder e de autoridade a novos titulares ou Falha dos pretendentes e manutenção do *statu quo*.	— Formulação de novo projeto político, orientado para o desenvolvimento e (explícita ou implicitamente) de novo modelo político correspondente. — Articulação e agregação de interesses em função do novo modelo político. — Politização de tais interesses: formação e expansão do movimento ou partido político de apoio. — Tomada final do poder (legal ou ilegalmente) pelos líderes do novo movimento.	— Incremento na mobilização política, particularmente mais politização, participação e compromisso político para com novo modelo político. — Incremento nas expectativas de maior participação e distribuição.
2. CONSTRUÇÃO DE ESTADO Ajuste congruente do regime político ao novo regime de poder e reorganização de estruturas, funções e titulares do sistema político, particularmente os setores de conversão e de produção (governo e suas burocracias) ou Se falham em realizar isto, nova mudança no regime de poder, usualmente com certa margem de retorno ao *statu quo*.	— Ajuste, em forma congruente, de estruturas, funções e titulares do sistema político ao novo modelo político: criação de nova maquinaria de Estado e de governo ou reforma das anteriores.	— Incremento na orientação racional, da secularidade e controlabilidade. — Incremento da diferenciação estrutural. — Incremento da capacidade. — Usualmente, participação, igualdade e redistribuição políticas estão abaixo das expectativas, com conseqüente decréscimo (maior ou menor) ou apoio difuso: lacuna de expectativas. Modernização política básica realizada no nível de capacidade proporcionado pelo modelo nas condições históricas da referida sociedade.

ANÁLISE OPERACIONAL   183

3. CONSTRUÇÃO DE NAÇÃO Ajuste congruente do regime de participação e em parte de valores e eventualmente de propriedade ao novo regime de poder e reorganização das estruturas correspondentes, funções e titulares dos outros sistemas societais e da nação (sociedade) em geral *ou* Se falharem em tal fazer, ilegitimação do regime de poder e conflito destrutivo entre as autoridades e a maior parte dos setores sociais, com bloqueio do processo de desenvolvimento, eventual segmentação societal e emergência do outro regime de poder, com certa margem de retorno ao *statu quo* anterior.	– Ajuste em forma congruente das estruturas, funções e titulares de outros sistemas societais ao regime de poder e a seu regime político e ordem legal correspondentes.	– Incremento nas variáveis Operacional e Participacional resultantes, com redução ou supressão prática da lacuna de expectativas. – Consolidação do desenvolvimento político e ajuste congruente a este desenvolvimento de toda a sociedade, ao nível de possibilidades proporcionadas pelo modelo, nas condições históricas da referida sociedade.
4. CONSTRUÇÃO DE CONSENSO Ajuste congruente do total do regime social ao novo regime de poder, legitimação das autoridades e do regime, e eventualmente de todo o sistema político, a um certo nível de consenso social e político *ou* Se falharem em assim o fazer, perda de legitimidade pelas autoridades e eventualmente pelo regime.	– Ajuste, ao nível ocorrente de participação, integração societal (nacional), integração de valores e integração massa-elite, das reivindicações políticas e sociais aos sistemas políticos e sociais.	– Incremento de legitimidade das autoridades, do regime e do sistema. – Consolidação do desenvolvimento societal global, ao nível das possibilidades proporcionadas pelo modelo, nas condições históricas da referida sociedade.

ciado, na medida em que a sociedade em questão mantenha sua capacidade de desenvolvimento.

Os estágios funcionais de desenvolvimento, entendidos de acordo com a teoria acima sucintamente apresentada, não são suscetíveis de se superpor, exceto em uma forma limitada, entre dois estágios sucessivos, no processo de transição de um para outro. Os estágios *reais* não se superpõem porque expressam distintos níveis e estruturas tipológicas de processo da evolução sociocultural geral. Os estágios *funcionais* não se superpõem porque, tanto analítica quanto empiricamente, expressam uma seqüência de operações típicas, na qual o desempenho de um estágio mais adiantado requer o desempenho prévio das operações correspondentes aos estágios precedentes.

Como pode ser visto à luz do que foi discutido, a razão pela qual a maioria dos autores supõem que os estágios de desenvolvimento são suscetíveis de se superpor, em cujo caso ocorreriam efeitos desagregadores, provém do fato já indicado de não distinguirem os estágios funcionais dos estágios reais. Novas condições sócio-históricas destroem um estado anteriormente alcançado de equilíbrio político e societal, implicando um certo nível e forma de consenso. Mas isto não significa que, nas condições precedentes, um *certo nível* e uma *certa forma* de consenso não houvessem sido alcançados. Significa apenas que novos níveis e formas de consenso tornaram-se requeridos. Para alcançá-los, em um processo que não será necessariamente bem sucedido, e que pode falhar em qualquer de seus estágios funcionais sucessivos, ocorrerá então um novo ciclo de desenvolvimento político.

Os distúrbios causados por conflitos de participação ou de distribuição, em um dado estágio sócio-histórico de desenvolvimento *real*, não impedirão, entretanto, ao mesmo nível, se um processo bem sucedido de desenvolvimento político chegar a ser efetuado, que nos estágios sucessivos desse processo o novo modelo político chegue a obter um nível e forma de equilíbrio e consenso políticos e societais compatíveis com o nível sócio-histórico de desenvolvimento da referida sociedade. No exemplo freqüentemente apresentado de superposição de estágios, referente às dificuldades que afetam os países atualmente subdesenvolvidos, confrontados com demandas de participação e de distribuição antes de terem consolidado seus sistemas político e econômico para adquirir a capacidade de atender a tais demandas, o que está ocorrendo, realmente, não é, propriamente dito, uma superposição de estágios. Tais sociedades, em termos de seu desenvolvimento *real*, estão em certa fase inicial ou média de seu estágio de *Mecanização*, no qual a acumulação de meios e recursos de produção não é compatível com a generalização de altos padrões de consumo. Mas, como são recém-chegados ao processo de industrialização, e o que é ainda mais importante, estão cercados por um sistema internacional controlado por sociedades em um estágio *real* muito mais adiantado de desenvolvimento, sofrem efeitos de demonstração extremamente pronunciados, como o Japão sofreu, por exemplo, embora em condições mais brandas, durante seu período Meiji.

Em termos políticos, são confrontados com o problema de prosseguir ou não em pôr em movimento um processo de desenvolvimento político, de acordo com um dos modelos de desenvolvimento discutidos na secção precedente deste capítulo. Se continuarem a adotar e a implantar um modelo político adequado a suas condições estruturais e se prosseguirem na aplicação desse modelo através dos estágios *funcionais* anteriormente discutidos, ultrapassarão, com sucesso, tanto seus efeitos de demonstração, quanto sua falta de capacidade política e econômica anterior. Pela adoção e aplicação bem sucedida do modelo político apropriado, eles realizarão com sucesso seu estágio real de *Mecanização,* e assim adquirirão as capacidades de proporcionar participação e distribuição muito maiores, sem afetar suas potencialidades de desenvolvimento. Não é conceitualmente correto, portanto, falar de superposição de estágios. Ao invés, é necessário falar-se das *dificuldades crescentes,* para sociedades a níveis de estágio real inferiores, cercadas por um sistema internacional dominado por sociedades muito mais adiantadas, *para realizar com sucesso um processo de desenvolvimento político,* particularmente nos estágios funcionais iniciais de tal processo.

Como será estudado subseqüentemente, o novo sistema internacional que está emergindo nas condições históricas de nossa época será, em umas poucas décadas, incompatível com os processos de desenvolvimento nacional. E mesmo aquelas sociedades, que já tenham realizado com sucesso seus estágios reais de *Mecanização* serão incapazes de preservar sua autonomia internacional, se não alcançarem certas condições mínimas, muito rigorosas, de viabilidade nacional.

11. Condições de Desenvolvimento Político

As condições do desenvolvimento político

O estudo, no capítulo precedente, das operações e estágios implicados no processo de desenvolvimento político requer, em continuação, o estudo das condições de que depende a aplicação desse processo. Tal investigação apresenta dois aspectos distintos conforme (1) o problema das condições de desenvolvimento político, seja considerado em termos analítico-funcionais, referentes ao tipo de condições que devam ser necessariamente combinadas, para qualquer sociedade e em qualquer época[1], se um processo de desenvolvimento deva ser bem sucedido, ou (2) seja considerado em termos concretos, para sociedades em uma dada época histórica, como a corrente, em função das características dessa época histórica. Prosseguiremos, no presente capítulo, com uma breve análise do primeiro gênero de problemas e trataremos, no próximo, dos problemas referentes às condições específicas de nossa época.

É interessante observar que, enquanto a bibliografia já volumosa sobre desenvolvimento político manifesta particular

---

1. Para fins de simplificação, a investigação que se segue será um tanto menos geral do que o implica a afirmação acima. As condições gerais que serão estudadas não serão consideradas em termos de "qualquer época histórica possível", mas em termos do amplo período histórico, que se inicia com a formação dos Estados-nação, inclui o Renascimento e nos traz aos nossos dias.

consciência dos problemas referentes às várias operações e estágios típicos envolvidos no processo, como foi revisto sucintamente no capítulo precedente, insignificante atenção vem sendo dada à questão das condições de que depende a aplicação bem sucedida desse processo. Estas questões foram confundidas, às vezes, com o problema dos estágios, considerando-se um processo bem sucedido aquele que for convenientemente continuado de um estágio a outro sucessivo, sem superposições. Outras vezes esta questão foi vista como sendo idêntica ao próprio desempenho do processo de desenvolvimento e aos problemas inerentes aos vários modelos e tipos ideais implicados. Apenas Eisenstadt (1964-1966) e Almond (1966) trataram mais diretamente deste problema.

Eisenstadt tenta determinar que condições contribuem ao sucesso de certas elites e a falha de outras, na promoção do desenvolvimento de suas respectivas sociedades. Conclui no sentido de que as elites bem sucedidas combinam, em geral, cinco condições básicas: (1) *reestruturação das comunicações*, ajustando o fluxo e o nível de comunicações às conveniências e possibilidades de mobilizar as massas para o esforço de desenvolvimento; (2) *concentração na educação primária e superior*, com atenção posterior à educação intermediária, assegurando, assim, nas primeiras fases de desenvolvimento, pessoas da plebe suficientemente educadas e elites qualificadas, com o subseqüente preenchimento, quando houver mais recursos e tempo, da lacuna do nível médio; (3) *mobilidade social controlada*, de tal modo que um número suficientemente grande de pessoas dos setores inferiores periféricos seja mobilizado e incorporado às novas atividades de desenvolvimento, porém sem sobrecarregá-las e sem perturbar a capacidade das elites de dirigi-las e socializá-las; (4) *funcionalidade do poder*, significando a capacidade das elites de manter sua vontade de poder e seu uso dele em termos compatíveis com a direção apropriada da sociedade; (5) *firmeza de plano*, referente, essencialmente, à capacidade das elites de formar uma idéia clara e de manter uma firme convicção de seus planos, com uma resultante coerência em sua aplicação. Contrariamente, de acordo com Eisenstadt, as elites mal sucedidas, além de não serem capazes de combinar as cinco condições acima, se caracterizam por três traços disfuncionais típicos: (a) alternação, com flexibilidade irrealista de grupos amplos e cerrados; a alternação é inadequada por excesso ou deficiência; (b) tendência a incorrer em práticas de *societas sceleris*, defraudando, para inconfessáveis fins privados de grupo ou individuais, o bem comum de suas próprias sociedades, contra os próprios princípios que supostamente mantêm; (c) atributividade na distribuição das funções, oportunidades e recompensas superiores.

Almond, considerando as condições que tornam possível ou impossível a realização das metas de desenvolvimento, destaca cinco: (1) *sucessividade* nos estágios de desenvolvimento, ao invés de tentativas cumulativas de tratar ao mesmo tempo dos problemas de distintos estágios, como nos casos da participação prematura na distribuição; (2) *disponibilidade de recursos,* conforme uma sociedade tenha ou não acesso aos recursos necessários para seu desenvolvimento; (3) *desenvolvimento congruente dos outros subsistemas sociais,* de modo que os requisitos de desenvolvimento não dependam exclusivamente do subsistema político, mas sejam suficientemente partilhados pelos outros subsistemas; (4) *capacidade intrínseca suficiente* do sistema político para processar, em cada estágio, seus problemas correspondentes; (5) *resposta adequada a desafios pela elite,* de modo que sejam dadas soluções objetivas e funcionais, em cada situação aos problemas envolvidos.

Embora os intentos desses dois autores de identificar as condições de desenvolvimento me pareçam, em parte, apropriadas, parece ser desejável e alcançável uma maior clareza com referência à distinção entre os estágios e condições, por um lado e, por outro, entre o processo de desenvolvimento, propriamente, e as condições que o tornam exeqüível e bem sucedido ou não. O tipo de condições que estamos tentando identificar (condições necessárias e suficientes) são aquelas, por um lado, que devem incluir cada um dos requisitos gerais necessários que devam ser atendidos, cumulativamente, por qualquer processo de desenvolvimento, para que seja bem sucedido e, por outro lado, devem ser tais que o atendimento de todas elas seja suficiente para assegurar o sucesso de tal processo. Essas condições, portanto, devem se referir aos requisitos ambientais, incluindo os recursos e possibilidades de seu uso, às capacidades inerentes dos grupos sociais referidos, incluindo a aptidão para selecionar realisticamente metas convenientes, e à adequabilidade dos meios e maneiras pelos quais os recursos disponíveis sejam usados para a realização das metas selecionadas. De acordo com esse conjunto de especificações, temos que as condições referidas são as indicadas no Esquema 4 seguinte.

ESQUEMA 4: Condições do Desenvolvimento Político.

1. *Viabilidade nacional*	Existência, em uma dada época, em função dos requisitos tecnológicos dessa época e da capacidade política disponível da referida sociedade, de recursos humanos e naturais suficientes para permitir o desenvolvimento nacional autônomo e predominantemente endógeno dessa sociedade.

2. *Mobilizabilidade política*	Existência, nessa sociedade, de camadas e grupos sociais, real ou potencialmente com motivação e capacidade suficientes para introduzir, pelos meios que possam ser requeridos, mudanças políticas estruturais orientadas para o desenvolvimento e mudanças societais através de meios políticos.
3. *Adequabilidade da liderança*	Aparecimento oportuno, nessa sociedade, de uma liderança política individual ou coletiva com uma compreensão apropriada dos meios e modos requeridos para a promoção de mudança política estrutural orientada para o desenvolvimento e mudança societal através de meios políticos e com a vontade e a aptidão necessárias para efetivamente realizar tal mudança, incluindo a mobilização dos necessários quadros de implementação.
4. *Adaptabilidade do modelo*	Adoção, pela liderança política, de um modelo político desenvolvimentista estruturalmente adequado à referida sociedade.
5. *Coerência do modelo*	Ajuste, aos requisitos do modelo, das estratégias e táticas efetivamente adotadas.
6. *Ausência de impedimento extra--societal insuperável, incluindo permissibilidade internacional*	Não ocorrência de impedimentos extra-societais insuperáveis, tais como (a) cataclismos ou pragas naturais e (b) intervenção estrangeira (*permissibilidade internacional*).

A questão da viabilidade nacional

À *viabilidade nacional,* a primeira das condições do desenvolvimento político indicadas no precedente Esquema 4, foi dada, até agora, uma atenção insignificante. Tal fato é realmente bastante estranho, quando se considere que essa condição, além de um dos requisitos *sine qua non* de qualquer processo de desenvolvimento nacional, é precisamente a condição mais básica e geral. O desenvolvimento de uma sociedade nacional consiste necessariamente no aumento quantitativo e qualitativo de sua capacidade, como uma nação, de assegurar seu crescimento autônomo e, tanto quanto possível, endógeno. Dado um sistema internacional, como o que gradualmente tomou forma desde o Renascimento, no qual qualquer sistema social (exceto as delegações de Estado), ou forma em si mesmo uma nação, que deveria desfrutar de autodeterminação internacional, ou é parte de outra nação, as nações independentes, neste sentido técnico da palavra, são necessariamente os sujeitos e as arenas sociais relativamente auto-suficientes de qualquer processo de desenvolvimento possível. Se tal ocorre, é bastante óbvio que um processo de desenvolvimento político, implicando decisões autônomas referentes ao sistema político e ao uso dos meios políticos para causar mudanças societais, não pode se verificar se a referida sociedade não for minimamente dotada das condições necessárias para preservar sua nacionalidade e para se desenvolver como uma sociedade nacional.

Não é propósito central deste livro inquirir sobre as causas dessa estranha falta de preocupação com a viabilidade das nações, na bibliografia sobre o desenvolvimento nacional. Eu sugeriria, de qualquer modo, que essa omissão é de tal natureza que não pode ser casual. Resulta, em minha opinião, do condicionamento ideológico, deliberado e inconsciente, que tanto interferiu no estudo científico do desenvolvimento das sociedades. Como já foi comentado em outra parte deste livro (cf. Cap. 4), os dois modelos ideológicos competidores de nossa época, o "neoliberal" e o "comunista", estão ambos supondo, embora por diferentes razões − e também apesar da firme prática em contrário dos líderes de ambas as posições − que a "nação" não é uma forma configurativa relevante de sociedade. Devido à bem conhecida subestimação, por Marx, do caráter específico da configuração nacional, que ele considerava como sendo uma superestrutura do modo burguês de produção, o modelo comunista não foi orientado para ver essa configuração como um requisito possibilitador de qualquer desenvolvimento societal autônomo. O fato de que o comunismo após a Segunda Guerra Mundial se tenha tornado, na prática, e agora também em teoria, nacionalista[2], ainda não foi levado a várias de suas últimas conseqüências pelos analistas, incluindo a que se refere ao pré-requisito de viabilidade nacional, para qualquer processo de desenvolvimento possivelmente bem sucedido. Por outro lado, à luz do modelo ideológico neoliberal, orientado, conscientemente ou não, para justificar as condições que contribuíram historicamente, e que continuam atualmente a contribuir para o desenvolvimento das nações ocidentais lideres, entre as quais uma parte relevante é desempenhada pela exportação de investimento de capital e pela expansão externa de seus controles técnico-administrativos, houve uma coerente tendência em enfatizar a absoluta irrelevância[3] da

---

2. O stalinismo já era uma forma de nacionalismo bastante integral, mas não era reconhecido como tal pela União Soviética e muito menos admitido pelos partidos socialistas não-russos.

3. Na prática real os países capitalistas mais adiantados têm sido tão infiéis ao seu internacionalismo capitalista, sempre que eles próprios fossem afetados, quanto tem sido a Rússia Soviética pós-Lênin para seu internacionalismo socialista.

origem nacional, de lealdade e da subordinação jurisdicional do capital e da tecnologia, como fatores de produção. O desenvolvimento nacional foi considerado, portanto, como sendo igual ao desenvolvimento *territorial*. O que é considerado como sendo relevante para qualquer sociedade (nativa) é que ela incremente seu PNB e obtenha mais produtivas jazidas, fábricas, bancos e lojas de departamentos, qualquer que seja a nacionalidade dos capitais e tecnologia investidos, de seus proprietários e administradores.

Na realidade, porém, não apenas *todos* os processos bem sucedidos de desenvolvimento societal independente ocorridos desde o Renascimento e, particularmente, da Revolução Francesa até nossos dias, foram processos nacionais, ou seja, processos de desenvolvimento de sociedades nacionais como tais mas, além do mais, como os mais recentes analistas da nação o tornaram claro, um dos traços mais peculiares das nações, como um padrão ou forma de organização específicos das sociedades, é o fato de que apresentam, inerentemente (mas não necessariamente com sucesso), uma propensão para o desenvolvimento societal. Foi precisamente porque as nações, como uma forma organizativa de sociedades, têm esta inerente propensão para seu desenvolvimento societal, que tal forma específica de organização societal prevaleceu, na evolução histórica, sobre suas alternativas contendentes, tais como a cidade-Estado (demasiado restritiva) e o império dinástico (demasiado impreciso), não se falando de estruturas pré-territoriais menos desenvolvidas. O esclarecimento deste aspecto tão relevante da nação requer, muito brevemente, antes de discutirmos o problema da viabilidade nacional e de suas implicações no desenvolvimento político, uma análise das características da configuração nacional.

A Nação

Como é bem sabido, a compreensão da natureza da nação foi, durante muito tempo, objeto de uma controvérsia entre os "objetivistas"[4], salientando certos traços comuns objetivos específicos partilhados pelos membros de uma nação, tais como o idioma e outras características culturais e o território e os "subjetivistas"[5], salientando que o que configura realmente uma nação é o desejo comum de seus membros de se manterem unidos sob uma forma nacional de organização. Como se poderia esperar, essa controvérsia suscitou uma tendência para uma concepção intermediária ou

---

4. Vide, entre outros, RUDOLF ROCKER (1939), CARLTON J.H. HAYES (1960), e MORRIS GINSBERG (1961).

5. Vide entre outros JOHN STUART MILL (1861), ERNEST RENAN (1887), G.P. GOOCH (1920), e E.H. CARR (1945).

sintética, "objetiva subjetivista"[6], sustentando que a nação era o resultado de ambas as classes de fatores: os objetivos, que criam as condições para tornar possível e desejável a "unidade nacional" e os subjetivos, que surgem de tais condições e que tornam esta unidade consciente, positivamente valorizada e normativamente prescrita como um dever civil.

Os mais recentes analistas da nação mantiveram, como uma estrutura básica, a abordagem objetiva subjetivista. "A nação", diz Rupert Emerson (1960, p. 95), "é uma comunidade de pessoas que sentem que se pertencem em conjunto, no duplo sentido de que partilham de elementos profundamente significativos de uma herança comum, e que têm um destino comum para o futuro". Embora, como Emerson ressaltou, o tipo ideal europeu da nação implique os traços comuns culturais objetivos, que foram mencionados tradicionalmente na volumosa bibliografia sobre o assunto, a extensão da forma de organização nacional para sociedades não-ocidentais e certas condições particulares à presente época histórica, limitam a aplicabilidade desse tipo ideal aos exemplos europeus padrões. Vista nesta perspectiva mais ampla e contemporânea, como Carl Friedrich (1966, p. 31) diria, "uma nação é qualquer grupo coeso que possui 'independência', no âmbito da ordem internacional configurada pelas Nações Unidas, que dispõe de um eleitorado para um governo que dirija efetivamente tal grupo, e que receba deste grupo a aclamação que legitime tal governo como parte da ordem mundial". O novo aspecto relevante salientado por tal concepção é a caracterização como uma nação de um grupo social, sejam quais forem seus traços objetivos comuns, anteriormente partilhados ou não, sempre que tal grupo for capaz de gerar um processo estável de autogoverno, apresentando, intra-societalmente, efetiva capacidade dirigente e, intersocietalmente, uma independência formalmente reconhecida pelo sistema internacional. Vista desta maneira, a nação é uma sociedade politicamente independente, criada por vontade própria.

Três outras importantes contribuições, na análise da nação, foram trazidas, entre os autores contemporâneos, por Karl Deutsch (1966). A primeira se refere à identificação do principal fator específico que, dadas certas condições objetivas, e reforçando-as, cria a desejabilidade do sentimento de unidade nacional. Este fator é a *informação mutuamente partilhada.* "A pertença a um povo consiste essencialmente na ampla complementaridade de comunicação social. Consiste na habilidade de comunicar-se mais efetivamente, e sobre uma série mais ampla de assuntos, com membros de um grande grupo, mais do que com os estrangeiros" (Deutsch, *op. cit.*, p. 97). E ele acrescentará: "A complementaridade étnica, a complementaridade que faz um povo, pode ser distinguida pronta-

---

6. Vide principalmente FREDERICK HERTZ (1944) e HANS KOHN (1944 e 1955).

mente por seu alcance relativamente amplo, a partir da complementaridade vocacional estreita que existe entre os membros da mesma profissão, tais como médicos ou matemáticos, ou membros do mesmo grupo vocacional, tais como fazendeiros e intelectuais" (*Idem, ib.*, p. 98).

O segundo ponto relevante ressaltado por Deutsch se refere ao fato de que, não obstante a complementaridade acima referida, as divisões de classe social podem ser de tal natureza que afetem esse quadro, não porque a teoria seja errada, mas devido à divisão das diferenciações de classe social. "Sob tais condições (extrema diferenciação de classe social), os homens podem descobrir experiências mais similares e maior compreensão mútua com seus colegas trabalhadores de outros países, do que com seus "próprios" compatriotas prósperos, que os veriam apenas à entrada de serviço" (*Op. cit.*, p. 98). Compensando, em parte, esta divisão e exercendo nela uma ação constrangedora, está o fato, que é um terceiro aspecto relevante salientado por Deutsch, de que uma nacionalidade forma um sistema de lealdades e participação que favorece mudanças intra-societais, mais do que mudanças intersocietais e fornece facilidades para a mobilidade vertical. "Na medida em que a divisão de trabalho em uma sociedade particular é competitiva e estratificada, a nacionalidade pode ser assim usada para tolher a substituição 'horizontal' dos indivíduos fora do grupo, e facilitar a substituição 'vertical' dentro dele" (*Idem, ib.*, p. 103).

Uma das maiores conseqüências desta dificultação de pressões "horizontais" extra-societais e facilitação das pressões "verticais" intra-societais, inerentemente causadas pela nacionalidade, é o fato, bem observado por Deutsch, de que a elite de uma nação, confrontada com as pressões das camadas e grupos mais baixos para maior participação e melhor distribuição, é levada a buscar uma nova e mais estável forma de equilíbrio, tornando-se mais funcional e fornecendo mais vantagens à massa, para a consolidação da liderança da elite. Esta, como vimos no Cap. 7, é a origem da própria dinâmica do processo de desenvolvimento. A alternativa confrontada pelas elites incapazes ou não desejosas de se tornarem mais funcionais (isto é, aptas a promover o desenvolvimento nacional) é, por um lado, a necessidade de incrementar seu coeficiente de coerção e, por outro lado, ou a tendência para serem depostas por um novo setor da elite, por grupos da subelite ou pela contra-elite, ou para cair finalmente sob o domínio estrangeiro.

Viabilidade nacional

Podemos voltar agora ao problema da viabilidade nacional, como a primeira e mais geral condição do desenvolvimento político. Como resulta da definição apresentada no Esquema 4, a *viabilidade nacional* é um conceito relativo que expressa variáveis (recursos humanos e naturais), cujos requisitos mudam de acordo, em essencial, (1) com os requisitos tecnológicos de uma dada época e (2) com a capacidade disponível do sistema político. O que está fundamentalmente em jogo é se uma sociedade dispõe ou não, dadas certas condições em uma certa época histórica, dos recursos humanos e naturais necessários para ser capaz de assegurar seu desenvolvimento nacional autônomo e predominantemente endógeno, incluindo, isoladamente ou em aliança com outras, sua defesa nacional. A viabilidade nacional significa que, nas condições existentes, uma sociedade tem recursos humanos e naturais suficientes para assegurar, na forma acima dita, seu desenvolvimento nacional.

Como é óbvio, não há nenhuma medida "absoluta" de viabilidade nacional. Em um certo nível histórico de desenvolvimento de tecnologia, por exemplo, o século XIX passado, quando os altos-fornos em operação produziam 10 toneladas por dia de lingotes de ferro, recursos naturais e população "suficientes" significavam algo bastante diferente dos dias de hoje, quando os altos-fornos são subdimensionados, em termos comparativos internacionais, se produzirem menos do que 1 000 toneladas por dia de lingotes de ferro. Os "pequenos" países desenvolvidos europeus de hoje, tais como a Bélgica, a Suíça, os Países Baixos, foram capazes de realizar um alto nível de desenvolvimento nacional em condições tecnológicas e em um sistema internacional completamente diferente daqueles com os quais são confrontados os "pequenos" países subdesenvolvidos de hoje, tais como os da América Central. E é precisamente porque, nestas novas condições, até mesmo os "grandes" países europeus se tornaram "pequenos" demais, que os europeus foram forçados a conceber alguma forma de associação européia, seja qual for seu sucesso em executá-la.

Na medida em que estão em jogo as dimensões de território, depósitos minerais, terra agrícola e outros recursos naturais, por um lado, e populações e suas características principais, tais como nível de educação e de participação, por outro, temos que o desenvolvimento da tecnologia, nos últimos duzentos anos, aumentou constantemente os requisitos mínimos de disponibilidade de recursos para permitir a uma sociedade ser capaz, sendo iguais as outras condições, de realizar um desenvolvimento autônomo e basicamente endógeno. Assim, as sociedades "pequenas" se tornaram difíceis de se desenvolver, seja através do comércio internacional lucrativo, seja por industrialização autônoma. A diferenciação internacional entre sociedades industrializadas e não-industrializadas, no total, impôs severas penalidades às últimas e recompensou as primeiras, ocasionando, como foi discutido exaustivamente por Raul Prebisch e pela CEPAL[7], a deterioração dos termos de intercâmbio para

---

7. Entre outras publicações de PREBISCH e da CEPAL, vide (1950, 1963a e 1963b).

os exportadores de produtos primários. E a industrialização autônoma para as sociedades que se tornaram "pequenas" demais, em uma dada época histórica, resulta impossível devido à falta de recursos naturais suficientes para fornecer os insumos, e de um mercado interno suficientemente grande, por outro lado, para absorver a produção de uma industrialização nacional.

Para escapar da estagnação permanente, tais sociedades poderiam ainda tentar formar, em condições eqüitativas, um mercado comum, tal como o europeu, reunindo num fundo comum seus recursos naturais e humanos. Mercados Comuns efetivos ou arranjos equivalentes para sociedades subdesenvolvidas "pequenas", entretanto, tornaram-se realmente difíceis, nas condições do sistema internacional presente, devido às pressões internacionais. Como o exemplo da América Central tão bem o ilustra, quando os vários e complexos obstáculos para a formação de uma integração regional de pequenas sociedades subdesenvolvidas são finalmente ultrapassados, elas são obrigadas a obedecer a imposições internacionais, para ajustar seu arranjo à conveniência do poder hegemônico a que se achem submetidas. Assim, por exemplo, no caso do Mercado Comum da América Central, uma regra de livre movimento para capitais internacionais teve que ser observada pelo Mercado, enquanto um dos aspectos racionais para sua fundação era precisamente a criação, para os referidos países, de uma maior capacidade para suas próprias poupanças e investimentos. Devido à livre entrada de capitais de fora do Mercado, porém, as assim chamadas "indústrias de integração" — que foram planejadas para ser o pólo dinâmico de desenvolvimento do MCAC — vieram a ser controladas pelas grandes empresas dos E.U.A. A conseqüência é que as nações da América Central fornecerão, em um mercado preservado, os consumidores para os bens industriais feitos por companhias não-regionais, com capital e administração não-regionais e, naturalmente, a resultante *acumulação de capital* (sejam quais forem os benefícios locais relevantes proporcionados pelos salários e impostos pagos localmente) e, o que é ainda mais importante, a *influência política* resultante, derivada do controle de tais centros econômicos localmente importantes, serão mantidas nas mãos de grupos não-regionais.

Além das dimensões "mínimas", historicamente variáveis, requeridas para os recursos naturais e humanos disponíveis, de acordo com os requisitos da tecnologia de cada época, as condições referentes à capacidade política da referida sociedade são igualmente relevantes para a determinação de sua viabilidade nacional. Estas se relacionam, essencialmente, por um lado, com a capacidade externa do sistema político para defender sua sociedade de pressões extra-societais e com sua capacidade interna, em termos de *confiabilidade, efetividade, adaptabilidade* e *flexibilidade*, como foi estudado extensivamente no Cap. 5, Livro I (cf. particularmente Quadro 21, Livro I).

O conceito de *capacidade suficiente mínima* (como o conceito de *recursos suficientes mínimos*) é um conceito relativo. Além de variar em função da referida época histórica, varia também em função da situação geopolítica de um país e das dimensões de seus recursos. A importância do aspecto geopolítico, embora tenda a declinar com o novo sistema internacional emergente e as presentes condições de tecnologia, que colocou todos os lugares do mundo ao alcance rápido dos PBI* e outros dispositivos, mantém, não obstante, uma relativa relevância.

Em termos históricos, é fácil se ver como o desenvolvimento nacional de certos países, por exemplo, a Polônia, foi negativamente afetado por sua situação geopolítica (para a Polônia as fronteiras prussiana e russa) enquanto que, contrariamente, outros países, tal como os E.U.A. do século XIX, foram altamente favorecidos por sua localização geopolítica (para os E.U.A. as duas costas e as fronteiras de Canadá e México). O Uruguai do século XIX foi afetado adversamente por suas fronteiras com dois grandes poderes locais, Brasil e Argentina, enquanto que, nas condições latino-americanas de hoje, essa vizinhança se tornou uma das vantagens do Uruguai, convertendo-o em uma espécie de "Distrito de Colúmbia" do sistema latino-americano. Um caso oposto é o dos países da América Central, que foram favorecidos, no início do século XIX, por sua localização entre as Américas do Norte e do Sul, e desde fins do século XIX foram submetidos à completa e desimpedida dominação dos E.U.A. por sua excessiva proximidade com este último país. As mesmas conseqüências negativas foram sofridas pelo México, em meados do século passado (com a perda de mais de metade de seu território para os E.U.A.) e ainda contribuem, atualmente, para a ambigüidade que afeta as tentativas mexicanas de autonomia internacional, ocasionando uma sensível lacuna entre a nominalidade e a efetividade de tais tentativas.

Mais importante do que a situação geopolítica de um país, particularmente em nossos dias, é sua capacidade política interna. Desenvolver a capacidade política de uma sociedade é uma meta central para qualquer processo de desenvolvimento político, como foi visto na Secção B deste livro. É também um objetivo que se reforça a si mesmo, na medida em que o desenvolvimento incrementado traz capacidade política incrementada. Mas o nível inicial de capacidade política gozado por um país, quando ele começa um esforço coerente de desenvolvimento político, não condicionará apenas sua chance de sucesso — no sentido de que níveis iniciais maiores de capacidade assegurarão desde o começo melhores meios de ação — mas influenciarão, também decisivamente, seu nível de *liquidez de recursos*. Quanto maior a capacidade política de uma sociedade, tanto melhor o uso que ela será capaz de fazer

---

*PBI = projéteis balísticos intercontinentais. (N. da T.)

de seus recursos naturais e humanos. A determinação do nível de viabilidade nacional do país, portanto, será influenciada decisivamente por sua capacidade política. Os países com recursos humanos e naturais "pequenos", em termos internacionais, mas com um alto nível de capacidade política, terão melhor colocação, em termos de viabilidade nacional, do que os países na situação contrária. O Japão e o Brasil figuram, talvez, entre os melhores exemplos internacionais de como recursos limitados (principalmente os naturais) podem ser compensados por um empenho nacional organizado total para o desenvolvimento e a autodeterminação, como no caso do Japão, e de como recursos naturais extremamente amplos podem ser miseravelmente usados (principalmente os recursos humanos), devido à disfuncionalidade da elite e à resultante falta de capacidade política. O caso do Uruguai, em face da América Central, é também ilustrativo. Embora os recursos naturais e a população daquele estejam próximos aos dos países do último grupo, sua superior capacidade política, expressa em termos de integração e empenho nacional, assegura ao Uruguai, ainda que sob crescentes dificuldades, uma viabilidade nacional que os países da América Central já perderam.

A discussão do problema de viabilidade nacional requer ainda um comentário sobre uma questão muito crucial, com referência aos meios e maneiras de utilização dos recursos nacionais. Essa questão é essencialmente uma questão de alocação de possibilidades e oportunidades de papéis, entre os membros individuais e os grupos de uma nação, nas condições permitidas pela disponibilidade de recursos naturais e pelo nível real geral de desenvolvimento da referida sociedade. Vimos, algumas linhas acima, como o relacionamento entre os recursos naturais e a capacidade política determina, finalmente, a proporção de *liquidez de recursos,* de tal maneira que certos países podem ser muito bem sucedidos e outros tornam-se inviáveis, para o mesmo nível de recursos nacionais. Considerando este assunto um pouco mais de perto, tornar-se-á aparente que, para compreender o que se acha implicado em tal relacionamento, não é suficiente se referir a algo que poderia ser chamado de "grau de empenho nacional". O empenho nacional se encontra certa e decisivamente implicado, seja como um traço empiricamente observável proporcionado pela cultura política (Japão), seja como uma conseqüência, também empiricamente observável, da organização política (Suíça). Mas precisamente porque o empenho nacional não é apenas, e certas vezes não é primariamente, o resultado de traços não deliberados da cultura de uma sociedade, mas, seja qual for a base cultural, também a conseqüência de um sistema político, sustentado por organização apropriada, temos que observar mais de perto o que o forma ou o reforça.

Baseados em nossa discussão anterior sobre a nação, podemos entender empenho nacional, ou empenho de alguém à nação, como a avaliação positiva amplamente dispersa e profundamente sentida da nação e de seu sistema político, por parte dos respectivos membros, gerando uma propensão para esforços coletivos visando preservar e intensificar a sociedade nacional, sua autonomia, individualidade e desenvolvimento geral. Estas características, como será facilmente notado, estão intimamente ligadas com a questão da funcionalidade das elites, discutida no Cap. 7. As elites funcionais tendem a otimizar, para as pessoas de suas sociedades, o uso de recursos, facilidades e oportunidades, incluindo a institucionalização e alocação social dos papéis correspondentes. As elites disfuncionais, pelo contrário, são levadas, por muitas razões, a ver seus interesses e valores sob formas que não são compatíveis com sua generalização à sociedade como um todo e tendem, portanto, a criar sociedades dualistas, nas quais os interesses da elite e da massa tornaram-se submetidos às regras do jogo de soma-zero.

O requisito da congruência

Não cabe à presente discussão voltar ao problema de o que torna certas elites funcionais e outras disfuncionais, para o qual já foi dada suficiente atenção na secção precedente deste capítulo. O que é relevante, para o problema da viabilidade nacional, é ressaltar a medida em que, além de outros fatores e condições, a *funcionalidade das elites depende do grau de congruência e complementaridade ocorrentes entre os quatro conjuntos típicos de papéis de elite*. Vimos como cada plano social e seu respectivo subsistema social (cultural, participacional, político e econômico), dá surgimento necessariamente a um relacionamento elite-subelite--massa e a uma estratificação correspondente, mais ou menos formal e estruturada. Vimos, também, como as quatro elites estruturais podem se aglutinar mais ou menos em um "sistema de poder" e, por outro lado, como nas sociedades pluralistas de massa, os titulares de papéis da elite, em um dado plano estrutural podem preencher papéis de não-elite em outros planos. Agora, o que deve ser salientado, em continuação à nossa discussão anterior sobre o problema das elites, é o fato de que a funcionalidade da elite não pode ser realizada e mantida sem uma congruência e complementaridade suficientes entre os quatro tipos de elites.

O tipo de congruência e complementaridade, entre as elites dos quatro subsistemas sociais, que é necessário para a realização e manutenção de uma nação, requer que os interesses e valores básicos de cada uma das quatro elites, além de compatíveis com os interesses e valores da subelite e da massa do respectivo subsistema social, sejam mutuamente compatíveis e reforçadores. Isto significa, em outras palavras, que os interesses e valores básicos das elites cultural, social, política e econômica, devem ser mutuamente compatíveis e reforçadores. Tal compatibilidade básica não exclui, certamente, muitos aspectos específicos mutuamente incompatíveis. Assim, por exemplo, em todas as sociedades, mesmo nas tão altamente congruentes como o Japão pós-Meiji, muitos dos interesses e valores do exército colidiam com os dos intelectuais. Os líderes dos trabalhadores têm conflitos com os líderes dos empregadores. E assim por diante. O que é necessário é que seus interesses e valores *básicos* sejam congruentes e mutuamente reforçadores. Isto significa que os conflitos encontrarão, em princípio, um nível maior de resolução, pela redução comum dos interesses e valores conflitantes para interesses e valores maiores comumente partilhados.

Intercâmbios interelites

Para a questão agora em discussão, o que é relevante ressaltar é a necessidade de interesses e valores suficientemente intercambiáveis e mutuamente reforçadores entre: (1) a elite cultural (particularmente os intelectuais e cientistas), (2) a elite econômica (particularmente os empresários e os altos dirigentes), (3) a elite política (o grupo dirigente político, sejam eles políticos de uma democracia de massa, notáveis de um regime oligárquico ou militares liderantes) e (4) a elite social (o grupo ou vários grupos de alto *status*). Isto ocorre quando há fluxos de intercâmbios suficientemente equilibrados entre as fronteiras de cada subsistema social, mutuamente vantajosos para suas elites recíprocas. Tal é o caso, quando os símbolos intercambiados pela elite cultural contêm inovações científico-tecnológicas favoráveis à elite econômica, e uma legitimação conveniente à elite política, enquanto a anterior ganha em troca solvência e regulamentações apropriadas das elites econômica e política. Similarmente, a elite política intercambia comandos que atendem aos interesses de propriedade da elite econômica, por solvência para fazer frente aos custos de acatamento à lei e ao empreendimento de outros serviços públicos. O assunto já foi suficientemente discutido no Cap. 5, Livro I, e representado graficamente nos Quadros 18 e 19, Livro I. Para maior facilidade do leitor reproduziremos, a seguir, uma versão simplificada do Quadro 19, Livro I.

Como nos recorda o Quadro anterior, temos que cada um dos subsistemas sociais, sob o controle de sua respectiva elite, fornece aos outros subsistemas e respectivas elites alguns valores básicos e, em troca, recebe outros. As elites culturais fornecem respeitabilidade às elites sociais e obtêm desempenho (atores e espectadores); fornecem legitimidade às elites políticas e obtêm vigência; fornecem racionalização às elites econômicas — no sentido de facilidades científico-tecnológicas, incluindo facilidades organizativas e administrativas — e obtêm operatividade, no sentido de meios de ação materiais. As elites sociais fornecem desempenho às elites

QUADRO 8: Intercâmbio Societal de Funções

Sistemas societais	Cultural	Social	Político	Econômico
Cultural	X	Desempenho / Respeitabilidade	Vigência / Legitimidade	Operatividade / Racionalização
Social	Respeitabilidade / Desempenho	X	Segurança / Apoio	Subsistência / Trabalho
Político	Legitimidade / Vigência	Apoio / Segurança	X	Solvência / Ordem
Econômico	Racionalização / Operatividade	Trabalho / Subsistência	Ordem / Solvência	X

culturais e obtêm respeitabilidade; fornecem apoio às elites políticas e obtêm segurança; fornecem facilidades de trabalho às elites econômicas e obtêm meios de subsistência. As elites políticas fornecem vigência às elites culturais e obtêm legitimidade; fornecem segurança às elites sociais e obtêm apoio; fornecem ordem às elites econômicas e obtêm solvência, no sentido de meios financeiros para combinar despesas políticas e governamentais. As elites econômicas fornecem operatividade às elites culturais, e obtêm racionalização; fornecem meios de subsistência às elites sociais e obtêm facilidades de trabalho; fornecem solvência às elites políticas e obtêm ordem.

Este intercâmbio de valuáveis, que é tão indispensável para a congruência das elites — e suas respectivas subelites e massas — quanto para o funcionamento coerente da sociedade como um todo, pode, entretanto, ser afetado negativamente, até o ponto de desagregação, por alguns fatores de origem extra ou intra-societal. Não é necessário, para os propósitos da presente discussão, proceder a uma análise detalhada desse tipo de fatores. Consideremos tais fatores apenas em seu aspecto mais genérico, como fatores que introduzem mudanças nas metas buscadas por qualquer das elites dos subsistemas, seja (1) porque o mesmo grupo de atores seja levado a mudanças relevantes em seus interesses e valores ou (2) porque haja uma mudança nos titulares de papéis relevantes de elite e os novos atores tenham interesses e valores distintos. Um exemplo da primeira espécie de perturbação nos intercâmbios intra-elites pode ser visto quando novas religiões e convicções criam uma brecha entre as elites, dividindo-as em campos conflitantes, em uma disputa socialmente autodestruidora, ou opõem entre si as elites política, intelectual e econômica, em uma confrontação não menos autodestruidora. O conflito bizantino dos iconoclastas do século VIII ao IX é um bom exemplo do primeiro caso[8]. Exemplos do segundo caso podem ser claramente discernidos no comportamento alienado das elites espanhola e portuguesa, desde a introdução da Inquisição nos reinos ibéricos. Tal alienação explica, em grande parte, a resultante decadência das nações ibéricas, que haviam sido tão dinâmicas e progressistas nos séculos XV e XVI, quando terminaram a expulsão dos mouros de seus territórios e procederam às grandes descobertas marítimas[9].

O segundo tipo de perturbação, causado por mudanças nos titulares de papéis relevantes de elite e pelo fato de que os novos atores têm interesses e valores não suficientemente con-

---

8. Vide GEORGE OSTROGORSKY (1956, pp. 130-186) e J.M. HUSSEY (1961, p. 28 e ss.).

9. Vide FREDERICH HEER (1968, p. 49 e ss.). Vide também meu estudo (1961).

gruentes com os das outras elites, tornou-se mais usual, atualmente, devido à aceleração do ritmo da mudança social e devido à expansão internacional, sem precedentes, das grandes corporações. Isto pode ser devido, no que se refere à mudança social, aos efeitos dos processos de mobilização social que seguem muito mais rápidos do que os processos correspondentes de socialização, como notaram muitos estudiosos do desenvolvimento político. Em tal caso, as elites recentemente recrutadas podem não querer ou não poder suprir os valores que deveriam, para preservar uma interação congruente com outras elites. Tal tem sido, freqüentemente, o caso das elites políticas "populistas" em países subdesenvolvidos, que deixam de suprir acatamento, segurança e/ou ordem às outras elites. Exemplos deste tipo de disfuncionalidade são abundantes na África e na América Latina, e mesmo variedades relativamente bem sucedidas de populismo, como o *peronismo* e o *varguismo,* na Argentina e Brasil, respectivamente, tiveram sua quota de tais disfuncionalidades.

Mais relevantes para o propósito da presente análise, porém, são os resultados inerentemente disfuncionais da expansão sem precedentes das grandes corporações, agora chamadas usual e impropriamente de multinacionais. Esses gigantescos sistemas econômico-tecnológicos têm, com poucas exceções, um caráter nacional muito definido[10], sendo a grande maioria de corporações americanas e algumas poucas européias. Elas operam, porém, com maior ou menor autonomia local, em muitos outros países além de seus países nativos. Tais macrocorporações estão obtendo crescentemente o controle de todos os investimentos estrangeiros relevantes do mundo, particularmente nos países subdesenvolvidos. Além do mais, estão se tornando, rapidamente, os órgãos industriais mais importantes nos países em que abrem suas subsidiárias. O que dá uma relevância muito particular a estas corporações é o fato de que em si mesmas, como firmas comerciais, e seus administradores, como técnicos, e os executivos, como indivíduos, quaisquer que possam ser suas nacionalidades legais, estão preenchendo realmente, sob a coordenação central dos diretores dessas corporações, os papéis mais importantes no subsistema econômico de países estrangeiros. O problema envolvido não tem nada a ver com a versão de "capa-e-espada" dada por certos críticos aos investimentos estrangeiros. O problema reside no fato de que uma nova elite econômica é criada, e toma o lugar e os

---

10. Além do fato de que os centros de decisão para essas corporações, onde quer que possam ser localizadas suas sedes nominais, se encontrem nos Estados Unidos (ou na Europa, para umas poucas), o que lhes imprime um decisivo caráter americano (ou europeu) é o serem elas, funcionalmente, uma parte inseparável do sistema social americano (ou europeu), preenchendo os papéis mais importantes de seu subsistema econômico e desempenhando papéis principais em todos os outros subsistemas.

papéis da elite anterior, suscitando, por toda sorte de razões, um nível muito maior de desempenho econômico, mas sendo inerente e necessariamente incapaz de manter uma relação suficientemente congruente com as outras elites e com a nação recipiente em geral[11].

Uma vez mais, isto não é uma questão de má vontade. É apenas o resultado da impossibilidade inerente de órgãos e pessoas estrangeiras para preencher congruentemente papéis nacionais. Ainda que todas as relações que esses encraves estrangeiros mantenham com seus parceiros locais sejam (e este não é freqüentemente o caso) tanto moral quanto legalmente corretas, e até mesmo permeadas com uma esclarecida boa vontade, não podem ultrapassar o fato fundamental de que não pertencem ao sistema social recipiente. Muito mais do que agentes abstratos e impessoais da produção de bens e serviços, como os clássicos e os neoliberais tendem a ver os atores econômicos, tais atores, como foi esclarecido anteriormente, estão envolvidos, em adição a suas atividades puramente produtivas, em muitos tipos de intercâmbios relevantes com os outros atores do sistema social recipiente.

Esse sistema social, no mundo de hoje, é uma nação, em geral, subdesenvolvida. Esta nação existe devido a seu fluxo de intercâmbios, particularmente os intercâmbios entre as elites de cada um de seus subsistemas sociais. O que torna esta nação uma nação, é precisamente o caráter nacional de seus intercâmbios intra--societais (vide Deutsch, 1966) e de seus produtos a outras sociedades. E este caráter nacional não depende primariamente da nacionalidade legal dos atores intervenientes, mas de sua preocupação e fidelidade finais. Como foi comentado inicialmente neste capítulo, todos os estudos da nação ressaltaram o fato de que a fidelidade à nação como tal, baseada numa forte apreciação positiva sobre ela, e guiada por uma orientação normativa em direção a sua intensificação, autonomia e à preservação de sua individualidade, é tanto uma característica essencial desta forma de sociedade, quanto a razão de sua força peculiar. O caráter nacional torna-se irremediavelmente afetado, até o ponto de ruptura total do padrão nacional, se um dos subsistemas sociais perde para sempre sua congruência nacional com os outros e com a sociedade como um todo.

É particularmente nos intercâmbios entre a nova elite econômica, agora mormente estrangeira, e as elites cultural e política, que a falta de congruência básica tem seus efeitos mais disfuncionais. A nova elite econômica não está interessada em, ou disposta a, aceitar as contribuições de racionalização

---

11. Vide FRANK BONILLA, "The Invisible Elites" (1970, v. 2, Cap. 9).

que a elite cultural lhe poderia proporcionar. A nova elite econômica tem seu próprio apoio científico e tecnológico, reconhecidamente muito melhor do que qualquer coisa que a elite cultural pudesse ser capaz de fornecer. E a elite econômica não está orientada para o intercâmbio, exceto para fins de propaganda e assim mesmo, de forma bastante modesta e secundária, nem interessada em proporcionar às elites culturais locais possibilidades operativas custosas. Qualquer estudo do desenvolvimento dos negócios americanos e das universidades americanas, por exemplo, mostrará a mais íntima relação possível entre os sistemas cultural e econômico. Os negócios custearam a expansão dos estudos superiores e os últimos proporcionaram ao anterior crescente apoio científico e tecnológico, até o ponto de quase completa auto-suficiência nacional, de que a cultura americana atualmente desfruta. Em um país subdesenvolvido, onde a maioria das companhias importantes e modernas são controladas por grupos estrangeiros, as relações entre as elites cultural e econômica são meramente ornamentais. As relações funcionais continuam a ser entre estes grupos estrangeiros e sua própria elite cultural nacional. A elite cultural local, portanto, é restringida, por um lado, seja a formas de entretenimento de luxo, tais como a produção de folclore, ou à literatura final do desespero existencial ou político. Por outro lado, os grupos com orientação científica, incapacitados de obter trabalho nas condições locais, são reduzidos a uma dependência infindável e auto-agravante para com as grandes universidades estrangeiras, às quais eventualmente terminam por se vincular.

Da mesma maneira, em seus intercâmbios com a elite política, os grupos estrangeiros que controlam o subsistema econômico são inclinados a contemplar com aversão certos aspectos formativos do processo político e a distorcer a maioria dos aspectos de insumo. Como foi discutido nos Caps. 5, Livro I e 7 deste volume, o que torna funcional uma elite política é a existência de um fluxo de intercâmbios entre a elite política e as outras, e entre a elite política e a massa, de tal natureza que seu interesse político venha a corresponder basicamente às formas de regulamentação política mais conducentes ao desenvolvimento nacional da referida sociedade. Em países subdesenvolvidos, um dos requisitos fundamentais para assegurar a funcionalidade desses intercâmbios é que fortes recompensas sejam oferecidas à criação de novas e melhores condições de educação, consumo e participação para as massas. Quando a elite econômica é uma elite nacional, com forte empenho para o desenvolvimento da nação, demanda a mesma não apenas ordem pública formal da elite política, mas também um aumento constante na qualidade desta ordem. Esta demanda – apesar dos conflitos inevitáveis e das resistências egoístas a curto prazo – levará ao desenvolvimento social, bem como ao desenvolvimento político e cultural, como uma contrapartida necessária de um desenvolvimento econômico autocentralizado e auto-sustentado. As elites econômicas estrangeiras, entretanto, estão interessadas exclusivamente nos aspectos mecânicos e formais da ordem pública. Além do mais, exercem uma forte influência, que tende a ser esmagadora, sobre os países subdesenvolvidos, para evitar políticas consideradas direta ou indiretamente inconvenientes para os interesses controlados pelos estrangeiros, inclusive relativamente a coisas tão diversas como as restrições de comércio ou de intercâmbio, e as regulamentações socialistas ou nacionalistas. O resultado da falta de congruência nacional, entre a elite econômica e política, será inevitavelmente uma propensão ao conflito. Enquanto a falta de congruência nacional, entre a elite cultural e a econômica, produz a marginalização da última, esta mesma falta de congruência nacional, com relação à elite política, produz conflito. Tal conflito, porém, é inerentemente incompatível com a aceitação de capitais e grupos estrangeiros. Causa assim uma pressão disruptiva no sistema político, que tende a levar a uma das duas seguintes alternativas. Ou bem a elite política, apoiada pela massa, logra manter seu caráter nacional e seus instrumentos nacionais — ainda que em termos de um declínio real ou aparente na economia — em cujo caso políticas nacionalistas serão finalmente adotadas e a elite econômica estrangeira será afastada, ou sua importância substancialmente reduzida (Cárdenas no México), ou a elite política vem a ser finalmente dominada, por mais complexo e longo que este processo possa ser, e convertida em instrumento da elite econômica, como ocorre na maior parte dos países subdesenvolvidos de hoje.

Em conclusão e para resumir nossa discussão de viabilidade nacional, temos que esse requisito é a condição geral e básica para a possibilidade de um "exitoso" processo independente de desenvolvimento, para qualquer sociedade. Os principais aspectos que apresenta são: (1) disponibilidade de recursos humanos e naturais suficientes para o desenvolvimento autônomo e predominantemente endógeno da sociedade (*recursos mínimos suficientes*), a um dado nível de desenvolvimento da tecnologia e da capacidade política (*capacidade mínima suficiente*) da referida nação; (2) o conceito de *recursos mínimos suficientes* é historicamente relativo e, nos dois últimos séculos, tendeu a implicar a necessidade de populações, território e possibilidades minerais e agrícolas crescentemente maiores, ou, se possível em um dado sistema internacional, a formação, em compensação, de mercados comuns eqüitativos, e outras combinações similares; (3) o conceito de *capacidade mínima suficiente* é também um conceito relativo, variando (a) em parte, em termos da favorabilidade da localização geopolítica da nação e (b) principalmente em termos do grau de empenho nacional organizado; (4) a realização e manutenção de um nível suficiente de empenho nacional requer essencialmente: (a) orientação funcional das elites e (b) congruência nacional básica entre os interesses e valores das elites dos quatro subsistemas societais; (5) a atual expansão sem precedentes do investimento estrangeiro, e a resultante predominância de interesses controlados por estrangeiros, no sistema econômico de muitas sociedades, está criando uma nova elite econômica estrangeira inerentemente incompatível com a manutenção da congruência nacional básica das elites dos países recipientes, e dessa maneira incompatível com sua viabilidade nacional.

Mobilizabilidade política

A segunda condição geral para qualquer processo de desenvolvimento político é a *mobilizabilidade política*. Como foi definido no Cap. 8, este requisito implica a existência real ou potencial, em uma sociedade, de camadas e grupos sociais com motivação e capacidade suficientes para introduzir, pelas formas que sejam requeridas, mudanças políticas estruturais orientadas para o desenvolvimento e mudanças societais através de meios políticos. Muitos aspectos desta questão já foram discutidos no Cap. 8. Como observamos então (vide Cap. 6, Livro I), as sociedades subdesenvolvidas podem ser diferenciadas em três tipos principais, com muitas variedades e subvariedades. Algumas das variedades e subvariedades destes tipos podem apresentar uma grande estabilidade, tanto intra--societal quanto intersocietalmente. As sociedades tradicionais, variedade I-1, bem como as sociedades primitivas ou arcaicas, variedade III-1, podem ser muito estáveis quando não são submetidas a desafios externos (condição que não mais ocorre atualmente). As sociedades com uma elite *societas sceleris*, subvariedade III-2.2, podem ser também bastante estáveis, uma vez que caiam, como tende a ocorrer atualmente, sob a protetora tutelagem hegemônica de uma das superpotências. Inversamente, as sociedades com uma elite dividida, variedade I-2, e as sociedades mantidas pelo setor moderno da subelite, variedade II, tendem a ser muito instáveis. As sociedades com uma elite rígida aristocrática, variedade III-2.1, em sua forma contemporânea com uma nova elite de poder, têm um potencial semelhante de inquietação e mudança, mas ao mesmo tempo também dispõem de mais instrumentos de repressão eficiente.

A mobilizabilidade política expressa, como um tipo ideal, o potencial para mudança contido, em geral, nas muitas variedades e subvariedades de sociedades subdesenvolvidas. Em termos concretos, naturalmente, apenas o estudo empírico de cada sociedade particular, em termos das condições internas e externas existentes em uma dada época, permitirá uma avaliação de sua mobilizabilidade política. A caracterização tipológica das muitas variedades de sociedades subdesenvolvidas, como se intentou no Cap. 8, proporciona, embora em uma forma geral e abstrata, uma clara visão dos possíveis grupos e camadas sociais que poderiam ser os agentes e sustentadores da mudança. No Esquema 3, esses vários grupos e camadas foram amplamente indicados, em função do modelo de desenvolvimento que seria tipologicamente adequado para cada caso. Para maior facilidade do leitor, apresenta-se a seguir uma versão simplificada desse quadro no Esquema 5.

Os problemas referentes aos modos e meios de mobilizar estes agentes de mudança potenciais foram discutidos no Cap. 9. Dentro das condições gerais que são típicas de cada variedade de sociedades subdesenvolvidas existem, naturalmente, grandes diferenças, devidas às condições sócio-históricas específicas de cada sociedade, do tipo de liderança que possa chegar a emergir, e da situação da sociedade no sistema internacional.

ESQUEMA 5: Camadas e grupos mobilizáveis em função do modelo adaptável do desenvolvimento adequado.

A. *Modelo Nacional-Capitalista*

Setores modernizadores da burguesia e da classe média nacional, em aliança com o proletariado, e com o apoio dos camponeses mobilizados contra os setores tradicionais e consulares da burguesia e da classe média, seus chefes e sócios estrangeiros, e os setores rurais antimodernizadores.

B. *Modelo Capitalista de Estado*

Setor modernizador da classe média, com apoio total das massas urbana e rural, contra a elite patrícia tradicional e seus aliados consulares na burguesia e na classe média, particularmente seus chefes, sócios e partidários estrangeiros.

C. *Modelo Socialista Desenvolvimentista*

A *intelligentsia* da contra-elite organizada em um partido revolucionário, bem disciplinado, com apoio das massas rural e urbana controladas pelo partido, e com uma eventual aliança com os setores descontentes da elite e subelite anteriores, contra a elite disfuncional, seus partidários da subelite e respectivo aparelho repressivo, e seus chefes, sócios e partidários estrangeiros.

Deixando-se as condições específicas à parte, temos que a mobilizabilidade política se torna particularmente difícil no caso do subdesenvolvimento prolongado e, ainda pior, até o ponto de praticamente desaparecer, no caso de subdesenvolvimento consolidado. Como foi discutido no Cap. 9, o subdesenvolvimento prolongado é o caso das sociedades cujo subdesenvolvimento é amplamente conhecido por sua elite e subelite (como é notadamente o caso das sociedades latino-americanas), sem que este fato ocasione tentativas coerentes, ou ao menos bem sucedidas, de promover as mudanças requeridas. O subdesenvolvimento consolidado é um caso de subdesenvolvimento prolongado que, na longa ausência de tentativas coerentes, ou bem sucedidas, de introduzir as mudanças requeridas, deu lugar a uma deterioração estabilizada da trama social, mantida pela emergência de um regime desigualitário coercitivo, fortemente arraigado, seja de tipo colonial-fascista, seja de tipo *societas sceleris*. A mobilizabilidade política nas sociedades com subdesenvolvimento prolongado tende a ser baixa pois, como indicado por tal prolongamento, os setores potencialmente mobilizáveis destas sociedades deram sinais, durante muito tempo, de que ou lhes faltava capacidade para mudar o regime social existente, ou lhes faltava motivação suficiente para esse empreendimento. O caso de subdesenvolvimento consolidado é ainda pior e pode apresentar, em condições específicas, uma intransponível insuficiência de mobilizabilidade. Às vezes, o apoio dado pelas forças sociais do *statu quo* ao regime existente, unido ao preparo e à força do aparelho repressivo, e acima de tudo, aos interesses internacionais investidos na manutenção deste regime, são mais do que suficientes para conter qualquer possibilidade de mudança. Outras vezes, a capacidade do regime para a cooptação, em geral nos casos extremos de *societas sceleris*, é tão grande que todas as pessoas e grupos capazes se tornam coniventes com ele, abandonando as massas a uma privação irremediável.

Como foi sempre repetido neste livro, os processos sócio-históricos, devido à imprevisibilidade da liberdade humana e dos impactos morais, estão sempre reservando surpresas para os teóricos sociais. A emergência de um líder excepcional, apoiado por alguns imediatos seguidores extraordinariamente dedicados podem, em certas condições, criar milagres e gerar mobilização política real, quando a mobilizabilidade teria sido avaliada como sendo completamente insuficiente. A esse respeito, bem como no que se refere à sua viabilidade nacional, o caso extraordinário de Cuba é uma exceção exemplar.

Outras condições

As quatro outras condições de desenvolvimento político podem ser discutidas mais resumidamente, uma vez que são suficientemente auto-explicativas, ou já foram apropriadamente tratadas na secção precedente deste livro. A terceira condição, *adequação da liderança*, pertence ao grupo de requisitos auto-evidentes. Os líderes políticos, ainda mais que os empresários econômicos, são os indispensáveis combinadores de fatores, para a produção de eventos políticos. Além do mais, dado o fato de que o poder, distinto do dinheiro, não é uma utilidade física, embora dependa de, e seja expresso por, meios físicos, mas consiste realmente em certas formas de interação humana e portanto, pode em certo sentido ser "produzido a partir do nada", o líder político, muito mais do que um combinador, é um descobridor e um inventor de fatores políticos. É devido ao fato de que os líderes políticos podem criar, dentro de certos limites e condições, os fatores reais de poder, que um líder político excepcional pode, em circunstâncias excepcionais, como Fidel Castro, ultrapassar condições muito precárias de mobilizabilidade política, e introduzir uma mudança estrutural radical nas sociedades e situações que apresentavam todas as indicações objetivas de serem desesperadoras.

Outro ponto relevante, referente à liderança política, é a possibilidade sócio-histórica do não aparecimento oportuno do líder requerido. Em parte como resultado da influência de Marx, relativamente à autoconfigurabilidade das condições estruturais e, em parte, como uma resistência contra o culto ao herói, e contra o exagero romântico do líder divino, os cientistas políticos manifestam atualmente uma propensão a supor que, dado um tempo razoável, cada situação tenderá a gerar seus próprios líderes. Esta suposição não se materializou em numerosos casos. Certas vezes os requisitos para liderança política são tão rigorosos, em termos das qualidades humanas excepcionais necessitadas e/ou em termos das dificuldades aparentemente intransponíveis a serem ultrapassadas, que ninguém se mostra suficientemente disposto ou capaz de exercer uma liderança efetiva. Em certos casos, as sociedades foram privadas de líderes capazes e representativos por um tempo imprevisivelmente longo. A China, desde a decadência da dinastia Manchu até Sun Yat-sen, e a Turquia até Mustafá Kemal, são exemplos típicos. A longa crise da França até o retorno de De Gaulle, bem como as formas consolidadas de governos fascistas, tais como as de Salazar e Franco, que impediram a possibilidade de surgimento de qualquer liderança política alternativa, são também boas ilustrações. O que é particularmente sério, acerca de longas ausências de liderança apropriada, é o fato de que as sociedades, que são assim privadas de condições para promover seu desenvolvimento, podem ser, e finalmente são, conduzidas a formas irreversíveis de deterioração ou disrupção.

A quarta condição de desenvolvimento político, *adequação do modelo,* foi discutida extensivamente no Cap. 9. Como vimos, então, a promoção bem sucedida de desenvolvimento político depende necessariamente da adequação, em função das condições estruturais da sociedade em questão, do modelo político explícita ou implicitamente adotado para a estruturação do novo regime de poder e do correspondente regime político. Os modelos não são intrinsecamente melhores ou piores entre si, embora, em princípio, implique, tipologicamente, bases de consenso inicial maiores ou menores. Como instrumentos para realizar determinados resultados, em dadas condições, os modelos podem ser julgados apenas pela sua adequação estrutural e, sendo iguais as demais condições, o êxito ou malogro dos resultados do modelo será uma função dessa adequação.

A quinta condição geral, *coerência de modelo,* é um requisito bastante auto-evidente. Não é suficiente ter optado por e ter implantado um modelo conveniente para uma dada sociedade.

É igualmente indispensável aplicá-lo em uma forma coerente, através da adoção da estratégia política apropriada e do emprego das táticas que esta estratégia requerer, nas várias situações que se apresentem durante sua execução. A falta de coerência de modelo tem sido o erro mais freqüente, responsável pelas tentativas mal sucedidas de desenvolvimento político. Como será discutido no Livro III, isto tem sido particularmente verdadeiro para os esforços nacional-capitalistas frustrados, realizados por Perón e Frondizi na Argentina, e por Vargas e seus sucessores no Brasil. O mesmo pode ser dito do malogro do capitalismo de Estado de Paz Estenssoro e do intento Ovando e Torres, na Bolívia.

A sexta e última condição geral de desenvolvimento político, a *não-ocorrência de impedimentos extra-societais intransponíveis*, envolve duas ordens distintas de problemas. A primeira, catástrofes físicas, tende a se tornar menos importante em termos do enorme e contínuo incremento das dimensões da população, da economia e do território das sociedades modernas, apesar da extensão do dano potencial que desastres como terremotos e erupções vulcânicas podem causar. A segunda, a perda de *permissibilidade internacional*, que tornaria viável o desenvolvimento de uma dada sociedade, é mais séria. A condição de permissibilidade internacional está se deteriorando constantemente no sistema internacional que veio gradualmente (e agora muito rapidamente) substituir o lugar do sistema de equilíbrio de poder, centrado na Europa, que prevaleceu até a Primeira Guerra Mundial, e mais vagamente, até a Segunda Guerra Mundial. Este assunto será discutido especificamente no Cap. 12, e assim não necessita aqui, mais do que um breve comentário. O que é entendido por permissibilidade internacional é a medida em que, e as condições nas quais, a uma dada sociedade, em um dado sistema internacional, será realmente permitido promover seu desenvolvimento nacional sem a intransponível intervenção de um ou mais poderes estrangeiros.

No passado, as condições para a permissibilidade internacional foram afetadas principalmente por fatores geopolíticos. Com o equilíbrio de poder peculiar, com suas cambiantes variações, ao sistema internacional que prevalecia, em termos amplos, desde o Congresso de Viena até a Segunda Guerra Mundial, nenhum país ou combinação de países jamais logrou um *status* de primazia geral. Entre as implicações deste fato, temos que muitas potências médias ou pequenas, protegidas dos desafios intransponíveis de qualquer das grandes potências da época pelo equilíbrio do poder, puderam desfrutar de suficiente independência internacional para preservar sua autonomia interna e suas possibilidades de crescimento predominantemente endógeno. A permissibilidade internacional insuficiente, portanto, era a exceção e não a regra para as potências médias ou pequenas, e estava ligada primariamente a localizações geopolíticas especificamente desfavoráveis. A Polônia, como já foi notado, foi vitimada particularmente em virtude de sua localização entre a Prússia e a Rússia, embora não ao custo de sua viabilidade nacional. As pequenas potências, como os ducados de Schleswig e Holstein, associados dinasticamente à Dinamarca, foram anexadas militarmente por Bismarck à Prússia, sob argumentos da *realpolitik,* devido a sua importância geopolítica. O mesmo ocorreu, nas fases iniciais da Segunda Guerra Mundial, com as três nações bálticas da Estônia, Látvia, e Lituânia. Estas nações vinham mantendo um equilíbrio difícil entre as pressões da Alemanha e da Rússia e, na deflagração da Segunda Guerra Mundial, foram ocupadas finalmente pelas tropas soviéticas, como medida de *realpolitik,* para impedir os alemães de as ocuparem. As razões geopolíticas, embora em um contexto bastante diferente, foram responsáveis também pela primeira (anexação de territórios mexicanos) e pela segunda (anexação das possessões coloniais anteriormente espanholas) ondas de expansão militar americana. A emergência do imperialismo americano[12], concomitante com a segunda onda expansionista, foi também inicialmente de caráter geopolítico, uma vez que orientou então sua rede de controles econômico-diplomático-militares em direção à América Central e às ilhas das Caraíbas.

O problema que enfrentam as potências de tamanho médio e pequeno de hoje, como será estudado no Cap. 12, reside no fato de que as condições negativas de permissibilidade internacional não estão mais associadas, primariamente, a situações geopolíticas particularmente desfavoráveis, mas sim à estrutura e dinâmica internas do novo sistema internacional emergente, que está cessando de ser inter*nacional* para se tornar inter*imperial*.

---

12. Os historiadores americanos consideraram em geral os dois movimentos expansionistas acima referidos como imperialistas, enquanto o processo realmente imperialista, que está ocorrendo atualmente, não tem sido reconhecido como tal. Vide RICHARD VAN ALSTYNE (1965), H. WAYNE MORGAN (1967), e ERNEST R. MAY (1968), entre outros.

12. As Condições Históricas Atuais

I. A REVOLUÇÃO TECNOLÓGICA

As condições de nossa época

O estudo dos estágios e condições operacionais do desenvolvimento político, nos dois capítulos precedentes, nos possibilita agora tratar do último aspecto importante remanescente de nossa investigação teórica: as condições históricas que configuram presentemente os limites e as possibilidades dos atuais processos de desenvolvimento político.

A questão que devemos analisar, continuando nossa discussão sobre (1) os estágios reais de desenvolvimento societal e os estágios funcionais de desenvolvimento político, e (2) as condições gerais para um processo de desenvolvimento político, a partir da viabilidade nacional até a permissibilidade internacional, é a de como esses estágios e condições gerais ocorrem e funcionam, nas condições históricas concretas de nossa época. Essencialmente, devemos determinar os limites, possibilidades e requisitos de permissibilidade internacional, para o desenvolvimento societal e político dos vários países, real ou previsivelmente dotados de um Estado nacional, nas condições de nossa época.

Dada a complexidade sem paralelo das condições socioculturais de nossa época, esta investigação seria impossível, dentro dos limites do presente capítulo, se não pudéssemos salientar o que pode ser considerado, para nossos propósitos, como constituindo os dois aspectos mais destacados do mundo contemporâneo. O primeiro é o desenvolvimento revolucionário da tecnologia, ao longo de uma curva exponencial de descobertas científicas e aplicações técnicas que, ganhando crescente aceleração no curso do século atual, realizou um progresso quase vertical nas duas décadas passadas. O segundo, que não é desligado do anterior, é a emergência de um novo sistema internacional, como conseqüência da Segunda Guerra Mundial.

Ambas as características têm sido amplamente reconhecidas pelos estudiosos dos assuntos contemporâneos, particularmente a primeira. Se entendermos "nossa época", em um sentido amplo, como o período subseqüente à Primeira Guerra Mundial e, em sentido estrito, como o período seguinte à Segunda Guerra Mundial[1], a revolução tecnológica, particularmente em termos dos desenvolvimentos ocasionados pela cibernética e pela energia nuclear, é entendida universalmente como a característica mais importante do mundo contemporâneo. A diferença entre o papel da tecnologia nas décadas pós-Segunda Guerra Mundial e nas décadas precedentes, após a Revolução Industrial, é de caráter quantitativo-qualitativo. Através de sua imensa expansão, diversificação e complexidade intensificada, a tecnologia foi convertida, de um instrumento para a adaptação do homem à natureza, a uma natureza feita pelo homem, que constitui a nova ecologia da sociedade contemporânea.

O problema da tecnologia

A volumosa bibliografia dedicada, na década de 1960, à ciência da tecnologia (a invenção de invenções), à sociologia da tecnologia (o condicionamento recíproco de sociedade e de tecnologia), à biônica (síntese de biologia e cibernética), e à antecipação científica de futuros prováveis e de seus aspectos principais tecnológicos (futurologia), é quase indicativa da "tecnologização" de nossa época[2]. Embora alguns destes estudos, tais como os

---

1. GEOFFREY BARRACLOUGH, em seu conhecido estudo sobre a história contemporânea (1967), aceita a presidência de Kennedy como um marco conveniente para o início da "história mundial" contemporânea.

2. Vide, por exemplo, sobre a tecnologia e o problema tecnológico, PETER F. DRUCKER (1957 e 1969), RAYMOND ARON, ed. (1963), JACQUES ELLUL (1964), NIGEL CALDER, ed. (1965), DANIEL BELL, ed. (1967), HERMAN KAHN e ANTHONY J. WIENER (1967), STUART CHASE (1968), VICTOR C. FERKISS (1969), e JOHN McHALE (1969). Sobre o problema ecológico vide particularmente EUGENE P. ODUM (1969), RENÉ J. DUBOS (1965), BARRY COMMONER (1966), PAUL R. EHRLICH (1970), LA MONT C. COLE (1968), e FRANÇOIS DE CLOSETS (1970).

trabalhos de Ellul (1964) e de Kahn e Wiener (1967) e alguns outros, sejam de extraordinário interesse e relevância para uma compreensão de nossa época, ultrapassaria os fins de nossa presente investigação tentar uma discussão deles.

Será suficiente mencionar três questões cruciais envolvidas no problema da tecnologia contemporânea. A primeira é a questão de saber se a criação de uma ecologia tecnológica e o desenvolvimento das técnicas que tornam o avanço tecnológico um processo de crescimento intrínseco, ao ponto de a tecnologia se haver tornado um sistema autodesenvolvente, introduziu ou não uma mutação cultural irreversível na evolução da humanidade. Jacques Ellul (1964) discute persuasivamente que isto ocorreu, com o resultado de que o homem se está tornando dependente, se não escravo de sua própria invenção de crescimento autônomo. Embora outros autores se oponham a esta concepção, é interessante observar, como no caso típico da refutação de Ferkiss (1969), que a base aceita para o controle permanente do homem sobre a tecnologia (homem tecnológico em lugar do homem industrial anterior) é um maior desenvolvimento tecnológico subseqüente. Eis por que alguns outros estudiosos da tecnologia, como Mc Hale (1969), aceitam o desenvolvimento tecnológico como a mudança evolutiva mais relevante na evolução biocultural global da humanidade. O fato é que, seja qual for o julgamento final que se pronuncie sobre as concepções de Ellul, os efeitos possíveis de inovações, tais como os *ciborgs*[3], e o uso difundido do condicionamento psicossociológico, podem ou ocasionar eventualmente uma degradação geral do homem, ou introduzir desigualdades qualitativas irreversíveis entre os homens e as sociedades. Estas possíveis conseqüências catastróficas — se ainda bastante evitáveis — da tecnologização geral de nossa época mudariam completamente as condições para desenvolvimento societal e político discutidas neste livro.

A segunda questão a averiguar é se a civilização tecnológica, contrariamente à suposição anterior, poderia ou não estar no limiar de uma inversão não-científico-tecnológica. Sorokin tratou desta questão em sua forma mais geral, em seu monumental estudo (1937-1941) sobre dinâmica social e cultural[4]. Afirma ele, como é bem sabido, que a análise dos fatos da civilização dá evidência empírica à lei da alternação, no curso da história, da compreensão básica da verdade, dando surgimento a cosmovisões cíclicas sucessi-

---

3. Os *ciborgs* são formas biológicas de associação do homem com os computadores e outros dispositivos técnicos, a fim de expandir as potências naturais do homem. Foram imaginados por Arthur C. Clarke em um conhecido livro de ficção científica (1964).

4. Vide PITIRIM SOROKIN, em sua versão mais recente, revista e abreviada desse livro (1957), bem como seu estudo sobre as tendências básicas de nossa época (1964).

vas e distintas: a *ideacional,* a *idealista* ou *integrada* e a *sensiente* ("sensata"). A *cultura sensiente* tende a evoluir à *sensiente posterior,* na qual as tendências empíricas, pragmáticas e seculares da anterior são trazidas às suas formas e manifestações mais extremas. A intensificação resultante dos aspectos disfuncionais e as contradições internas da cultura sensiente a induz finalmente, em sua forma sensiente posterior, a perder sua capacidade de operar como um quadro e padrão culturais significativos e úteis para a vida social. Como conseqüência, a cultura perde sua viabilidade histórica, e gradualmente, a partir da desintegração dessa cultura, emerge um novo princípio cultural, de caráter ideacional ou eventualmente de caráter idealista. A nova concepção cíclica introduzida por Sorokin é apoiada também por Quigsley (1961), embora em diferentes termos. E existem, é claro, os teóricos cíclicos iniciais, tais como Spengler (1947), Berdiaev (1968), Schubart (1938), e Toynbee (1934-1961).

Iria além dos propósitos deste livro discutir as concepções de Sorokin sobre a alternação histórica das cosmovisões, ou discutir a questão geral das mudanças cíclicas na história[5]. Seja qual for a validade geral da teoria de Sorokin, permanece o fato de que nossa cultura científico-tecnológica está sendo submetida a severos desafios, precisamente devido a seu caráter científico-tecnológico. Tal é, inequivocamente, o sentido do desafio dos movimentos *hippies* e das tendências a seguir práticas psicodélicas, que ainda estão crescendo rapidamente. Se estas tendências, e seu estilo de vida implícito, predominarem nas próximas décadas, ao ponto de mudarem o *ethos* aquisitivo, pragmático, científico, agora prevalecente, para algo que lhe seja oposto, a tendência histórica resultante, ainda imprevisível, dificilmente seria compatível com as condições requeridas para a promoção deliberada do desenvolvimento de sociedades e sistemas políticos. Em uma tal eventualidade, como no caso oposto de um totalitarismo desumanizado e autodeterminado da tecnologia, os requisitos de desenvolvimento discutidos no presente livro estariam fora de lugar.

A terceira questão nos traz de volta aos problemas gerais da tecnologia moderna e do relacionamento tecnologia-homem. A questão não consiste, porém, em saber se a criatura do homem se tornou seu senhor, mas se a agressão tecnológica do homem sobre seu ecossistema natural estará, ou não, causando danos irreparáveis a este último. Este está se tornando o mais sério e urgente dos problemas apresentados pela hipertrofia da tecnologia contemporânea. E a nova ciência da ecologia, que acaba de nascer de análises sistêmicas de todos os aspectos do meio ambiente natural do homem, incluindo suas adições tecnológicas, ressalta com alarme

---

5. A concepção admitida neste livro é a de que o desenvolvimento sociocultural do homem foi linear, embora não contínuo, como foi bem discutido no Cap. 4. Vide o Quadro 6 sobre os estágios reais.

que já resta apenas uma geração para salvar a humanidade do desastre ecológico[6].

O problema ecológico

O problema ecológico se origina do fato de que os efeitos combinados de uma população rapidamente crescente e do consumo ainda mais rapidamente crescente das matérias-primas e da produção de poluidores estão ultrapassando de longe a disponibilidade de materiais da terra e sua capacidade de auto-regenerar a biosfera.

O mero incremento na população humana é em si um sintoma e uma causa da disrupção ecológica. Como o primeiro é o único ser vivo que foi capaz de ultrapassar praticamente todos os fatores que controlam sua expansão como espécie, a procriação desimpedida do homem aumentou a população humana da Terra de cerca de 5 milhões, há 8 000 anos atrás, para 1 bilhão em 1850, 2 bilhões em 1930, e cerca de 3,5 bilhões em 1970. Se o atual índice de crescimento mundial de 1,9% por ano continuar, a população humana alcançará mais do que 7 bilhões em 2 007, mais do que 14 bilhões em, 2 044, e a incrível cifra de 25 bilhões em 2 070. De acordo com Barry Commoner, a Terra não pode manter mais do que 7 bilhões de pessoas sob as presentes condições.

O consumo de matérias-primas pelo homem industrial e pós-industrial é extraordinário e sempre crescente. Paul Ehrlich[7] estima que cada criança americana é uma carga 50 vezes maior para o ambiente do que cada criança indígena. Charles F. Park Jr. observa que é apenas porque dois terços do mundo permanecem subdesenvolvidos que as nações industrializadas podem manter seus padrões de consumo existentes. Se, como notou Park (h), o consumo *per capita* americano de matérias-primas, tais como ferro, cobre, chumbo, fosse alcançado pelo mundo inteiro — o que, incidentalmente, é o propósito oficial de todas as políticas para a promoção do desenvolvimento internacional — o consumo anual dessas matérias aumentaria de doze a dezesseis vezes, levando à rápida exaustão das reservas exploráveis do mundo[8]. Além do mais, os resíduos industriais das sociedades modernas, ainda que seus efeitos poluidores fossem controlados, estão alcançando rapidamente proporções fisicamente incontroláveis. A Califórnia sozinha contribui diariamente com dez quilos de resíduo sólido por habitante. Em escala mundial similar, tais resíduos representariam mais de

---

6. Vide as concepções de COMMONER (1970).

7. Vide *Time* (2 de fevereiro de 1970, p. 59).

8. Vide CHARLES F. PARK Jr. (1969). Vide também McHALE (1969, pp. 231-237).

31 milhões de toneladas métricas por dia que se teria que eliminar em aterros ou fossas.

Por último, mas não menos importante, a poluição química do ar e da água já ultrapassou, em muitos lugares, os limites críticos para a preservação da vida e a automanutenção espontânea do equilíbrio do sistema ecológico, e está afetando seriamente o equilíbrio ecológico dos oceanos. O problema, como os ecólogos estão principiando a compreender, reside no fato de que a poluição não é apenas o resultado dos resíduos industriais, tais como fumaça e fluidos, que poderiam em grande medida ser filtrados, ainda que a um alto custo, mas é também o resultado dos efeitos indesejáveis mas inevitáveis de pesticidas, fertilizantes e outros dispositivos em que é baseada a moderna produção agrícola em massa[9].

As alternativas

A discussão das três alternativas futuras, embora constituindo um assunto fascinante e relevante, que não poderia ser posto de lado em qualquer tentativa séria de estudar a possível evolução de nossa época, não se adaptaria ao escopo mais restrito desta investigação. Lembremo-nos apenas da possibilidade real de que nossa época ainda possa seguir uma destas tendências, por improvável que tal possa atualmente parecer. Em tal caso a era do desenvolvimento, inaugurada pelo Renascimento, seria provavelmente conduzida a um fim. Um totalitarismo desumanizado e auto-sustentado da tecnologia incrementaria e tornaria rígida a desigualdade entre as várias classes de homens e sociedades, especializando cada uma em seus respectivos papéis e níveis. Uma nova civilização não-científica, que não fosse capaz de manter a população atual do mundo em seus níveis de vida, seria ainda menos qualificada e interessada em realizar qualquer projeto deliberado de desenvolvimento societal e político, no sentido em que estes conceitos foram discutidos no presente livro. E uma séria deterioração da biosfera, se não impedida em tempo, ocasionaria a aniquilação da espécie humana ou envolveria, como condição para a sobrevivência, uma grande degradação da qualidade da vida. Esta alternativa bloquearia também as chances para novos desenvolvimentos.

É mais provável, porém, como sugeriu Kahn (1967) em suas interessantes especulações sobre o ano 2 000, que nossa civilização seja capaz de absorver as várias tendências conflitantes causadas pela aceleração da revolução tecnológica[10]. É digna de nota sua

---

9. Vide R. CARSON (1962) e P. DEBACH (1969). Para estudos sobre o problema geral dos perigos à ecologia do homem, vide a lista bibliográfica no fim deste livro.

hipótese sobre a possível transformação das atuais estratificações e conflitos de classes (que implicam basicamente uma série cultural homogênea, ao longo da qual os diferentes níveis de situação são determinados pelos mesmos critérios básicos de poder, riqueza e competência), em um diferente padrão psicocultural. As novas classes e conflitos (antes da possível ocorrência posterior de uma nova síntese cultural) se centralizariam em torno de sistemas culturais distintos, coexistentes mas internamente não compatíveis, todos eles abundantemente apoiados por uma economia automatizada superprodutiva. Em sociedades ecologicamente conscientes e protetoras, novos estóicos, orientados para a ação e a racionalidade autodisciplinada, seriam, como uma nova "classe" liderante, coextensivos com os *hippies,* escapistas introspectivos, psicodélicos, neomísticos, e novos sibaritas que formariam "classes" subordinadas controladas.

II. O NOVO SISTEMA INTERNACIONAL

Além do desenvolvimento revolucionário da tecnologia, como foi observado no início deste capítulo, o segundo aspecto proeminente do mundo contemporâneo, que não está desligado do anterior, é a emergência de um novo sistema internacional como conseqüência da Segunda Guerra Mundial.

A névoa da guerra fria

Este segundo aspecto não foi tão bem ou tão amplamente entendido quanto o primeiro, devido aos efeitos obscurecedores, até recentemente, do envolvimento na guerra fria. Tanto a União Soviética, com sua política de criar Estados-tampão, quanto os Estados Unidos, com sua política de contenção ao comunismo (tendo estas duas políticas substituído rapidamente a difícil cooperação da época de guerra entre as duas potências), estiveram muito profundamente enredados na tendência de seus próprios interesses e valores para serem capazes de discernir a conseqüência real do processo da guerra fria. Em grande medida, e no contexto de uma névoa ideológica que começou apenas agora a ser impregnada pela crítica racional, as mesmas tendências afetaram, de formas diferentes, os aliados destes dois países e a comunidade intelectual dos dois campos conflitantes.

Essencialmente, até o fim da década de 1950, a guerra fria foi uma mistura de conflitos entre os Estados Unidos e a União

---

10. Isto é particularmente provável se introduzirmos um pressuposto que está faltando nas previsões de Kahn, referente à consciência ecológica e a uma correspondente habilidade técnico-organizacional para preservar o equilíbrio ecológico.

Soviética, envolvendo seus interesses reais e suas supostas intenções, e agravados pela quase religiosa autopretensão de correção das ideologias contendentes. O conflito de interesses reais consistia, essencialmente, na necessidade que cada parte experimentava de incrementar sua própria força e influência mundial, e tentar reduzir o poder e a influência da outra parte, no que parecia ser, inicialmente, um jogo de soma-zero das duas partes. O conflito das supostas intenções resultou do propósito inicial dos soviéticos de evitar novas agressões, direta ou indiretamente baseadas na Alemanha e no poder alemão, o que levou a União Soviética a usar todos os meios disponíveis para construir um muro protetor de Estados-tampão ao longo de sua fronteira ocidental, em um processo que incluiu uma divisão permanente da Alemanha. Do ponto de vista ocidental, essas providências pareceram constituir o estágio inicial de uma invasão e ocupação completas da Europa Ocidental. Como medida defensiva, os Estados Unidos responderam com um esforço mundial para construir alianças anti-soviéticas para a contenção do "comunismo internacional", que foi concebido como a combinação nociva da força militar soviética com a promoção soviética da revolução do mundo. A autopretensão de correção, de tipo religioso, das ideologias contendentes — democracia contra socialismo — residia no fato de que cada partido considerava sua própria posição baseada em princípios intrinsecamente excelentes, observando suas próprias deficiências de situação e de conduta como lamentáveis, mas representando limitações ou expedientes acidentais ou temporários, e considerando a posição da outra parte como fundada em princípios inerentemente maus, dos quais necessariamente derivavam todos os seus defeitos, tanto visíveis quanto ocultos.

Certos países e certas pessoas (sendo Nehru o exemplo mais destacado) recusaram a aceitar uma concepção partidária da guerra fria desde seus primeiros dias. Levou algum tempo, porém, até mesmo para os primeiros neutralistas, para entender que independente de quaisquer planos maquiavélicos que cada uma das duas superpotências contendentes pudesse ter, o que estava realmente ocorrendo no mundo era a substituição do antigo equilíbrio de poder no sistema internacional, por um sistema interimperial bipolar. Na realidade, até o fim da década de 1950, a guerra fria, com sua ênfase nas questões ideológicas (e apesar dos esforços neutralistas de não-alinhamento), obscureceu o fato de que tanto a liderança americana do "mundo livre", quanto a liderança soviética do "socialismo internacional", eram orientadas, *de facto*, em direção ao controle de seus respectivos blocos, muito mais do que no sentido de uma cruzada mundial em função de princípios sociopolíticos.

Na realidade, a derrota da Alemanha e do Japão e a exaustão da Grã-Bretanha e da França, após a Segunda Guerra Mundial, promoveram os Estados Unidos e a União Soviética ao nível de Superestados imperiais. Mais do que um resultado repentino e acidental da Segunda Guerra Mundial, e independente de qualquer conotação ideológica, a emergência desses dois países como superpotências e Superestados foi a conseqüência direta de seu desenvolvimento anterior. No século XIX alguns observadores mais agudos já haviam entendido que a era da supremacia européia estava chegando a seu fim e que a América e a Rússia seriam as superpotências do futuro[11]. O Império bismarckiano, primeiramente, e em seguida o britânico, ocultaram a gradual transferência do poder mundial da Europa a seus dois descendentes extremos. A Primeira Guerra Mundial e suas conseqüências poderiam haver tornado claro que o equilíbrio de poder do mundo já havia mudado. Mas a cortina ideológica levantada, apesar de sua sinceridade, por Lênin com o antiimperialismo da Revolução Russa, e em contra-ataque, por Wilson com sua cruzada americana de autodeterminação democrática para todos os povos, ocultaram as novas realidades do poder mundial entre as duas guerras mundiais, como foi notado por Barraclough (1967, pp. 118 e ss.). Neste sentido, poderia ser dito apropriadamente que a guerra fria começou em 1917.

Em nosso tempo, entretanto, o impasse do equilíbrio do terror impôs às superpotências as regras da coexistência, como os soviéticos foram os primeiros a reconhecê-la publicamente e gradualmente desvendou o fato de que o alinhamento dos aliados em dois blocos, em uma divisão abrangendo tendencialmente o mundo, não foi menos determinada pelas razões defensivas alegadas para a formação original das alianças, do que pela sujeição dos aliados, em cada bloco, embora de acordo com diferentes modalidades, ao governo imperial de seus respectivos líderes de bloco. Esta situação, como é bem sabido, longe de ser historicamente original, é uma das formas típicas pelas quais foram construídos os impérios. A Liga Délia, originada como um esforço de defesa coletiva contra os persas, uma vez, entretanto, que as relações greco-persas se estabilizaram, no impasse que se seguiu ao malogro dos últimos de conquistar os primeiros, foi convertida gradualmente no império ateniense, e os anteriores aliados, que se haviam unido voluntariamente à liga, tornaram-se os súditos da hegemonia ateniense. Um processo similar pode ser observado na formação do Império Romano (aliança e apoio das cidades gregas contra a Macedônia), embora neste caso, ao invés do impasse militar prolongado, Filipe V da Macedônia seja derrotado pelos romanos.

A atribuição de objetivo imperialista à outra parte foi uma das técnicas mais típicas da guerra fria. O reconhecimento não-

---

11. Vide ALEXIS DE TOCQUEVILLE (1951) e SIR JOHN SEELEY (1919).

-partidário e não-polêmico do caráter imperial de ambos os Superestados é uma conquista mais recente da análise racional. Do lado soviético, a invasão da Hungria em 1956, para a supressão militar do governo da Nagy, foi o primeiro inequívoco fato bruto de *realpolitik,* entendida como tal pelo mundo em geral e pelos simpatizantes da causa soviética. Foi também uma dramática demonstração da não-interferência das superpotências em suas respectivas áreas de hegemonia. A invasão da Tcheco-Eslováquia em 1968, e a subseqüente imposição de um governo pró-russo naquele país, foi apenas uma irrefutável prova adicional da manipulação imperial soviética de seu próprio bloco. O lado americano, desfrutando de uma administração dos assuntos muito mais flexível neste campo, foi capaz de evitar o uso direto da violência estatal por mais tempo. A invasão da Guatemala, em 1954, pelos bandos de Carlos Castillo Armas e a deposição do governo de Jacobo Arbens, embora inequivocamente organizada e apoiada pela Agência de Serviço Secreto Central dos E.U.A. (CIA), ainda estava dentro dos limites de uma ação paramilitar não-oficial. A invasão de Cuba de 1961, que culminou no desastre da Baía dos Porcos, já foi uma operação apoiada diretamente pelo governo dos Estados Unidos, como foi abertamente reconhecido pelo Presidente Kennedy. A ocupação militar da República Dominicana, em 1965, por decisão do Presidente Johnson foi, finalmente, um ato oficial de governo imperial.

Com base nessa evidência se iniciou um amplo debate por todo o mundo, no curso da década de 1960, acerca da verdadeira natureza das duas superpotências, de seu papel internacional, e das novas características do sistema internacional. Na Rússia Soviética, sob um regime baseado na suposição de uma verdade oficial "científica", o debate foi reprimido, no que diz respeito ao imperialismo russo, embora o governo não fosse capaz de silenciar as corajosas vozes de certos escritores e de alguns crentes sinceros na solidariedade socialista internacional[12]. Repressões similares, desta vez referentes ao imperialismo americano, ocorreram nos satélites colonial-fascistas dos Estados Unidos, na América Latina e no Sudeste da Ásia. O que é particularmente interessante, porém, é seguir as linhas principais deste debate nos Estados Unidos e na Europa. Não é necessário, para os propósitos deste livro, rever ou resumir as já volumosas contribuições a esta discussão. É suficiente fazer uma breve menção a algumas das concepções mais típicas que

---

12. Vide o caso típico de ANDRÉ D. SAKHAROV e seu estudo sobre a coexistência e liberdade (1968); tal é, de uma forma geral, o caso de um grande grupo de intelectuais russos dissidentes, tais como Siniavsky, Daniel e sua esposa, Svinsburg, Bulovsky, Litvinov, Brodski e Odnnopozov. Vide, sobre o assunto, JAMES N. BILLINGTON, "The Intellectuals", em ALLEN KASSOF, ed. (1968a, pp. 449-472); vide também a edição especial de *Esprit* (n. 386, nov. 1969, pp. 633 e ss.).

foram até agora apresentadas. Tratam tais concepções do emergente império americano e de sua posição no mundo, uma vez que são as preocupadas concepções críticas de analistas americanos e europeus. Teremos a ocasião, posteriormente, de comparar a posição imperial americana com a soviética.

De uma forma muito sucinta se poderia dizer que as concepções sobre o emergente império americano, entendidas como um fenômeno pós-Segunda Guerra Mundial, embora relacionadas diretamente com a história americana precedente, podem ser classificadas em três grupos principais. O primeiro inclui aqueles que, de uma forma ou de outra, dão ênfase predominante às causas econômicas mais ou menos deterministas, desde o marxismo clássico (a tese de Lênin) ao neomarxismo e várias outras formulações de orientação econômica. A segunda compreende, em uma posição oposta, os que vêem o acontecimento como o resultado não deliberado de políticas contingentes, que foram devidas basicamente a erros de julgamento; políticas que poderiam ter sido diferentes e ainda poderiam, em princípio, ser inversas. O terceiro grupo, finalmente, tende a ver a emergência do império americano como um processo histórico que, expressando os traços particulares da sociedade e cultura americanas do passado, resultou do desenvolvimento muito mais favorável dos Estados Unidos em face do resto do mundo.

A concepção econômica

Lênin, como é bem sabido, em continuação a Hobson (1965) e Hilferding (1923), deu a formulação decisiva (1941) à tese de que o imperialismo é a conseqüência necessária do capitalismo avançado, uma vez que o imperialismo força uma ampliação de mercados para investimento do excedente de capital, e proporciona um controle favorável das matérias-primas e do suprimento de bens acabados, preservando e incrementando dessa maneira o nível real da demanda e as margens de lucro e de juros. A tese de Lênin foi amplamente discutida desde sua publicação, seja em termos de sua validade geral ou, mais recentemente, com relação à medida que ainda poderia proporcionar uma explicação conveniente para o imperialismo de pós-Segunda Guerra Mundial. Em uma recente discussão da tese de Lênin, D. K. Fieldhouse (em Nadel e Curtis, eds., 1964), interpretando o colonialismo em um sentido legal estrito, sustenta que ele não se correlaciona com a exportação de excedentes de capital. J. Gallagher e R. Robinson (Nadel e Curtis, eds., *op. cit.*, pp. 97-111), porém, ressaltando a necessidade de compreender o imperialismo em um sentido amplo, incluindo os meios informais de dependência, dão evidência do oposto, mostrando que a exportação de excedentes de capital, num relacionamento circular a auto-reforçador, incluindo a intervenção política, é visivelmente uma forma tanto de obter maiores benefícios quanto de expandir o comércio e a influência.

A tentativa mais geral de aplicar a tese de Lênin a uma interpretação econômica dos assuntos correntes americanos foi realizada por Harry Magdoff, em vários ensaios publicados em 1968 e coligidos depois, com uma nova introdução, em forma de livro (1969). O argumento central de Magdoff é o de que o costume usual de analisar a relevância dos fatos econômicos através de comparações com o PNB de um país tem ocultado completamente o real significado dos interesses estrangeiros americanos para os Estados Unidos. Pelo fato de as exportações americanas representarem menos do que 5% de seu PNB e os investimentos estrangeiros americanos muito menos do que 10%, tem sido amplamente aceita a tese de que o imperialismo econômico *não está* na raiz da política exterior dos Estados Unidos, mas tem apenas intuitos políticos. Em seus estudos Magdoff mostra que, quando são usados critérios mais apropriados, torna-se claro que o investimento estrangeiro é crucial para as corporações liderantes, cuja influência é também crucial na formação da política exterior. O mercado externo para as firmas de propriedade americana, e para as exportações americanas, representa dois quintos da produção interna das lavouras, fábricas e minas dos Estados Unidos, não incluindo o arrendamento de patentes. Além do mais, a importância desse mercado está aumentando constante e rapidamente, em um ritmo muito mais rápido do que a do mercado interno, em termos de vendas, bem como em termos de ganhos. Comparando as vendas de manufaturas nacionais com as vendas por firmas estrangeiras de propriedade americana, mais as exportações, verifica-se que em 1950 as vendas internas eram de US$ 89,8 bilhões, e as vendas externas, de US$ 15,8 bilhões, e em 1964 as vendas internas eram de US$ 203 bilhões e, as vendas externas, de US$ 57,9 bilhões. Dado o índice de 100 para 1950, as vendas internas aumentaram para 226, enquanto as exportações e vendas pelas empresas estrangeiras de propriedade americana aumentaram para 367. Os ganhos crescem também muito mais rapidamente para as empresas estrangeiras de propriedade americana do que para as empresas internas. De 1950 a 1965, os lucros para as empresas internas aumentaram, após os impostos, de US$ 21,7 bilhões para US$ 36,1 bilhões, o que representa um crescimento de 66,3%. Os lucros para as empresas estrangeiras de propriedade americana no mesmo período, aumentaram de US$ 2,1 bilhões para US$ 7,8 bilhões, o que representa um crescimento de 271,4 por cento (vide Magdoff, 1969, Cap. 5).

Concepções básicas similares são sustentadas pelos críticos da nova esquerda. Um dos intelectuais mais eloqüentes da geração jovem, Carl Oglesby[13], ex-presidente nacional do movimento

---

13. Vide CARL OGLESBY, ed. (1969).

"Estudantes para uma Sociedade Democrática", ressalta (1968) a identidade entre o "mundo livre" e os mercados internacionais controlados pelos Estados Unidos. "O Mundo Livre é a área econômica mundial na qual o homem de negócios americano desfruta de liberdade de manobra comercial... O Mundo Livre em si é o Império Americano" (p. 73). Como muitos outros analistas desse processo imperial, Oglesby enfatiza a correlação entre o imperialismo externo e o cesarismo interno. "Se os americanos escolherão ou não serem livres, é uma questão política transcendente, a questão que coordena e inclui todos os problemas candentes da política externa e interna. Se os americanos escolherem a liberdade, não pode haver uma América totalitária. E sem uma América totalitária, não pode haver Império Americano" (p. 111).

A compreensão da expansão americana após a Segunda Guerra Mundial como um processo imperial movido por causas econômicas não é, de qualquer forma, limitada aos autores marxistas e neomarxistas. Seja-me dado, por exemplo, mencionar apenas dois interessantes estudos, entre outros. O valioso e erudito tratado de Organski sobre a política mundial (1964) e a análise, fatualmente rica, de Julien, das atividades externas dos Estados Unidos (1968), concordam em sua compreensão da emergência de um novo império americano, fundado na necessidade da expansão econômica sempre crescente das grandes corporações americanas. Organski, considerando o novo império russo, bem como o novo império americano, diz: "o colonialismo clássico está morrendo, mas novas formas de colonialismo estão surgindo para tomar seu lugar. As nações que ganharam sua independência política nominal não são necessariamente livres. Ninguém que observe a presente cena internacional pode deixar de se dar conta da extensão do controle russo sobre as nações da Europa Oriental, nem é possível fazer vista grossa ao controle exercido pelos Estados Unidos sobre grande partes da América Central e do Sul, bem como sobre vários postos avançados na Ásia, tais como Formosa, Coréia do Sul e Vietnã" (1964, p. 246). O colonialismo de hoje, sugere Organski, apresenta três formas principais: (1) *colônias políticas,* remanescentes do antigo colonialismo, (2) *dependências econômicas,* típicas da nova colonização do mundo subdesenvolvido, e (3) *satélites,* sujeitos à manipulação política. As dependências econômicas expressam finalmente uma aliança entre o país estrangeiro dominante, interessado em controlar novos mercados e fontes de matérias-primas, e a elite local, interessada em preservar seus privilégios, e que para esta preservação intercambia soberania nacional por proteção estrangeira (vide Organski, 1964, p. 256).

Claude Julien (1968) ressalta o fato de que o império americano resultou da necessidade de expandir e consolidar os interesses econômicos americanos sobre todo o mundo, particularmente controlado as fontes de matérias-primas. De maneira diversa dos impérios tradicionaïs, que são coextensivos com um domínio territorial preciso, o império americano é sem fronteiras, porque é um império funcional, não territorial. "C'est ainsi que, pour répondre aux besoins de L'Amérique, est né l'empire qui ne ressemble à aucun autre, l'empire sans frontière"*(p. 19).

A concepção da contingência

Uma concepção bem diferente é considerada pelo segundo grupo de analistas da expansão imperial americana. Este grupo supõe que políticas de caráter contingente, devidas a erros de julgamento, são a causa da atual carreira imperial dos Estados Unidos, que em princípio ainda poderia ser invertida. Ronald Steel (1968) é provavelmente o representante mais típico e coerente dessa posição. "Somos um povo sobre o qual o manto do império se adapta incomodamente, que não é particularmente adepto de governar colônias. Porém, por quaisquer padrões convencionais que se usem para julgar tais coisas, somos realmente um poder imperial, possuidores de um império sobre o qual o sol verdadeiramente nunca se põe, um império que abrange o hemisfério ocidental inteiro, os dois maiores oceanos do mundo, e virtualmente toda a massa de terra eurasiana que não está em mãos comunistas" (p. 15). Este império, porém, foi construído não deliberadamente, como conseqüência de um esforço mundial para conter o comunismo, levado a efeito para a proteção do mundo, embora esse esforço conduzisse finalmente a um império em si. Steel sustenta, porém, que as condições mundiais mudaram desde a década de 1940, e que atualmente o império americano deveria ser convertido em um sistema internacional de cooperação, tanto para se adaptar aos novos desejos do mundo livre, quanto para os melhores interesses dos Estados Unidos. "A tarefa de nossa diplomacia, como a tarefa de nossa sociedade, no período que temos pela frente, não é refazer o mundo à imagem americana, através de guerras de intervenção e da manutenção de um império benevolente, mas ajudar a realizar um período de estabilidade no qual uma ordem internacional tolerável possa ser criada, em cooperação com outros" (p. 354).

Os críticos militares do militarismo e da carreira imperial americanos deveriam também ser considerados neste grupo. São eles homens que devotaram suas vidas às durezas do serviço militar não para propósitos de poder, pessoal ou nacional, mas para a defesa da "tradição liberal americana", para se usar a expressão de Louis Hartz. Estes homens se tornaram profundamente preocupados com o uso, em escala ascendente, do poder militar, para objetivos cada vez menos ligados aos, e compatíveis com, valores liberais que originalmente tal poder deveria preservar.

* "Dessa maneira, para responder às necessidades da América, há um império que não se parece com nenhum outro, o império sem fronteiras" (N. da T.).

Os generais James M. Gavin e David M. Shoup são provavelmente os representantes mais típicos e coerentes destes militares liberais. Gavin salienta (1968) que os Estados Unidos tornaram-se um prisioneiro dos conceitos da guerra fria rígida, que não são mais aplicáveis às presentes condições. Uma compreensão realista das condições de nossa época mostra a necessidade de retomar esforços para a cooperação internacional através das Nações Unidas. Shoup, ex-comandante dos Fuzileiros Navais dos Estados Unidos e antigo herói da Batalha de Tarawa, denuncia (1969) o novo militarismo americano e seu perigo para a ordem internacional e a democracia nacional. "A América tornou-se uma nação militarista e agressiva. Nossa invasão maciça e veloz da República Dominicana em 1965, concorrente da rápida formação do poder militar dos E.U.A. no Vietnã, constituiu uma demonstração impressionante da prontidão da América em executar planos militares contingentes e em procurar soluções militares para problemas de desordem política e ameaças comunistas potenciais nas áreas de nosso interesse" (p.51). Após analisar as causas do militarismo nos Estados Unidos, incluindo o complexo militar-industrial, ele recomenda um esforço total para frear o militarismo. "O militarismo na América está em pleno vigor e promete um futuro de autofecundação vigorosa — a menos que a praga do Vietnã revele que o militarismo é mais uma erva daninha venenosa do que uma florada gloriosa" (p. 56).

Outra linha de críticos, que ressalta que a atual política exterior americana está baseada em suposições incorretas e deveria ser profundamente revista, inclui alguns dos mais eminentes especialistas americanos sobre relações internacionais, tais como o Embaixador George F. Kennan, o Professor Hans Morgenthau, e o Senador J. William Fulbright. Tanto como teórico quanto como a pessoa mais responsável pela orientação dos assuntos externos americanos após a Segunda Guerra Mundial, Kennan foi o arquiteto da política de contenção de Truman. Em seu influente livro sobre a diplomacia americana (1951), ele proporciona os fundamentos para a doutrina da contenção. Suas hipóteses básicas, naquela época e naquele livro, eram de que a União Soviética, em razão de sua ideologia, empenhada na revolução do mundo, e sua base de poder nacional, que era apoiada por uma pretensão de infalibilidade científica, estaria constantemente dedicada à pratica de fazer as manobras possíveis para expandir o comunismo e desagregar as sociedades não-comunistas. Com relação à ideologia soviética, observou: "Isto significa que nunca pode haver, do lado de Moscou, nenhuma admissão sincera de uma comunidade de intuitos entre a União Soviética e os poderes que são considerados como capitalistas" (p. 95). E com referência à base de poder soviético, notou: "O conceito soviético de poder, que não permite qualquer ponto focal de organização fora do próprio Partido, requer que a liderança do Partido permaneça, em teoria, a única depositária da verdade" (p. 96). Como único remédio possível para o assalto soviético permanente propôs a contenção permanente. "Nestas circunstâncias, está claro que o elemento principal de qualquer política dos Estados Unidos para com a União Soviética deve ser o de uma contenção a longo prazo, paciente, mas firme e vigilante, das tendências expansivas russas" (p. 99). Quinze anos mais tarde, porém, Kennan reviu com olhos críticos a atual posição da política exterior americana. Não podemos, nestes breves comentários, avaliar a medida em que as presentes posições sejam inevitável conseqüência da política de contenção formulada e proposta pelo próprio Kennan, ou sejam um resultado de sua aplicação inadequada. Em um recente livro sobre as relações com os países comunistas (1964), porém, Kennan previne contra "observar o comunismo como o único mal grave do mundo" (p. 6). Ressaltando que ocorreram importantes mudanças na última década, tanto dentro da Rússia, que se tornou mais liberal, quanto no sistema internacional, que está se tornando policêntrico, ele critica a rigidez do Ocidente e sua falta de compreensão e de resposta apropriada a estas mudanças correntes (Vide 1964, pp. 36-54).

Uma posição similar é mantida por Hans Morgenthau, que foi o formulador acadêmico mais ilustre de uma política exterior de contenção limitada, nos fins da década de 1940 e início da de 1950 (Vide Morgenthau, 1951, 1957 e 1960). Em sua mais recente reavaliação da política externa americana (1969), sustenta que os Estados Unidos retêm a concepção de contenção, quando as condições mudaram completamente. "Em conseqüência, os E.U.A. tomaram sobre si responsabilidades globais, que não podem cumprir com possibilidades de êxito e que, se fossem tentar cumpri-las, acarretariam sua ruína" (p. 10). Tais compromissos globais envolvem uma dupla fraqueza: "A inabilidade para distinguir entre o que é desejável e o que é possível, e a inabilidade para distinguir entre o que é desejável e o que é essencial" (p. 10). Morgenthau, que ainda se recusou a reconhecer, na terceira edição de seu clássico *Politics Among Nations* (1960), a existência de um império americano, mostrou-se profundamente preocupado com o desempenho expansionista da administração de Johnson e com o apoio teórico e a aberta defesa de uma política imperial por estudiosos tais como Zbigniew Brzezinski (1967)[14]. "O que a Grã-Bretanha e a Rússia fizeram no século XIX, os Estados Unidos e a União Soviética parecem estar fazendo hoje" (1969, p. 118). O mundo de hoje, porém, é completamente diferente do mundo vitoriano. Nem a construção de um império e a confrontação com os soviéticos trariam qualquer vantagem para os Estados Unidos, ou nem seriam mesmo exeqüíveis. A hegemonia americana, ao contrário do que é suposto por Brzezinski, não durará provavelmente mais do que uma década, no curso da qual, enquanto continuar o equilíbrio do

---

14. Os trabalhos de George Liska sobre o assunto não eram provavelmente conhecidos por Morgenthau quando escreveu seu livro de 1969.

terror nuclear, os soviéticos serão provavelmente capazes de reduzir substancialmente sua presente inferioridade em matéria de forças táticas móveis. Enquanto isso, os Estados Unidos deveriam usar seu poder para estabilizar o mundo, de modo que, quando estiverem suplantados, o mundo esteja firmemente no caminho do desenvolvimento e da estabilidade internacional (Vide Morgenthau, 1969, pp. 15-29).

A posição do Senador Fulbright, presidente do Comitê do Senado para Relações Exteriores e a voz liberal mais nobre e competente da América, tem sido de uma campanha incansável em prol de um esforço americano, pacífico e consensual, para a cooperação internacional. Em uma série de apaixonados, brilhantes e eruditos discursos e conferências, alguns dos quais foram posteriormente expandidos e organizados em forma de livro (vide particularmente 1963, 1964 e 1966), ele expressou suas concepções sobre os atuais assuntos internacionais. Sua tese central poderia ser resumida na afirmação de que os Estados Unidos têm poder suficiente para estar confortavelmente a salvo, e para ajudar sinceramente o mundo a se tornar mais próspero, democrático e pacífico, aceitando e apoiando as revoluções e movimentos progressistas do Terceiro Mundo, e exercendo uma autodisciplina e controle no uso de seu poder, de acordo com as melhores tradições da América do Norte de Lincoln e de Adlai Stevenson. Existe uma segunda América do Norte, porém, a de Theodore Roosevelt e dos superpatriotas, que tende atualmente a prevalecer. Essa América do Norte é uma terrível ameaça para o mundo e para si mesma. É a América do Norte que, de acordo com as declarações iniciais de um dos mais conhecidos trabalhos de Fulbright, "está agora naquele ponto histórico no qual uma grande nação corre o perigo de perder sua perspectiva daquilo que está realmente dentro do domínio do seu poder, e do que está além dele. Outras grandes nações, alcançando esta conjuntura crítica, almejaram demais e por excesso de esforço, declinaram e caíram" (1966, p. 3). Concluindo Fulbright diz: "Gradual mas inequivocamente, a América do Norte está mostrando sinais dessa arrogância de poder que afligiu, enfraqueceu, e em certos casos destruiu grandes nações no passado. Em assim o fazendo não estamos vivendo à altura de nossa capacidade e de nossa promessa como um exemplo civilizado para o mundo; a medida de nossa insuficiência é a medida do dever patriótico de dissensão" (p. 22).

A concepção histórico-evolutiva

Passemos agora a considerar algumas das concepções mais típicas do terceiro grupo de analistas do Império norte-americano: os que vêem sua emergência como um processo histórico resultante, de várias formas, da evolução da sociedade norte-americana no mundo contemporâneo.

Não é surpreendente que a primeira formulação erudita de uma analogia entre o Império Romano e a expansão contemporânea dos Estados Unidos tenha sido feita por Toynbee, cujo monumental *Study of History* (1934-1961) foi tão influenciado por seu profundo conhecimento do mundo clássico e por sua compreensão das semelhanças diacrônicas entre as sociedades. Em uma série de conferências acadêmicas dadas de 1960 a 1962, e reunidas posteriormente em forma de livro (1962), Toynbee sugeriu um paralelismo entre a expansão de Roma e a dos Estados Unidos, implicando causas similares e desenvolvimento análogo. Contrastando o presente conservadorismo da América do Norte com suas origens e passado revolucionários, ele observa: "Por contraste, a América do Norte é hoje o líder de um movimento anti-revolucionário mundial em defesa dos interesses constituídos. Ela representa agora o que Roma representou. Roma apoiou coerentemente os ricos contra os pobres em todas as comunidades estrangeiras que caíram sob seu domínio; e desde que os pobres, até então, foram sempre, e em toda a parte, muito mais numerosos do que os ricos, a política de Roma era feita para a desigualdade, para a injustiça e para a menor felicidade do maior número de pessoas" (1962, pp. 92-93). Posteriormente, diz: "O que aconteceu? A explicação mais simples é, creio, que a América do Norte se juntou à minoria" (p. 93). Finalmente, Toynbee vê a linha central dos acontecimentos, tanto em Roma quanto na América do Norte, como segue: Uma oligarquia patrícia obtém o controle de sua sociedade, expande esse controle territorialmente sobre uma área sempre crescente de hegemonia, e nesse processo é transformada, como classe dominante de um sistema imperial, em uma oligarquia plutocrático-militar.

A mesma concepção foi ampliada mais tarde por Stringfellow Barr (1967), um estudioso do mundo clássico, cujos estudos sobre as civilizações grega (1961) e romana (1966) levaram-no a analisar as analogias existentes entre o helenismo e a Europa, e o romanismo e a América do Norte e a traçar um paralelo entre a formação e expansão do Império Romano e as dos Estados Unidos dos dias atuais. Outros estudiosos, como David Horowitz (1965 e 1967) e Neal Houghton e seus colaboradores (1968), mantêm a mesma linha de pensamento, embora os aqui mencionados focalizem mais a atual realidade norte-americana do que o precedente romano. Horowitz ressalta que a preservação anti-revolucionária do *statu quo* é a motivação central da atual política exterior norte-americana. Não o comunismo em si, mas a revolução emancipadora do Terceiro Mundo é o que os Estados Unidos estão atualmente tentando conter, de acordo com o argumento do compilador Houghton e de seus colaboradores. E isto é devido à conversão da sociedade norte-americana em um Estado corporativo, sob um condomínio industrial-militar.

Amaury de Riencourt apresentou a versão mais completa da analogia com o Império Romano em seu livro (1968) sobre a formação e expansão histórica do impulso imperial norte-americano, e de seus atuais processos e mecanismos. Como a maioria dos autores que adotam esse ponto de vista, ele não pensa que os Estados Unidos estejam isolados em sua aventura imperial, mas crê que compartem de uma forma competitivo-cooperativa, com a União Soviética, em que vê uma espécie de novo Império Sassânida. "Muito lentamente, mas com certeza, a perspectiva sombria do Grande Condomínio está se tornando visível; os vagos contornos de sua compreensão mundial estão começando a emergir da névoa que nos cerca. O Condomínio será essencialmente uma aliança tácita entre dois *Estados* imperiais, não entre ideologias irreconciliáveis e competidoras. Será a conjunção parcial de seus interesses nacionais e imperiais, que servirão como base para sua aliança virtual que, de nenhuma forma, estabelecerá um fim a sua rivalidade" (p. 329).

As concepções de Liska

No contexto da crescente percepção do caráter romano da expansão imperial norte-americana, com seus matizes implícitos ou explícitos de reprovação, os trabalhos de George Liska, do Centro de Pesquisa de Política Exterior de Washington da Universidade Johns Hopkins, ocupam um lugar singular e marcam uma mudança nos valores implicados, da acusação ou excusa, à franca recomendação. Em uma série de estudos eruditos muito interessantes (1967, 1968a e 1968b), Liska parte do pressuposto de que os impérios são necessariamente produtos históricos. Eles emergem em dadas condições e representam, uma vez que essas condições existam, uma conseqüência inevitável, que não é intrinsecamente boa ou má, mas cujo significado e valor dependem de vários fatores, incluindo o caráter interno da sociedade imperial e a forma pela qual sua liderança seja exercida. Na realidade, acredita Liska, existem apenas cinco tipos possíveis de ordem mundial (1968b, p. 5), um dos quais é a *ordem imperial.* Os outros são a *competição pela primazia,* o *equilíbrio de poder,* a *institucionalização funcionalista* e a *inexistência de um poder centralmente ordenador.* Em nossa época, como resultado da Segunda Guerra Mundial e dos acontecimentos seguintes, as superpotências se tornaram Estados imperiais, mas apenas recentemente, devido a uma série de acontecimentos (incluindo o infortúnio do Vietnã) é que o seu caráter imperial e suas relações interimperiais se tornaram impossíveis de ocultar. A coexistência de uma renovação do nacionalismo, com a ascensão gradual de uma nova ordem interimperial, e a difusão do industrialismo como uma aspiração mundial, retardou "a percepção de algo parecido com uma ameaça hegemônica dos Estados Unidos à independência nacional dos membros restaurados ou recém-criados do sistema internacional" (1967, p. 6). E aqui há uma semelhança com o conflito entre a França e o Império Habsburgo, no qual Carlos V apareceu como o desafio real apenas no fim do conflito.

A concepção de Liska sobre os novos impérios é diferente da de Lênin, por isso na concepção de Liska os motivos políticos, mais do que os econômicos, são a força motriz. "Um 'império' é um Estado que excede outros Estados em tamanho, alcance, proeminência e sentido de tarefa" (1967, p. 9). O conceito de império, propriamente usado, deveria significar, de acordo com Liska, um Superestado mais do que um poder colonial. O Império Romano é o paradigma. A América do Norte é um equivalente moderno do Império Romano. A Rússia Soviética é uma nova Macedônia (ao invés da analogia sassânida de De Riencourt), e a equivalência parta é dada à China. Os impérios históricos, bem como os atuais, surgiram por várias razões, dentro de uma série limitada de possibilidades tipológicas. Seja qual for a causa, a condição imperial é alcançada quando a ordem internacional cessa de depender da distribuição do poder antagonista segundo um padrão de contrapeso recíproco, mas reside, em última análise, na suposição, amplamente repartida, do poder dominante dos Estados imperiais (Vide 1967, pp. 36-45).

A análise de Liska dos principais traços imperiais da América do Norte de hoje (1967), incluindo a distinção entre o Estado imperial, como uma condição internacional objetiva, e o imperialismo, como um desígnio, levou-o a um estudo do sistema internacional atual, ao qual são dedicados seus dois livros subseqüentes (1968a e 1968b). Ele o considera um sistema bipolar, unifocal e bissegmentado, evoluindo vagamente para um sistema multipolar (Vide 1967, p. 36 e 1968a, p. 8). É bipolar, em termos estratégicos militares, devido às características imperiais atualmente exclusivas das duas superpotências e sua mútua contenção nuclear. É unifocal, porque apenas os Estados Unidos se tornaram um poder primário global (ou império), sem obter, porém, hegemonia em todas as áreas. É bissegmentado devido à clivagem do desenvolvimento entre o Norte e o Sul. E está evoluindo vagamente para a multipolaridade, devido à capacidade para a autonomia de alguns países e para desenvolvimento posterior em direção à supremacia local, retida real ou potencialmente por alguns outros atores internacionais. Liska distingue duas áreas principais: uma, na qual se situa o problema da primazia, compreendendo o hemisfério ocidental e a Europa Oriental, e a outra compreendendo as áreas em que essa questão ainda não está solucionada. Esta última deve ser dividida em três setores: (1) Europa Ocidental, onde as possibilidades de primazia ainda podem reverter em favor dos Estados Unidos, ou dos poderes locais, ou da União Soviética em um quadro pan-europeu, (2) Ásia do Sul, onde a primazia não está decidida e poderia ser alcançada por China, Japão, Índia, a União Soviética, ou a Austrália com apoio americano, e (3) África, onde há uma tendência para a sub-regionalização; (a) o Norte, sob a primazia da Argélia e da República Árabe Unida, (b) as várias zonas tropicais, sob várias influências possíveis, e (c) o Sul, sob a primazia da África do Sul branca.

Liska sustenta que o neutralismo exauriu sua chance na segunda área, onde a supremacia ainda não está estabelecida, mas que o não-alinhamento ou o vago alinhamento se tornou possível no hemisfério ocidental, como nos casos da França, Romênia e Cuba. As possibilidades de autonomia na última área são determinadas pelas características desta autonomia, em face dos interesses e da possível ação das superpotências. "Autonomia não é hegemonia; e ambas diferem do *status* intermediário de um país ou região disputados por duas ou mais potências exteriores" (1968a, p. 44). A autonomia, porém, requer duas condições básicas. Externamente, a situação deve ser tal que a intervenção por uma terceira grande potência requeira um acordo com a potência primária, levando as grandes potências a uma contenção mútua. Internamente, o país ou sistema autônomo necessita ter uma capacidade de contra-ataque ou não dispor de armamento nuclear. Desestabilizar a capacidade nuclear atrairia uma concertada intervenção estrangeira. A autonomia, portanto, "requer uma medida adequada de autodisciplina em matéria de política externa" (p. 45).

O último livro de Liska (1968b) é tanto uma síntese de suas principais concepções sobre o sistema internacional atual, quanto um guia estratégico para a ação norte-americana, escrito com a mesma perspectiva subjetiva de *O Príncipe* de Maquiavel, que pretendia ser uma teoria do ambiente internacional das cidades do Renascimento italiano e uma estratégia para a unidade e supremacia italianas. A mensagem central de Liska afirma que o sistema internacional se tornou um sistema interimperial. Sejam quais forem as possibilidades remanescentes no novo sistema, para a preservação de certas áreas de autonomia e de primazia local, as relações entre os Estados Unidos e a União Soviética adquiriram um caráter interimperial irreversível, no qual é impossível um vazio de poder. Cada um dos Estados imperiais, portanto, é confrontado com uma dupla restrição. Por um lado, algum decréscimo em sua influência internacional ou global, em qualquer sentido relevante, favorece a expansão da influência do outro. Por outro lado, cada um dos Estados imperiais deve contribuir para a manutenção da ordem mundial (ordem interimperial), em um processo que envolve, para suas respectivas áreas de supremacia, um governo consensual-coercitivo dos assuntos da área (ordem intra-imperial). Nestas condições, o império norte-americano, que ainda é um processo objetivo, que ocorre sem o reconhecimento apropriado do povo americano e, em grande medida, contra seus valores e desejos, deve se tornar um fato aceito e, mais do que isso, uma missão aceita. O império não pode ser governado de uma forma casual ou inconsciente (e com o emprego de meios de alcance meramente nacional), e não pode ser abandonado pelos norte-americanos sem que esses caiam em uma decadência inevitável, e finalmente, na submissão ao domínio estrangeiro. O império deve ser reconhecido como um estágio histórico global e dirigido na forma mais esclarecida e eficiente[15], para o benefício mútuo do povo norte-americano e do mundo inteiro.

Robert Tucker, também do Centro de Pesquisa de Política Exterior de Washington, discutindo, em geral, a alternativa de "nação ou império" para os Estados Unidos e as concepções de Liska, salienta (1968) o ponto central desta alternativa: o relacionamento entre a segurança nacional e o propósito nacional. Os requisitos de segurança são invocados constantemente para a expansão de facilidades militares e para a extensão da capacidade dos Estados Unidos através de todas as formas de controle territorial ou funcional no ultramar. A segurança nacional, porém, é um conceito complexo, que pode ser levado, de um mínimo de proteção do território nacional contra ataques externos, até o máximo de detenção de capacidade para evitar a formação de, ou destruir, qualquer força potencialmente hostil, em qualquer parte do mundo. Que limite de segurança nacional deveria ser adotado pelos Estados Unidos? A resposta, observa Tucker, depende de como os Estados Unidos entendam seu propósito nacional. É o propósito que determina o caráter da nação e a extensão de seus compromissos, que por sua vez determinam os requisitos de segurança nacional. Iniciando com este esclarecimento básico, Tucker sugere que os Estados Unidos mudaram seu propósito e compromisso da contenção de Truman ao desígnio de ordem mundial, movidos pelo próprio sucesso do empreendimento anterior. "A ordem mundial é, na prática, contenção com letra maiúscula" (1968, p. 149). Mas em termos norte-americanos a "ordem mundial" é um eufemismo para o Império norte-americano. O Império não foi adquirido deliberadamente pelos Estados Unidos, mas, uma vez adquirido, está sendo preservado deliberadamente. Entre as conseqüências do Império, ocorre que manter a ordem entre os Estados requer manter a ordem fora deles, o que torna o Vietnã inevitável. Esta conseqüência, porém, implica um imperialismo que é contrário aos sentimentos norte-americanos e aos propósitos básicos dos Estados Unidos; a universalização do experimento norte-americano seria traída pelo imperialismo. Concluindo sua análise, Tucker sugere que o novo propósito norte-americano (uma ordem mundial que é idêntica ao Império norte-

---

15. Entre os requisitos básicos para a eficiência e mesmo para a sobrevivência imperial, Liska salienta a necessidade de organizar um exército internacional profissional para substituir o atual exército de cidadãos, que não se adapta à tarefa de manter a ordem imperial extrametropolitana.

-americano), não mais é relevante para o mundo que, atraído anteriormente pelo experimento norte-americano, em termos da grande sociedade democrática, repele agora o imperialismo norte-americano. Ele sustenta, também, que os Estados Unidos deveriam reconhecer as contradições internas e externas atualmente existentes entre sua expansão imperial e seu compromisso permanente com a grande sociedade democrática, e resolver estas contradições retornando ao quadro de nação e reorganizando seus requisitos de segurança concordantemente.

Uma avaliação crítica

Uma discussão mais ampla dos três grupos que interpretam o emergente Império norte-americano e das várias concepções sobre o assunto nos levaria longe demais do tema central deste livro. Será suficiente notar que a interpretação histórico-evolutiva, por entender o processo em seu quadro histórico amplo, incluindo todos os fatores passados e presentes que ocasionaram a expansão do poder e da influência norte-americana, e comparar esta expansão com a evolução das outras partes do mundo, é, conseqüentemente, a mais ampla e a que proporciona melhor explicação para esse processo. A explicação histórica, porém, incluindo entre seus méritos heurísticos a analogia com o Império Romano — desde que a analogia seja usada de uma forma não-mecânica e não-isomórfica — não implica os conteúdos determinísticos introduzidos por alguns autores que compartilham desta concepção, tais como De Riencourt, nem exclui o grande montante de verdade contido nas duas outras espécies de explicações.

Eu sugeriria que Liska tem fundamentalmente razão ao apresentar a emergência dos impérios, incluindo o Império norte-americano, como um processo resultante do sucesso comparativo de uma sociedade, em face de suas contemporâneas, em luta por um controle mais amplo sobre seus respectivos ambientes, vinculada a vários tipos de impulsos, internos e externos, de expansão imperial. Ele está certo também ao observar que muitos desses impulsos podem ter características disfuncionais, seja com respeito à sociedade em expansão, como foi o caso quando a sociedade romana se tornou uma oligarquia, seja com respeito às sociedades dominadas, como, uma vez mais, foi o caso da maioria das províncias romanas, ao menos em muitas fases de sua anexação ao Império. Dessa maneira, no caso dos Estados Unidos, é inegável que os motivos econômicos, embora não tão exclusivamente quanto o suposto por muitos autores, foi um fator determinante no processo imperial norte-americano, incluindo a propensão, mencionada por muitos, de converter o controle do comunismo em uma ordem mundial sob controle norte-americano, e de identificar o "mundo livre" com o mundo onde os negócios norte-americanos estão livres dos controles sociais.

É verdade também, como foi salientado pelos autores que mantêm as concepções de contingência, que existiram muitos aspectos casuais na construção do Império norte-americano, fundados em erros de julgamento. A construção do Império norte-americano teria sido impossível sem o apoio da opinião pública norte-americana. Até recentemente, tal apoio lhe fora dado, não em nome e para os objetivos do Império, mas sim em nome e para o propósito de defender os valores liberais e de proteger a segurança da nação. Tanto é assim que uma vez que o caráter imperial dos atuais compromissos norte-americanos foi descoberto pela crise do Vietnã, o consenso nacional foi quebrado, o apoio público retirado, e o propósito imperial questionado e contestado por uma pluraridade muito grande, se não pela maioria, do povo norte-americano. Admitido este ponto básico, porém, deveria ser reconhecido que o caráter contingente do Império norte-americano tem sido indevidamente ressaltado pela maioria dos autores desse grupo, particularmente por Steel. Como salientou Tucker, o Império, embora adquirido não deliberadamente, está sendo preservado deliberadamente. Além do mais, a construção do império só foi acidental no que se refere a certas políticas específicas. Essas políticas poderiam ter sido diferentes se outros homens ou grupos, também pertencentes ao círculo dirigente, estivessem no poder. Considerado como uma tendência e uma direção, porém, o Império foi a conseqüência necessária (não em termos determinísticos) do caráter (oligopolista) e do sucesso (através da competição auto-aperfeiçoadora) do capitalismo norte-americano, em particular, e em geral de certos outros traços básicos (muitos expressando qualidades pessoais e sociais) da sociedade e cultura norte-americanas.

Portanto, contrariamente às concepções da maioria dos autores desse grupo e também de Tucker, o Império norte-americano, como a realidade atual em que se converteu, não pode ser rechaçado meramente através da adoção, num futuro próximo, de políticas esclarecidas, por homens esclarecidos. Supondo, para os fins da presente discussão, (1) que a contradição entre o Império, como um quadro contingente, e a grande sociedade democrática, como uma meta nacional permanente, pudesse ser resolvida mediante o retorno ao quadro da nação e (2) que uma redução correspondente dos dispositivos militares pudesse ser efetivada com uma margem confortável de segurança para a nação, não é verdade que se pudesse realizar essa mudança apenas por intermédio de decisões mais esclarecidas. *O fato é que existe atualmente – quaisquer que sejam as causas históricas – uma necessária interdependência global entre a presente estrutura da sociedade norte-americana e seu caráter imperial.* Portanto, apenas profundas mudanças estruturais, que modificam os presentes regimes de participação, propriedade, valores e poder, de um modo ainda mais amplo do que ocorreu no passado norte-americano mais remoto, como resultado da revolução jacksoniana e, mais recentemente, do *New Deal* de Roosevelt, poderiam ocasionar tal conseqüência. Parece razoável supor que modificações tão profundas, embora não sejam impossíveis — particularmente em vista da atual revolução ética da juventude e da emergência de novos tipos de líderes, como McGovern — não são prováveis de ocorrerem.

O sistema interimperial

A esta altura da presente análise, o que necessita ser primeiramente estudado é o novo sistema interimperial que substituiu, finalmente, o sistema de equilíbrio de poder internacional gerado após as guerras napoleônicas. O de que necessitamos, assim, é uma análise dos efeitos do emergente sistema interimperial sobre as possibilidades, atuais e previsíveis, do desenvolvimento nacional político e global das sociedades não-imperiais.

O esboço de Liska sobre a atual ordem mundial, como foi resumido anteriormente, apresenta, a meu ver, uma base conveniente para a discussão do emergente sistema interimperial. Este sistema apresenta, agora e para o futuro previsível, uma ordem internacional de estratificação na qual existem quatro classes de atores societais. A primeira classe corresponde aos atores dotados de *primazia geral,* que envolve a inexpugnabilidade do território central dos referidos atores, uma hegemonia regional muito ampla, e uma predominância mundial geral em áreas ou setores que não sejam especificamente protegidos. A primazia geral poderia, eventualmente, converter-se em uma supremacia geral, no caso improvável de que o segundo nível de poder contendente falhasse em lograr uma primazia regional, seja devido a distúrbios internos, seja devido a um desnível tecnológico-militar que leve à perda de capacidade de contra-ataque minimamente suficiente. A segunda classe corresponde aos atores dotados de *primazia regional,* que envolve a inexpugnabilidade do território central dos referidos atores, uma hegemonia regional mais estreita, e uma influência mundial relevante. A terceira classe corresponde aos atores com *autonomia,* o que envolve, em vez de inexpugnabilidade do respectivo território central, o desfrute de uma situação na qual, independentemente da vontade de terceiros, uma agressão contra o território central dos atores em apreço envolva custos muito altos para qualquer agressor potencial. Esta situação está associada às condições que assegurem, para o referido ator, uma capacidade autônoma para adotar decisões internamente relevantes e uma endogenia básica de seus fatores de desenvolvimento societal. A quarta classe corresponde aos atores em estado de *dependência,* que é caracterizado pela falta de um acesso minimamente suficiente às condições próprias das classes mais altas e, em razão disto, por um *status* e papel internacionalmente subordinados.

O sistema interimperial é um sistema dinâmico, no qual as posições dos atores são mutáveis para melhor ou pior, dentro de certos limites. O curso histórico previsível dos referidos atores pode ser considerado em três estágios principais: (1) o estágio presente, que está conduzindo à sua culminação o processo iniciado após a Segunda Guerra Mundial, (2) o fim do século corrente, e (3) o futuro posterior. Com base nas condições estruturais[16] do referido ator e de sua posição comparativa, em face dos outros atores, no presente estágio, o curso e a posição resultantes de cada ator no próximo estágio podem ser previstos em termos de uma série de alternativas mais ou menos prováveis. Deve ser levado em conta, por outro lado, que, de um modo geral, a margem de variação de classe decrescerá à medida que um ator passe do primeiro estágio (presente) ao segundo (fim deste século), e deste estágio para o terceiro (além de 2000). Isto é devido ao fato de que a distância entre os atores que seguem trajetórias de diferentes níveis de classe tende a aumentar e a se tornar intransponível. Para todos os fins práticos, portanto, a ordem de estratificação que será alcançada provavelmente no segundo estágio (com exceção da China e da Europa Ocidental, que serão discutidas posteriormente) tenderá a prevalecer no terceiro. Pela mesma razão, a ordem de classificação que vier a ser alcançada no terceiro estágio tenderá a ser coextensiva com a duração de todo o sistema interimperial que ora está emergindo.

Os atores societais a serem considerados neste sistema, embora não excluindo necessariamente a possibilidade de futuras mudanças resultantes de novas integrações e desintegrações societais, serão ou (1) aqueles que já estão existindo como países independentes ou (2) os grupos de países real ou potencialmente integrados ou coordenados, que se encontrem suficientemente unificados para manter um comportamento internacional funcionalmente comparável ao dos países independentes. De nada serve, para o propósito da presente discussão, examinar um a um os países ou grupos de países (tal como uma lista ampliada dos membros das Nações Unidas), que poderiam ser considerados atores no sistema interimperial de hoje. Levando em conta as características de nossas quatro classes de estratificação internacional, podemos limitar nossa consideração aos países ou grupos de países que apresentam atualmente, ou podem vir a apresentar antes do fim do século, uma razoável possibilidade de atender os requisitos das três classes superiores. Para os outros países, podemos

---

16. Estas condições incluem, como variáveis principais, os principais aspectos quantitativos e qualitativos da população e dos subsistemas societais e, para atores menores, a situação geopolítica.

reservar a designação genérica de "resto do mundo". Excluindo estes atores residuais, estaremos limitados a nove atores. Alguns, tais como os Estados Unidos, a Rússia Soviética, a China, o Japão, a Índia e a Indonésia, são atualmente países independentes individuais. Outros, tais como a Europa Ocidental, a América Latina e o mundo árabe (da África do Norte), são grupos de países que realizaram graus variáveis de integração ou coordenação mútua, e que quiçá logram alcançar, antes do fim do século, um maior grau de integração, suficiente para possibilitá-los a operar como uma unidade básica, na arena internacional. No caso desses grupos de países, porém, deve ser mantida em aberto a questão de se eles venham ou não a lograr sua integração, bem como a indicação exata de quais sejam os sócios finais de cada grupo. A Europa Ocidental pode chegar ou não a formar uma união operativa incorporando alguns, ou todos, países da área de livre-comércio. Embora menos provável, pode se chegar também a um acordo pan-europeu, incluindo a Europa Oriental e a União Soviética. Neste caso esse grupo participaria do *status* de uma Europa unificada, embora substancialmente reforçado. O mesmo tipo de variações, dentro de suas respectivas condições, aplica-se à América Latina e ao mundo árabe. Como observação final, é necessário ressaltar que o quadro que se esboçou é uma aproximação. Uma classificação mais precisa dos atores no sistema requereria uma discussão das posições de países tais como o Canadá, o Paquistão, e a Austrália, que foram sumariamente incluídos no grupo residual do resto do mundo, mas têm características suficientes para serem diferenciados da maioria dos outros atores residuais. Seria necessária, também, uma análise das possibilidades isoladas de sobrevivência, no caso do malogro de integração latino-americana, de um país semicontinental, como o Brasil, e dos dois outros grandes países da região, a Argentina e o México. Além do mais, as Nações Unidas, que podem adquirir mais autonomia de ação no futuro, também devem ser mencionadas embora nunca pudessem ser um ator independente.

Com estas explicações podemos considerar agora o quadro que resultaria da adoção de nossos critérios e suposições, com referência ao sistema interimperial nos três estágios. Como é indicado no Quadro 9, temos que na presente situação os Estados Unidos desfrutam do *status* de primazia geral e a União Soviética de primazia regional. A terceira classe de estratificação, de autonomia, inclui apenas a China, o Japão e a Europa Ocidental. A quarta classe, de dependência, inclui, em adição ao "resto do mundo", a América Latina, a Índia, o mundo árabe e a Indonésia.

Como foi observado, o próximo estágio, correspondente ao fim do século, é suscetível de apresentar um quadro semelhante. Algumas variações possíveis, embora menos prováveis, seriam: (1) a próxima queda da Europa Ocidental em estado de dependência, relativamente aos Estados Unidos, e a próxima obtenção de autonomia por parte da América Latina. Em ambos os casos, a ocorrên-

QUADRO 9: O sistema interimperial emergente.

ESTRATIFICAÇÃO	CURSO HISTÓRICO PREVISÍVEL		
	Situação Presente	Fim do Século	Futuro Posterior
1. Primazia Geral	Estados Unidos — — — EUA		EUA / URSS
2. Primazia Regional	Rússia Soviética — — — URSS		EUA / URSS / CH / JP / EOc
3. Autonomia	China — — — — — — — CH / Japão — — — — — — — JP / Europa Ocidental — — EOc / AL		CH / JP / EOc / AL / ID / MA / IN
4. Dependência	América Latina — — — AL / Índia — — — — — — — ID / Mundo árabe — — — — MA / Indonésia — — — — — — IN / Resto do mundo — — RM	EOc	CH / EOc / AL / ID / MA / IN / RM

Signos:
— — — — — — — — Curso muito provável
—·—·—·—·—·—·— Curso provável ou alternativo
.... Alternativa menos provável

cia desse curso menos provável, no segundo estágio, implicaria, por sua vez, uma probabilidade muito alta da continuação da nova posição relativa no terceiro estágio. Isto significaria que a prematura decadência da autonomia da Europa Ocidental, ora o curso menos provável, consolidaria muito provavelmente sua dependência no terceiro estágio. E a antecipada obtenção da autonomia pela América Latina, novamente o curso menos provável, consolidaria muito provavelmente sua subseqüente autonomia no terceiro estágio.

O terceiro estágio de nosso quadro, que corresponde ao próximo século, apresenta uma possibilidade de mudança geral mais ampla, embora, com duas exceções, a maior probabilidade ainda seja a continuação do *status*. Há uma maior possibilidade de mudança porque os possíveis efeitos cumulativos do desenvolvimento societal levariam certos atores, que permanecem na quarta classe no estágio 2, à próxima classe mais alta, no estágio 3. Contrariamente, a possibilidade, se bem que menor, de desenvolvimento insuficiente faria com que a posição relativa de alguns atores se deteriorasse no estágio 3.

É interessante observar, em termos de probabilidade relativa, os casos especiais da China e da Europa Ocidental na transição do estágio 2 ao estágio 3. Nessa transição, como na anterior, é provável que a maioria dos atores sejam capazes de manter suas posições relativas. Não assim, porém, nos casos da China e da Europa Ocidental. No caso da China, porque é provável que nas décadas que precedem o estágio 3, esse país venha a acumular capital, tecnologia e educação popular suficientes para saltar à classe de primazia regional, no próximo século.

Contrariamente, a Europa Ocidental, cujo nível de integração é provável que se mantenha baixo, em virtude de seu arraigado paroquialismo nacional, dificilmente superável por caminhos consensuais, provavelmente não obterá as condições necessárias para lograr um nível de primazia regional. Em tal hipótese, é mais provável que a Europa Ocidental seja atraída por alguma forma confortável e digna de dependência[17], em lugar de mobilizar o esforço necessário para preservar sua autonomia.

Conseqüências gerais

A discussão anterior e a imagem que apresenta o Quadro 9, proporcionam algumas indicações das conseqüências do novo sistema interimperial para o desenvolvimento nacional global e político dos países subdesenvolvidos de hoje.

A principal conseqüência geral resultante do emergente sistema interimperial é uma redução muito severa das possibilidades de livre manobra na arena internacional, para todos os atores exceto, dentro de certos limites, para os atores que desfrutam de primazia geral e, em uma forma restrita, de primazia regional. A inexpugnabilidade e a predominância mundial geral proporcionadas pela primazia geral permitem ao ator desfrutar de um âmbito muito amplo de escolhas e de uma margem muito grande de tolerância para erros, embora dentro de certos limites. Sua capacidade para impor políticas em sua própria área de hegemonia (a América Latina para os Estados Unidos), e para predominar em todas as áreas e setores

---

17. Essa dependência seria uma espécie de dependência neo-helenística relativamente a um novo "Império Romano".

do mundo que não se achem especificamente protegidos por primazias regionais ou autonomias consolidadas, outorga um caráter imperial total a este ator. A primazia regional, embora propiciando apenas uma moderada influência mundial (derivada principalmente da capacidade de negociação dos atores, em relação uns aos outros e, em relação ao ator que desfruta da primazia geral), assegura a hegemonia em uma área mais estreita (a Europa Oriental para a União Soviética), que é também de caráter imperial. Uma vez consolidada, a autonomia permite uma discreta capacidade mundial de negociação, mas sua principal conseqüência é a proteção do território central em apreço, e, eventualmente, de certos setores funcionais ultramarinos (tais como certos ramos de comércio ou de influência cultural) contra a ingerência fácil ou arbitrária das potências que desfrutem de primazia regional ou geral. A autonomia, portanto, está relacionada essencialmente com a autodeterminação nacional, e com uma capacidade auto-sustentada para manter a identidade e o desenvolvimento nacional e societal inerentes do país. *A autonomia, portanto, no sentido preciso aqui usado, é a condição necessária para a viabilidade nacional dentro do sistema interimperial.*

Em tal situação, apenas os atores que desfrutem real ou potencialmente de condições para a autonomia são capazes de executar deliberadamente seu próprio desenvolvimento político e societal. Para os atores potencialmente capazes de desfrutar de autonomia, portanto, o problema crucial é como obtê-la e, para os atores que dela já desfrutem, o problema é como mantê-la. Nas atuais condições históricas concretas, esses dois problemas se referem a sete atores na terceira e quarta classes do Quadro 9. Em ordem de estratificação eles são a China, o Japão e a Europa Ocidental, por um lado, e a América Latina, a Índia, o mundo árabe e a Indonésia, por outro. Os primeiros enfrentam o problema de manter e consolidar sua presente autonomia. Os últimos enfrentam o problema de converter sua autonomia potencial em uma autonomia real, enquanto ainda desfrutem dessa possibilidade. As próximas três décadas são amplamente aceitas, pela maioria dos autores, como o período de tempo no qual esses problemas terão que ser resolvidos[18]

Seria interessante, mas muito afastado do propósito central deste livro, examinar, um por um, os principais problemas confrontados por cada um destes sete atores. Teremos a oportunidade, na parte final deste livro, de discutir mais intimamente os problemas da América Latina. Consideremos agora, apenas de uma forma geral, o problema da autonomia desses sete atores. Tal problema

---

18. Trinta anos representam uma geração biológica e duas gerações sociológicas. Na experiência histórica mais recente foi, em geral o lapso de tempo levado em média para realizar mudanças societais substanciais, como no caso da Alemanha de Bismarck, do Japão Meiji e da Rússia soviética (vide o Cap. 6 deste livro).

poderia ser resumido como segue: internamente, todos esses atores, dentro de suas condições peculiares, defrontam-se com a necessidade de realizar as políticas necessárias para assegurar o ritmo mínimo de integração e desenvolvimentos societais, a fim de manter, se pertencerem à terceira classe, ou de realizar, se pertencerem à quarta classe, seu próprio desenvolvimento nacional auto-sustentado, autônomo e basicamente endógeno. Internacionalmente, têm que manobrar, de forma a aumentar ou manter sua respectiva margem de permissibilidade internacional, que é um requisito necessário para seu desenvolvimento autônomo. Há uma causalidade circular entre desenvolvimento autônomo e suficiente permissibilidade internacional. O primeiro cria condições internas para a última, que, por sua vez, é um pré-requisito da anterior.

O problema que suscita essa causalidade circular auto-reforçadora consiste em que os atores real ou potencialmente autônomos são submetidos a fortes pressões, por parte dos atores que desfrutam de primazia geral e regional, e têm que levar em conta tais pressões, em distintas medidas, tanto por razões internas quanto externas. Em certo sentido, a China e a Indonésia representam casos extremos. Na China, o sucesso político interno de Mao e de seus seguidores requereu a adoção de posições políticas e ideológicas que conduziram o país aos extremos limites de sua permissibilidade internacional (bastante ampla), particularmente em face da União Soviética. O perigo iminente de uma ação soviética preemptiva (com ou sem a concordância dos Estados Unidos), visando à prematura eliminação da incipiente capacidade nuclear da China, representa uma séria contenção de sua capacidade para o desenvolvimento autônomo. Na Indonésia, no extremo oposto do espectro, o atual governo militar foi tão dependente do apoio e da assistência norte-americanos, para impedir a iminente conquista do poder central pelo partido comunista, que teve de renunciar à anterior autonomia neutralista do país, em condições que podem impossibilitar sua futura readoção.

O Japão e a Europa Ocidental se defrontam com as dificuldades particulares que envolvem a reconciliação de sua autonomia com o seu tenso relacionamento econômico com os Estados Unidos. O Japão foi admiravelmente bem sucedido em se livrar do controle interno de sua economia pelo mundo de negócios norte-americano, após o período de ocupação militar, mas depende do mercado norte-americano — e dessa maneira das condições de acesso a ele — para aumentar uma parte de sua produção. A Europa Ocidental é mais livre, em termos de comércio internacional, mas é menos capaz de realizar sua própria autonomia interna, devido a sua inextricavelmente íntima associação (e dependência) com o sistema de negócios norte-americano.

A Índia desfruta de uma margem substancialmente ampla de permissibilidade internacional mas, nacionalmente, parece bastante incapaz de superar seus problemas de subdesenvolvimento. Em adição à tremenda complexidade desses problemas, o deficiente nível de integração política da Índia, tanto horizontal quanto verticalmente, não permite ao governo central concentrar tanto poder e adotar políticas tão rigorosas quanto seria minimamente necessário para a promoção bem sucedida de seu desenvolvimento.

O mundo árabe também desfruta de uma grande margem de permissibilidade internacional, no que diretamente se refere às superpotências, em virtude de sua posição de fronteira entre ambas, mas foi detido, internamente, por suas dificuldades em realizar, no grau mínimo suficiente, uma integração horizontal entre os referidos países e uma integração vertical das várias camadas de suas respectivas populações. Compondo estas dificuldades, num grau que parece próximo ao ponto de insolubilidade, o mundo árabe foi conduzido (por sua própria falta de integração vertical) a uma confrontação suicida com Israel[19]. Neste processo os países árabes estão exaurindo todas as suas energias e recursos nacionais, aumentando sua dependência da União Soviética, e tornando-se, ao provável custo de sua sobrevivência histórica, um mero instrumento e arena para uma confrontação de poder e de influência, indireto e limitado, entre os Estados Unidos e a União Soviética.

O caso da América Latina

A América Latina desfruta da vantagem de ser a mais desenvolvida das áreas subdesenvolvidas, mas os problemas de seu desenvolvimento autônomo combinam, em certo sentido, as várias deficiências experimentadas pelos atores previamente mencionados. Como a Europa Ocidental, mas em condições muito piores, ela sofre dos efeitos paralisantes resultantes do controle interno de seu sistema econômico pelo mundo de negócios norte-americano. Como a Índia, não parece estar sendo bem sucedida em acumular poder central e empenho político suficientes para ir ao encontro dos problemas de seu subdesenvolvimento. Como o mundo árabe, a integração horizontal entre os países latino-americanos e a integração vertical de suas próprias populações estão bem abaixo do nível mínimo requerido para uma ação eficiente. E como a Indonésia, ela compra o apoio norte-americano (com a exceção possivelmente extensível do Peru) para seus regimes militares, ao preço de renunciar a sua possível margem de autonomia internacional.

Este último aspecto da situação latino-americana merece um breve comentário adicional. Uma das distinções peculiares entre as

---

19. A integração vertical deficiente submeteu os líderes árabes mais capazes, como Nasser e os baatistas sírios, a pressões populistas para uma guerra santa contra Israel, privando-os de uma margem política para transações inteligentes.

características da hegemonia dos Estados Unidos e da União Soviética, em face de suas respectivas áreas de hegemonia desimpedida (a América Latina e a Europa Oriental), é o fato de que a primeira é total mas não monolítica, enquanto a última é monolítica mas setorialmente restrita. Devido ao caráter pluralístico da sociedade norte-americana e dos relacionamentos multilineares existentes entre seus subsistemas e seus grupos sociais integradores, a hegemonia norte-americana sobre os países da América Latina tende a ser muito ampla, penetrante, aceita por vários grupos nacionais, mas não unificada externamente, exceto em momentos de crise, ou relativamente a efeitos que se referem a interesses estratégicos muito relevantes. Contrariamente, a hegemonia soviética sobre a Europa Oriental é monolítica, no sentido de ser externamente unificada e exercida em uma forma basicamente coerente, através de linhas densas e concentradas de comando, de governo a governo, e de partido oficial a partido oficial. A extensão do controle interno soviético, porém, sobre os subsistemas e grupos não-políticos dos países dominados, é muito pequeno ou não-existente, e é contido efetivamente por uma deliberada resistência nacionalista.

As conseqüências dessa diferença de controle são, na América Latina, o fato de que as propensões internas para o exercício de autonomia real sejam pequenas, incoerentes e esporádicas, embora a margem potencial de permissibilidade internacional seja suficientemente ampla; e na Europa Oriental, o fato de que as propensões internas para o exercício real de autonomia sejam grandes, coerentes e contínuas, embora a margem potencial de permissibilidade internacional seja a menor desfrutada atualmente por qualquer grande grupo de países do mundo. A questão permanece aberta, sem dúvida, com referência à extensão pela qual uma mudança substancial nas condições internas da América Latina ocasionaria um estreitamento correspondente de sua margem potencial de permissibilidade internacional. Esse problema será tratado na próxima e última parte deste livro. Porém, persiste o fato de que o caráter inerente da sociedade norte-americana e de seu domínio sobre os países latino-americanos envolve um conteúdo mínimo de pluralismo e de contradições que tendem a manter aberta uma margem de permissibilidade internacional que seria provavelmente suficiente, nas próximas décadas, para permitir à América Latina realizar um desenvolvimento autônomo, dentro de certos limites e condições. O problema que enfrentam os países latino-americanos, porém, dado o relacionamento existente entre suas sociedades e a sociedade norte-americana, reside em sua dificuldade particular em concentrar poder e determinação políticos suficientes para empreender mudanças substanciais.

Se a concentração de poder e de determinação políticos fossem realizados — como ocorreu por algum tempo na Argentina e no Brasil, e como ocorreu no Peru, Bolívia, e Chile — a margem potencial de permissibilidade internacional da América Latina resultaria talvez suficiente, apesar da hegemonia regional norte-americana, para permitir um desenvolvimento autônomo da área e de seus países integrantes. Dado o caráter não-monolítico da sociedade norte-americana e, como conseqüência, do Império norte-americano, sua tolerância (não de liberada abertura) à existência de áreas de autonomia dentro do império pode ser alcançada através do uso de políticas apropriadas da parte de alguns (não todos e nem mesmo muitos) dos países intra-imperiais. O *problema crucial* a este respeito — além da existência de uma permissibilidade internacional potencial superior à crítica — *é a adoção inequívoca e a manutenção coerente*, por parte do país em apreço, de certas *distinções estratégicas básicas entre os interesses econômicos e militares norte-americanos*. Os interesses econômicos e militares norte-americanos não podem ser desafiados simultaneamente nas áreas de hegemonia do império, tais como a América Latina. Qualquer desafio desse tipo se defrontaria, se fosse necessário, com a intervenção militar. Mas o controle econômico interno norte-americano pode ser desafiado (dentro de limites) e ultrapassado, particularmente por formas graduais de nacionalização, sempre que a autonomia assim obtida não seja usada claramente para reforçar a influência das outras superpotências ou, em geral, em formas que impliquem riscos político-militares para os Estados Unidos. Em alguns casos, as nacionalizações que excluam riscos político-militares para os Estados Unidos podem ser promovidas em termos puramente legais e econômicos, tais como desapropriação de empresas ou sua restrição legal a firmas nacionais. Em outros casos, formas alternativas de acesso a matérias-primas particularmente relevantes, a instalações ou a certos lugares, terão que ser proporcionados através de acordos complementares com os Estados Unidos. Finalmente, em certos casos terão que ser dadas aos Estados Unidos seguranças políticas fidedignas, para impedir importantes perdas de influência norte-americana na arena internacional, ou para compensá-las. O caráter não-monolítico do Império norte-americano, comparado com o soviético (e para esse efeito com o Império Romano), deixa maior espaço para políticas autonomistas bem equilibradas. Além do mais, para a presente época e para o futuro próximo, dado o fato de que o Império norte-americano ainda não é reconhecido ou aceito como tal pelo povo norte-americano e, conseqüentemente, ainda não é dirigido com compreensão subjetiva e com um propósito imperial deliberado, com apoio nos instrumentos imperiais apropriados, as possibilidades de políticas autonomistas são particularmente acentuadas.

É essencial considerar o fator tempo e o problema resultante do prazo histórico final, na medida em que eles se referem ao espaço remanescente para a permissibilidade internacional, permitindo aos países intra-imperiais realizar um desenvolvimento autônomo, e permitindo também a alguns dos atores internacionais, presentemente autônomos, a preservação de sua autonomia. De um modo geral, quando considerado em relação a processos de desenvolvimento nacional, o fator tempo exprime o período básico necessário para realizar significativas mudanças estruturais. Assim, por exemplo, nos casos históricos de processos bem sucedidos de desenvolvimento, anteriormente discutidos no Cap. 6, as mudanças significativas globais foram realizadas, em regra, em um período de cerca de três décadas. As mudanças intermediárias significativas são observáveis em períodos menores, de dez ou cinco anos. Estes intervalos correspondem, na fase de tomada de decisão, aos períodos de tempo necessários, em termos políticos, econômicos, científicos e tecnológicos, para avaliar os problemas envolvidos, estudar soluções alternativas, e tomar decisões; na fase subseqüente, correspondem ao período de tempo necessário para executar as decisões em termos materiais e organizacionais[20]. Para os processos de desenvolvimento, porém, o fator tempo representa também os limites básicos de tempo, ou prazos finais, após o decurso dos quais as tarefas que poderiam ter sido anteriormente cumpridas se tornam prática ou totalmente inexeqüíveis devido a mudanças estruturais nas condições relevantes.

As condições para uma ação podem mudar de várias formas e por várias razões. Quando tais mudanças afetam substancialmente a motivação dos atores, seus meios de ação, ou as circunstâncias sob as quais essa ação teria sido possível, a possibilidade de desempenhar tal ação pode ficar severamente prejudicada ou completamente anulada. A ocorrência de tais mudanças representa o advento de um prazo prescritivo, após o qual a referida ação não mais é realizável.

Existem indicações muito claras de que se os países latino-americanos (ou seja, os países do grupo com massa crítica, Argentina, Brasil e México) não forem bem sucedidos em realizar seu desenvolvimento autônomo no curso das próximas três décadas, e as condições para tal realização declinarão rapidamente e terminarão por desaparecer. A primeira das condições essenciais de provável desaparecimento, se o desenvolvimento autônomo não for alcançado pelo fim do corrente século, é a motivação da elite. O problema crucial na América Latina, como será estudado no Livro III, é a debilidade da elite latino-americana para desempenhar suas funções de elite: serviços de direção e desempenhos de excelência. À medida que o desenvolvimento autônomo é retardado, as elites latino-americanas tentam se compensar das inconveniências do subdesenvolvimento multiplicando, mais por seu

---

20. São implícitas nestas considerações certas suposições sobre o período histórico em questão e a velocidade média social, cultural e tecnológica de seu desenvolvimento. O período de trinta anos, antes mencionado, por exemplo, é bom para a história moderna da civilização ocidental, mas não poderia ser aplicado para o antigo Egito.

próprio impulso do que por pressão norte-americana, toda a sorte de vinculações dependentes dos Estados Unidos. Se este processo continuar por um outro período de trinta anos, todos os centros relevantes de decisão e de desempenho, bem como todos os fatores de ação e produção relevantes, serão localizados nos Estados Unidos ou deles dependerão. Isto envolverá a supressão da segunda condição essencial. Quaisquer que sejam as aspirações eventualmente sobreviventes à autonomia, todos os meios necessários para sua realização terão deixado de ser disponíveis. E embora neste quadro, como será discutido posteriormente neste livro, as condições para uma insurreição revolucionária das massas, sob a liderança da contra-elite latino-americana, fique extremamente intensificada, as possibilidades de realizar o desenvolvimento autônomo através de forma revolucionária semelhante à chinesa devem ser consideradas muito cautelosamente, dados os incríveis meios de controle de massas que tenderão a ser disponíveis, no futuro, para a preservação do *statu quo* dentro das fronteiras dos novos impérios emergentes.

Formas e conseqüências da dependência

Um ponto final que necessita ser examinado, em relação com as condições históricas, atuais e previsíveis, para a promoção do desenvolvimento nacional, se refere às conseqüências do malogro de realizá-lo antes dos prazos prescritivos. O que está errado com a dependência, nas novas condições do mundo? Não se poderia admitir que os novos impérios, uma vez consolidados dentro de suas próprias fronteiras e mais ou menos estabelecidos, em suas relações interimperiais, pudessem ser sistemas bastante toleráveis, semelhantes ao Império Romano de Augusto a Marco Aurélio?

Existem limites óbvios para o uso científico das analogias históricas e para as possibilidades preditivas da futurologia. Ninguém pode realmente afirmar como é provável que venha a ser a vida nos impérios do século XXI. Um novo humanismo social, sustentado por meios fabulosos tecnológicos, como foi discutido, é uma das possibilidades do futuro, bem como seu inverso elluliano. A analogia com os dias dourados do Império Romano deveria chamar nossa atenção para o fato de que aqueles dias foram dourados para uma pequena minoria de pessoas da classe média urbana, que estavam cercados por plebes miseráveis e por milhões de trabalhadores escravos. No que diz respeito à dependência, relativamente ao próximo século, convém fazer duas observações básicas acerca do que a dependência seja no presente e haja sido no passado recente, e acerca do que representou o processo de rápida modernização para os setores não especializados das populações dependentes.

Muito brevemente, pode-se dizer que hoje nos defrontamos com quatro tipos de dependência, em termos internacionais[21]. O primeiro é a dependência *colonial*, que representa um resíduo da expansão mercantil européia, que começou com o Renascimento e quase desapareceu a partir da Segunda Guerra Mundial. O segundo é a dependência *neocolonial*, que é caracterizada pela mudança da dependência formal para a informal e por uma mudança na ênfase, das formas legal e institucional de dependência, para formas econômicas e tecnológicas. O terceiro é a dependência *satélite*, que é caracterizada pela subordinação política informal, porém real, a uma superpotência, dentro do quadro da emergente ordem intra-imperial. O quarto, finalmente, é a dependência *provincial*, que ainda não existe, em sua versão moderna, mas que parece ser a última fase na evolução das formas correntes de satelitismo, e é capaz de ser a forma intra-imperial futura de dependência.

O que é de particular interesse, sobre estas quatro formas de dependência, é o fato de que apresentam claras características de inerente sucessividade. Na realidade, a dependência começou historicamente sob forma colonial. Os países ibéricos do século XV, seguidos pelos Países Baixos, Inglaterra e França, estabeleceram, tanto pela força quanto sem a mesma, colônias nas Américas, na África e na Ásia. Estas colônias continuaram a servir os interesses dos países metropolitanos após a Revolução Industrial, seguindo o padrão clássico de os suprir de matérias-primas e deles importar bens industriais acabados. De forma diferente da independência das colônias americanas, que foi ganha, nos séculos XVIII e início do XIX, através de efetivas vitórias militares, a maioria das ex-colônias européias da África e da Ásia obtiveram sua independência recentemente. Longe de expressar um processo de descolonização, como foi adiantado tão prematuramente, essa independência caracteriza apenas uma mudança nos meios de exploração. O colonialismo clássico envolve despesas administrativas e responsabilidades desnecessárias, que em tempos recentes tenderam a sobrecarregar as vantagens do controle colonial estrito. Eis por que os líderes detidos dos movimentos nacionalistas foram chamados subitamente pelas potências coloniais para tomarem o controle político de seus países. O neocolonialismo, como logo aprenderam as ex-colônias, tomou o lugar do colonialismo anterior. Isto significa que todas as despesas e responsabilidades administrativas, antes suportadas pelos países metropolitanos, passaram a ser carregadas agora pelas ex-colônias, mas o relacionamento colonial básico – o intercâmbio de produtos e serviços primários, de baixo preço, por bens industriais e serviços técnicos, de alto preço – foi mantido e acentuado.

---

21. Sobre esse assunto, vide ORGANSKI (1964, p. 256 e ss.), que foi discutido anteriormente neste capítulo.

A dificuldade do neocolonialismo, como é bem conhecido nos países latino-americanos — que caíram nele no último século, por razões próprias, ainda que sua independência não lhes fosse dada mas fosse ganha através de vitórias militares — é que é um sistema que se esgota por si mesmo. O neocolonialismo, bem como o colonialismo clássico, é uma forma de dependência primária. O último cessa quando seus custos administrativos tornam-se muito altos; o anterior cessa quando suas possibilidades de exploração são levadas à exaustão. Essa exaustão é devida aos efeitos do neocolonialismo sobre a balança de pagamentos dos países dependentes. Pelo fato de que a essência do sistema consiste em um intercâmbio não equilibrado, que favorece coerentemente o sócio metropolitano, o país dependente é levado finalmente a uma completa incapacidade de importar, exaurindo dessa forma as possibilidades do sistema. Nesse momento, um processo espontâneo de industrialização tende a ocorrer, a fim de substituir as importações, como é bem sabido nos países latino-americanos. Tal processo contraria as expectativas correntes e os aparentes interesses do anterior país metropolitano e seus associados da elite do país dependente. Após algum tempo, porém, — a menos que a elite local decida escolher o desenvolvimento autônomo, seja capaz de manejá-lo, e esteja preparada para contribuir com os necessários esforços e sacrifícios (Meiji, no Japão) — torna-se claro que o novo processo induz apenas uma mudança da dependência *neocolonial* para a de *satélite*. Tal mudança envolve, em primeiro lugar, um deslocamento da dependência das metrópoles européias anteriores para a dependência de uma superpotência, ou seja, na situação presente do hemisfério ocidental, dos Estados Unidos. Em segundo lugar, envolve uma mudança na natureza inerente da dependência. Não é mais, basicamente, um intercâmbio desequilibrado de bens primários de baixo preço, e bens e serviços industriais e técnicos de alto preço. É, essencialmente, uma dependência financeira, cultural e política. Consiste no crescente fluxo de capital e tecnologia das novas metrópoles para o satélite, juntamente com a tutela político-militar que mantém tanto o predomínio interno da elite local sobre sua própria massa, quanto a dependência intra-imperial do satélite para sua metrópole. Os novos investimentos "estrangeiros" e algumas outras formas imperiais de ajuda corrigem a balança de pagamentos, mantendo-a suficientemente equilibrada para possibilitar ao processo de continuar por um longo período, de uma forma que tanto perpetua o *statu quo* quanto agrava a dependência.

O problema do satelitismo, porém, como os países latino-americanos estão começando a compreender na década corrente, é que, como o neocolonialismo, *é também um processo que se esgota por si mesmo*, embora em formas diferentes e mais sutis. Como é compreensível, em termos gerais de análise de sistemas, todos os processos de insumo-produto desequilibrados são necessariamente instáveis. No caso do neocolonialismo, o ponto final de ruptura é a exaustão da capacidade de importação do país dependente. No caso do *satelitismo*, o ponto final de ruptura *é a exaustão dos fundos de livre-flutuação da metrópole para subvencionar o satélite.*

O crescimento do satélite é necessariamente desigual, implicando uma crescente marginalização das grandes massas, principalmente rurais, e criando deficiências na estrutura interna do suprimento de alimentos e, ainda mais, da demanda de bens industriais. A indústria, portanto, se mantém operando a custos muito altos, libera excedentes e gera retornos insuficientes para o Estado satélite. Há uma falta de empregos, mesmo no nível da classe média urbana, que aumenta a propensão para movimentos revolucionários da contra-elite. A fim de controlar esses movimentos, métodos crescentemente coercitivos, ditaduras militares e regimes fascistas, se tornam necessários. E esses métodos requerem, econômica e politicamente, mais fundos de livre-flutuação da metrópole que nem mesmo um Superestado como os Estados Unidos tem capacidade e intenção de suprir, nas atuais condições (vide o Cap. 4, Livro III). A crise da forma de dependência satélite, porém, pode ser resolvida apenas por um de dois métodos opostos. Ou o satélite tem de mudar o regime, tomar o caminho que o leve para o desenvolvimento autônomo e empreenda os esforços necessários, ou tem de achar uma forma mais equilibrada de dependência. A forma de dependência mais equilibrada, na medida em que a podemos julgar, a partir de uma massa considerável de inferências sócio-históricas, é a dependência provincial.

A dependência provincial, no sentido em que essa forma pode se adaptar aos novos requisitos do sistema intra-imperial, consiste em uma forma de otimizar, em termos da metrópole, o uso e a administração racionais dos recursos das "províncias". Tal otimização tem de seguir um apropriado padrão de custo-benefício, de sorte que os insumos das províncias provenientes das metrópoles e os produtos daquelas permaneçam equilibrados, a fim de evitar a necessidade de custosos subsídios para manter em andamento os negócios da província, bem como para impedir o risco de rebeliões difíceis de reprimir. Na prática histórica, da qual o Império Romano oferece o melhor, mas não o exclusivo exemplo, esse padrão foi alcançado mediante a supressão final da elite do satélite, e sua substituição por uma burocracia da classe média local "romanizada", sob a direção e supervisão direta das autoridades da metrópole. Na emergente nova classe de "executivos" internacionais, que vêm sendo recrutados a partir da classe média local dos países sob a hegemonia dos Estados Unidos, através de um programa educacional e de treinamento prévio, que torna seus padrões de trabalho e de comportamento conformes com o padrão executivo norte-americano, podemos ver algo equivalente à classe dos *equites* romanos, que foram também, após algum tempo, recrutados a partir das classes médias provinciais através de um processo prévio de romanização. Os novos *equites* são capazes de formar uma burocracia digna de confiança, eficiente e honesta, muito mais qualificada para administrar os assuntos da província do que as elites locais, relativamente ineptas, que foram levadas a escolher a forma dependente devido a sua própria incapacidade para o desenvolvimento autônomo. A forma de dependência provincial, portanto, melhoraria tanto a auto-sustentação das províncias, quanto sua dependência da metrópole, aumentando as condições de emprego para a classe média local, para a qual seriam abertas as novas carreiras de executivos internacionais. A medida em que poderia ocorrer uma universalização da cidadania "romana", neste processo, é algo que fica aberto à especulação.

Uma coisa, porém, — e esta é a segunda observação a ser feita sobre o assunto — pode ser antecipada. Toda a evidência disponível, tanto da prática histórica quanto da atual, indica que o processo de incorporação dos povos dependentes a uma sociedade mais poderosa e culturalmente mais avançada se faz às expensas das grandes massas não especializadas da sociedade dependente. Nos tempos antigos tais massas eram formadas por escravos e forneciam a mão-de-obra para os serviços penosos de mineração e trabalho dos metais. Em uma sociedade cibernética, onde o trabalho não especializado é quase desnecessário e onde o custo de educação é tão alto (e os Estados Unidos terão que dar conta de sua própria grande população dos guetos), é provável que os grandes "excedentes demográficos" das províncias, sejam condenados ao extermínio gradual. Quão doloroso venha a ser esse processo, é uma questão em aberto. Há muitas indicações de que a enorme camada marginal terciária que está sendo formada rapidamente nas cidades semi-estagnadas do Terceiro Mundo, formada pelos migrantes de uma agricultura de subsistência completamente estagnada, esteja inundando tais cidades e arruinando seus precários serviços públicos e possibilidades de alimentação. As administrações provinciais do futuro próximo serão conduzidas provavelmente a estabelecer controles internos para o movimento da população, obrigando as massas rurais a permanecer no campo e a criar, desta forma, uma espécie de reserva de nativos, cuja admissão aos setores modernos de seus países será contingente ao real aumento da demanda de mão-de-obra nas cidades. A má nutrição e a falta de apropriados cuidados sanitários e médicos reduzirão gradualmente essas populações. Uma saída adicional, de certa importância, poderia chegar a ser o recrutamento das massas provinciais para o serviço militar profissional do Império, cujas operações intra-imperiais de polícia, como o revela claramente o caso do Vietnã, não podem mais ser desempenhadas pelos cidadãos norte-americanos. A prática de usar bárbaros romanizados no exército foi corrente em Roma, onde eram empregados em legiões estacionadas *fora* de seus países nativos.

Notas conclusivas

Como conclusão à precedente análise do emergente novo sistema interimperial, os sete pontos seguintes poderiam ser ressaltados. (1) A América capitalista-democrática e a Rússia socialista, independentemente de seus regimes sociopolíticos e de seus compromissos ideológicos, assim como de quaisquer planos maquiavélicos para a dominação do mundo, tornaram-se após a Segunda Guerra Mundial dois Estados imperiais, gozando, respectivamente de primazia geral e regional. (2) Como foi ressaltado pela maioria dos autores conscientes da emergência do Império norte-americano, a condição imperial, que implica, objetivamente, várias formas de opressão, nacional e internacional, requer, subjetivamente, um desígnio imperialista para a administração apropriada do Império, contradiz a tradição liberal norte--americana e o propósito nacional de construir uma grande sociedade. (3) Embora os Impérios norte-americano e soviético não sejam determinísticos, tampouco são casuais e expressam tanto a evolução comparativamente mais bem sucedida das sociedades norte-americana e soviética, no passado, quanto suas presentes características estruturais. A condição imperial dos Estados Unidos não poderia ser renunciada pela adoção de políticas esclarecidas por homens esclarecidos. Um retorno a um mero quadro nacional poderia ser viável, em termos de segurança nacional, mas envolveria mudanças no regime social norte-americano mais profundas do que qualquer uma que jamais ocorreu na história daquele país e por essa razão não são prováveis de ocorrer, apesar das novas tendências entre a juventude norte-americana. (4) Embora o quadro imperial envolva, interna e externamente, uma grande medida de opressão e injustiça estrutural, pode ser administrado de formas mais ou menos esclarecidas. O liberalismo norte-americano, em lugar de renunciar ao novo sistema imperial, é mais provável de ser reorientado em direção a sua mais esclarecida administração. (5) O novo sistema interimperial reduziu severamente as possibilidades para o desenvolvimento autônomo dos atores não-imperiais, mas não suprimiu todas as possibilidades. Sete países ou sistemas regionais de países ainda desfrutam, real ou potencialmente, da possibilidade de desenvolvimento autônomo: a China, o Japão e a Europa Ocidental, por um lado, a América Latina, a Índia e o mundo árabe e a Indonésia, por outro. Basicamente, terão que consolidar ou realizar seu desenvolvimento autônomo até fins deste século, ou enfrentar a anulação de suas chances de viabilidade nacional e, como resultado, sua submissão a uma dependência estrutural permanente. (6) A dependência apresenta quatro principais formas típicas — colonial, neocolonial, satélite e provincial — que tendem a ser sucessivas. A dependência provincial, ainda não existente no emergente sistema interimperial, será provavelmente uma forma mais estável, segundo podemos julgar a partir da inferência histórica. Será caracterizada pela supressão das elites locais anteriores, e pelo governo direto por representantes da autoridade metropolitana, apoiados pela nova burocracia "romanizada" recrutada a partir das classes médias provinciais. (7) Seja qual for a futura evolução das condições de vida nos novos impérios emergentes, e sejam quais forem as formas pelas quais a cidadania imperial possa ser gradualmente estendida às províncias, deve-se reconhecer que, se o desenvolvimento autônomo falhar, as grandes massas provinciais não especializadas dificilmente serão incorporadas ao setor moderno e aos níveis superiores de seus respectivos sistemas. É mais provável que estas massas sejam levadas a um extermínio gradual, através de controles que as mantenham no campo, como uma espécie de reserva nativa de mão-de-obra, utilizável apenas de acordo com o real aumento da demanda de mão-de-obra. Uma saída adicional para alguns setores dessas massas provinciais poderia ser seu recrutamento para o serviço militar profissional do Império.

Bibliografia

ADAMS, J.T. (1921) *The Foundation of New England*. Boston, Little, Brown.
ALLEN, G.C. (1951) *A Short Economic History of Modern Japan: 1867-1937*. Londres, Allen & Unwin.
ALMOND, Gabriel & POWELL, G. Bingham. (1966) *Comparative Politics. A Development Approach*. Boston, Little, Brown.
ALMOND, Gabriel & VERBA, Sidney. (1965) *Civic Culture*. Boston, Little, Brown; 1. ed. Princeton, Princeton University Press, 1963.
ALSTYNE, Richard van. (1961) *The Rising American Empire*. Chicago, Quadrangle Books; 1. ed. 1960.
ALTHUSSER, Louis. (1967) *Pour Marx*. Paris, Maspéro.
— . (1969a) *Lénine et la Philosophie*. Paris, Maspéro.
— . (1969b) *Lire le Capital*. Paris, Maspéro, 2 v.
AMIN, Samir. (1971) *L'Afrique de L'Ouest Bloquée. Economie Politique de la Colonisation: 1880-1920*. Paris, Editions de Minuit.
APTER, David E. (1963) *Ghana in Transition*. Nova York, Atheneum; 1. ed. Princeton, Princeton University Press, 1955.
— . (org.) (1964) *Ideology and Discontent*. Nova York, Free Press.
— . (1965) *The Politics of Modernization*. Chicago, University of Chicago Press.

ARENDT, Hannah. (1959) *The Human Condition.* Nova York, Garden City, Doubleday (Anchor Books); 1. ed. Chicago, University of Chicago Press, 1958.
— . (1963) *On Revolution.* Nova York, Viking Press.
— . (1968) *Between Past and Future.* Cleveland, The World Publishing, 5. ed. (Meridian Books); 1. ed. Cleveland, 1954.
— . (1968) *The Origins of Totalitarianism.* Cleveland, The World Publishing, 12. ed. (Meridian Books); 2. ed. ampliada; 1. ed. Cleveland, 1951.
ARON, Raymond. (1950) Social Structure and The Ruling Class. *British Journal of Sociology,* I, pp. 1-16, 1960.
— . (org.). (1963) *World Technology and Human Destiny.* Ann Arbor, University of Michigan Press.
— . (1966) *Trois Essais sur l'Âge Industriel.* Paris, Plon.
— . (1969) *Les Désillusions du Progrès. Essai sur la Dialectique de la Modernité.* Paris, Calman-Levy. Texto ampliado, escrito originariamente para a *Encyclopaedia Britannica,* em 1964-1965.
ASHLEY, Maurice. (1958) *Oliver Cromwell and The Puritan Revolution.* Londres.
— . (1962) *Financial and Commercial Policy under the Cromwellian Protectorate.* 2. ed. Londres, Un. Press.
AXELOS, Kostas. (1961) *Marx, Penseur de la Technique: l'Aliénation de l'Homme à la Conquête du Monde.* Paris, Editions de Minuit.
BACHRACH, Peter. (1967) *The Theory of Democratic Elitism.* Boston, Little, Brown.
BARAN, Paul & SWEEZY, Paul M. (1966) *Monopoly Capital.* Nova York, Monthly Review Press.
BARKER, Sir Ernest. (1952) *Greek Political Theory. Plato and his Predecessors.* Reimpressão da 4. ed. Londres, Methuen; 1. ed. 1918.
BARR, Stringfellow. (1961) *The Will of Zens.* Nova York, Dell.
— . (1966) *The Mask of Jove.* Filadélfia, J.B. Lippincott.
— . (1967) "Consulting The Romans". Trabalho para The Center for The Study of Democratic Institutions, Santa Bárbara.
BARRACLOUGH, Geoffrey. (1967) *An Introduction to Contemporary History.* Baltimore, Penguin Books; 1. ed. 1964.
BAYKOV, A. (1948) *Historia de la economía soviética.* México, Fondo de Cultura Económica; orig. inglês: *The Development of the Soviet Economic System.* Londres, Cambridge University Press, 1946.
BECKMANN, George M. (1962) *The Modernization of China and Japan.* Nova York, Harper & Row.
— . (1964) "Economic and Political Modernization". In: ROBERT E. WARD & DANKWART RUSTOW (orgs.). *Political Modernization of Japan and Turkey.* Princeton, Princeton University Press, *Studies in Political Development* n. 3.

BELL, Daniel. (1962) *The End of Ideology*. Nova ed. rev. Nova York, Collier Books; 1. ed. The Free Press, 1960.
— . (org.) (1967) *Toward The Year 2000*. Nova York, Macmillan.
BENDIX, Reinhard. (1962) *Max Weber. An Intellectual Portrait*. Nova York, Garden City, Doubleday; 1. ed. 1960.
— . (1964) *Nation-Building and Citizenship*. Nova York, John Wiley.
BERDIAEV, Nicholas. (1968) *The Meaning of History*. Nova York (Meridian Books); 1. ed. ingl. traduzida por Geoffrey Bles, Londres, 1936.
BLACK, Cyril E. (1968) "A Comparative View". In: ALLEN KASSOF (org.). *Persistence and Change*. Nova York, Praeger, pp. 3-13.
BONILLA, Frank & SILVA MICHELENA, José A. *The Politics of Change in Venezuela*.
— . (1967) v. I. *A Strategy For Research on Social Policy*. Cambridge, Mass., M.I.T. Press.
— . (1970) v. II. (por Frank Bonilla) *The Failure of Elites*. Cambridge, Mass., M.I.T. Press.
BORGHOORN, Frederick C. (1966) *Politics in the URSS*. Boston, Little, Brown.
BÓTTOMORE, T.B. (1964) *Elites and Society*. Londres, C.A. Watts.
— . (1966) *Classes in Modern Society*. Nova York, Vintage Books; 1. ed. Londres, Allen & Unwin, 1965.
BOUDON, Raymond. (1967) *L'Analyse Mathématique des Faits Sociaux*. Paris, Plon.
BOWDEN; WITT; KARPOUICH, Michael & USHER, Abbot Payson. (1937) *An Economic History of Europe since 1750*. Nova York, American Books.
BRIDGHAM, Philip & VOGEL, Ezra F. (1968) *La Revolución Cultural de Mao Tsé-tung*. Buenos Aires, Paidós; orig. inglês F. Bridgham: "Mao's Cultural Revolution", e E. Vogel: "From Revolutionary to Semi-Bureaucrat", *The China Quarterly*, Londres, 1967.
BRODBECK, May. (1959) Models, Meaning and Theories. In: LLEWELLYN GROSS (org.) *Symposium on Sociological Theory*. Nova York, Harper and Row, pp. 373-406.
BRZEZINSKY, Zbiniew. (1967) Address to the Foreign Service Association. In: *The Department of State Bulletin*, 3 jul. 1967.
BURY, J.B. (1955) *The Idea of Progress*. Nova York, Dover; 1. ed. 1932.
CALDER, Nigel (org.). (1965) *The World in 1984*. Baltimore, Penguin Books.
CARR, Edward Hallett. (1945) *Nationalism and After*. Nova York, Macmillan.
— . (1946) *The Twenty Years' Crisis, 1919-1939: An Introduction to the Study of International Relations*. Nova York, Hatper and

Row (Harper Torch Books); 1. ed. Londres, Macmillan, 1939.
— . (1950) *Studies on Revolution.* Londres, Macmillan.
— . (1951) *The New Society.* Londres, Macmillan; 4. ed. 1961.
— . (1951-1954) *A History of Soviet Russia.* Londres, Macmillan, 4 v.
CARSON, R. (1962) *Silent Spring.* Boston, Houghton Mifflin.
CASSIRER, Ernst. (1953-1956) *El problema del conocimiento en la filosofía y en la ciencia moderna.* México, Fondo de Cultura Económica, 2 v.; orig. alemão: *Das Erkenntnisproblem in der Philosophie und Wissenschaft der Neuren Zeit.* Berlim, Bruno Cassirer, 1906-1907, 2 v.
CATHERINE, Robert & GROUSSET, Pierre. (1965) *L'Etat et L'Essor Industriel.* Paris, Berger-Levrault.
CHARQUES, R. D. (1956) *A Short History of Russia.* Nova York, E. B. Dutton.
CHASE, Stuart. (1968) *The Most Probable World.* Baltimore, Penguin Books.
CLAPHAM, J.H. (1966) *Economic Development of France and Germany: 1815-1914.* Cambridge, Mass., Cambridge University Press.
CLARKE, Arthur C. (1964) *Profiles of the Future.* Nova York, Bantam Books; 1. ed. 1958.
CLOUGH, Shepard B. (1968) *European Economic History: The Economic Development of Western Civilization.* 2. ed. Nova York, McGraw-Hill; publicado pela primeira vez com o título *The Economic Development of Western Civilization,* 1959.
COLE, La Mont C. (1968) Can the World be Saved? *New York Time Magazine,* 31 mar. 1968, pp. 35 e ss.
COLEMAN, James S. (org.). (1965) *Education and Political Development.* Princeton, N. Jersey, Princeton University Press, v. 4 de *Studies in Political Development.*
COLLINGWOOD, R. C. (1944) *The New Leviathan, or Man, Society, Civilization and Barbarism.* Londres, Oxford University Press; 1. ed. 1942.
— . (1965) *Essays in the Philosophy of History.* Seleção de trabalhos publicados na década de 1920 por W. Dobins, em Nova York, McGraw-Hill.

Póstumos

— . (1946) *The Idea of History.* Londres, Oxford University Press, 1936.
— . (1950) *Idea de la Naturaleza.* México, Fondo de Cultura Económica; orig. inglês: *The Idea of Nature* (escrito em 1924); 1. ed. 1945.
COMMONER, Barry. (1966) *Science and Survival.* 7. ed. Nova York, Viking Press; 1. ed. 1961.
— . (1970) Entrevista no *Time,* 2 fev. 1970, pp. 52 e ss.
COWELL, F.R. (1952) *History, Civilization and Culture: An*

Introduction to the Historical and Social Philosophy of Pitirim Sorokin. Londres, Thame & Hudson.
CURTIS, Perry & NADEL, George H. (orgs.). (1964) *Imperialism and Colonialism.* Nova York, Macmillan.
DAHRENDORF, Ralf. (1965) *Class and Class Conflict in Industrial Society.* Stanford, Cal., Stanford University Press; 1. ed. inglesa, 1959; orig. alemão: *Klasse und Klassenkonflict in der industriellen Gesellschaft,* 1957.
— . (1969) *Homo Sociologicus.* Rio de Janeiro, Tempo Brasileiro; orig. alemão: "Homo Sociologicus: Versuch zur Geschichte, Bedeutung und Kritik der Kategorie der Sozialen Rolle", em *Pfade aus Utopia. Arbeiten zur Theorie und Methode der Sociologie,* Munique, 1967.
DE BACH, P. (1969) *Biological Control of Insects, Pests and Weeds.* Nova York, Reinhold.
DE CLOSETS, François. (1970) *En Danger de Progrès.* Paris, Editions de Noel.
DE RIENCOURT, Amaury. (1968) *The American Empire.* Nova York, Dial Press.
DEUTSCH, Karl W. (1961) Social Mobilization and Political Development. *American Political Science Review,* n. 55, pp. 493-514, set. 1961.
— . (1963) *The Nerves of Government.* Nova York, The Free Press of Glencoe.
— . (1966) *Nationalism and Social Comunication: An Inquiry into the Foundations of Nationality.* Cambridge, Mass., M.I.T. Press; 1. ed. 1953.
— . (1968) *The Analysis of International Relations.* Englewood Cliffs, New Jersey, Prentice-Hall (Foundation of Modern Political Sciences Series).
— . (1970) *Politics and Government.* Boston, Houghton Mifflin.
DEUTSCHER, Isaac. (1960) *Stalin: A Political Biography.* Nova York, Vintage Books; 1. ed. 1949.
— . (1965) v. I: *The Prophet Armed; Trotsky: 1879-1921;* 1. ed. 1954.
— . (1965) v. II: *The Prophet Unarmed; Trotsky: 1921-1929;* 1. ed. 1959.
— . (1965) v. III: *The Prophet Outcast; Trotsky: 1929-1940.* Nova York, Vintage Books; 1. ed. 1963.
— . (1969) *The Unfinished Revolution: Russia 1917-1967.* Londres, Oxford University Press; 1. ed. 1967.
DIAMANT, Alfred. (1964) "The Nature of Political Development". In: JASON L. FINKLE & RICHARD W. GABLE (orgs.). *Political Development and Social Change.* Nova York, John Wiley, pp. 91-95, 1966.
DILTHEY, Wilhelm. (1944-1945) *Obras.* México, Fondo de Cultura Económica. 8 v. Organizadas e traduzidas por Eugenio Imaz. Corresponde aos volumes I-IX de *Gesammelte Schriften,* 1883--1933.

DOBB, Maurice. (1962) *Capitalism Yesterday & Today.* Nova York, Monthly Review Press.
— . (1963) *Economic Growth and Underdeveloped Countries.* Nova York, International Publishers.
— . (1966) *Soviet Economic Development.* Ed. rev. e ampl. Nova York, International Publishers; 1. ed. 1948.
DOOLIN, Dennis J. & NORTH, Robert C. (1967) *The Chinese People's Republic.* Stanford, The Hoover Institute; 1. ed. 1966.
DRUCKER, Peter F. (1957) *Landmarks of Tomorrow.* Nova York, Harper and Row.
— . (1969) *The Age of Discontinuity.* Nova York, Harper and Row; 1. ed. 1968.
DUBOS, René J. (1965) *Man Adapting.* New Haven, Conn., Yale University Press.
DUMONT, René. (1964a) *Sovkhoz, Kolkhoz, ou le Problématique Communisme.* Paris, Editions du Seuil.
DUVERGER, Maurice. (1964) *An Introduction to the Social Sciences.* Nova York, F. Praeger; orig. francês: *Méthodes des Sciences Sociales.* Paris, Presses Universitaires de France, 1961.
EHRLICH, Paul R. (1970) *The Population Bomb.* 12. ed. Nova York, Ballantine Books; 1. ed. 1968.
EISENSTADT, S.N. (1963) *The Political Systems of Empires.* Nova York, The Free Press of Glencoe.
— . (1964) Breakdown and Modernization. *Economic Development and Cultural Change,* 12, pp. 345-367, jul. 1964.
— . (1966) *Modernization: Protest and Change.* Englewood Cliffs, New Jersey, Prentice-Hall.
— . (org.) (1967) *The Decline of Empire.* Englewood Cliffs, New Jersey, Prentice-Hall.
ELLUL, Jacques. (1964) *The Technological Society.* Nova York, Vintage Books; orig. francês: *La Technique ou l'Enjeu du Siècle.* Paris, Armand Colin, 1954.
EMERSON, Rupert. (1960) *From Empire to Nation.* Boston, Beacon Press.
ENGELS, Friedrich. (1851-1852) *Germany: Revolution and Counter-Revolution.* Publicado pela primeira vez sob o nome de Marx, em *The New York Daily Tribune,* 25 de outubro de 1851 a 22 de dezembro de 1852.
— . (1933) *Origen de la familia, de la propiedad privada y del Estado.* Barcelona; orig. alemão: *Der Ursprung der Familie, des Privateigentums und des Staates.* Zurique, Hohingen, 1884.
— . (1950) *Dialectique de la Nature.* Paris, Marcel Rivière; orig. alemão: *Naturdialektik,* escrito em 1870-1882, publicado pela primeira vez em *Marx-Engels Archiv,* Frankfurt, 1927. t. II.
— . (1950) *Ludwig Feuerbach and the End of Classical German Philosophy.* Moscou, Foreign Language Publishing House; orig. alemão: *Ludwig Feuerbach und der Ausgang der Klassischen Philosophie in Deutschland.* Stuttgart, 1888.

— . (1958) *The Condition of the Working Class in England.* Trad. inglesa org. por W. O. Henderson & W. H. Chaloner; orig. alemão: *Die Lage der Arbeitenden Klassen in England*, 1845; MEGA, Parte I, v. IV, p. 5282.
— . (1959) *Anti-Dühring.* Moscou, Foreign Language Publishing House; orig. alemão publicado em *Vorwärts*, Leipzig, 1878.
— . (1968) *The Role of Force History.* Nova York, International Publishers; orig. alemão escrito em 1887-1888, publicado pela primeira vez por Eduard Bernstein em *The Neue Zeit*, XIV, I t. 1896.
FAINSOD, Merle. (1963) "Bureaucracy and Modernization: The Russian and Soviet Case". In: JOSEPH LAPALOMBARA (org.). *Bureaucracy and Political Development.* Princeton, Princeton University Press, pp. 233-267, v. II de *Studies in Political Development.*
FAULKNER, Harold U. (1954) *American Economic History.* Nova York, Harper and Brothers; 1. ed. 1924.
FERKISS, Victor C. (1969) *Technological Man.* Nova York, Braziller.
FIELDHOUSE, D.K. (1966) "The New Imperialism: The Hobson--Lenin Thesis Revised". In: GEORGE H. NADEL & PERRY CURTIS (orgs.). 3. ed. *Imperialism and Colonialism.* Nova York, Macmillan, pp. 74-96; 1. ed. 1964.
FINKLE, Jason L. & GARLE, Richard W. (orgs.). (1966) *Political Development and Social Change.* Nova York, John Wiley.
FRIEDRICH, Carl Joachim. (1963) *Man and his Government.* Nova York, McGraw-Hill.
— . (1966) "Nation-Building?" In: KARL W. DEUTSCH & WILLIAM J. FOLTZ (orgs.). *Nation-Building.* Nova York, Atherton Press, 1966. pp. 27-32.
FROMM, Erich. (1941) *Escape from Freedom.* Nova York, Holt, Rinehart & Winston.
— . (1955) *The Sane Society.* Nova York, Holt, Rinehart and Winston.
— . (1960) *You Shall Be as Gods.* Nova York, Holt, Rinehart and Winston.
— . (1962) *Beyond The Chains of Illusion.* Nova York, Simon and Schuster.
— . (1964) *The Heart of Man.* Nova York, Harper and Row.
— . (1965) *Marx's Concept of Man.* Nova York, Frederick Ungar; 1. ed. 1961.
— . (org.). (1966) *Socialist Humanism.* Garden City, Nova York, Doubleday; 1. ed. 1965.
— . (1967) *Man for Himself.* Nova York, Fawcett Publications; 1. ed. Holt, Rinehart and Winston, 1947.
FULBRIGHT, J.W. (1963) *Prospect for the West.* Cambridge, Mass., Harvard University Press.

— . (1964) *Old Myths and New Realities.* Nova York, Randon House.
— . (1966) *The Arrogance of Power.* Nova York, Vintage Books.
GALBRAITH, John K. (1958) *The Affluent Society.* Boston, Houghton Mifflin.
— . (1967) *Economic Development.* 3. ed. Cambridge, Mass., Harvard University Press; 1. ed. 1962.
— . (1967) *The New Industrial State.* Boston, Houghton Mifflin.
GARAUDY, Roger. (1961) *Perspective de L'Homme.* Paris, Presses Universitaires de France.
— . (1964) *Karl Marx.* Paris, Seghers.
GARRUCCIO, Ludovico. (1968) *Spagna Senza Miti.* Milão, Mursia.
— . (1969) L'industrializzazione tra nazionalismo e rivoluzione: le ideologie politiche dei paesi in via di sviluppo. *Il Mulino,* Bolonha.
— . (1971) Le tre età del fascismo. *Il Mulino,* n. 213, pp. 53-73, jan.-fev., 1971.
GAVIN, General James M. (1968) *Crisis Now.* Nova York, Vintage Books.
GAY, Peter. (1968) *Weimar Culture. The Outsider as Insider.* Nova York, Harper and Row.
GINSBERG, Morris. (1961) *Nationalism: A Reappraisal.* Leeds University Press.
GOLDMAN, Lucien. (1969) *The Human Sciences & Philosophy.* Londres, Jonathan Cape; ed. orig. francesa: *Sciences Humaines et Philosophie.* Paris, Southier, 1966.
GOOCH, G.P. (1920) *Nationalism.* Londres, The Swarthmore Press.
GURVITCH, Georges. (1957) *La Vocation Actuelle de la Sociologie.* v. II: *Antécédents et Perspectives.* Paris, Presses Universitaires de France.
— . (org.). (1958) *Traité de Sociologie.* Paris, Presses Universitaires de France, 2 v.
— . (1961) *La Sociologie de Karl Marx.* Paris, Centre de Documentation Universitaire.
— . (1962) *Dialectique et Sociologie.* Paris, Flammarion.
— . (1968) *Etudes sur les Classes Sociales.* Paris, Gonthier.
HALPHEN, Louis & SAGNAC, Philippe. (orgs.). (1950) *Peuples et Civilisations.* 2. ed. Paris, Presses Universitaires de France, 20 v.; 1. ed. 1926.
HARTWELL, R.M. (org.). (1968) *The Causes of the Industrial Revolution in England.* 2. ed. Londres, Methuen; 1. ed. 1967.
HARTZ, Louis. (1955) *The Liberal Tradition in America.* Nova York, Harcourt, Brace and World.
— . (1964) *The Founding of New Societies.* Nova York, Harcourt, Brace and World.
HAWK, E.Q. (1934) *Economic History of The South.* Englewood Cliffs, New Jersey, Prentice-Hall.

HAYES, Carlton J.H. (1960) *Nationalism: A Religion*. Nova York, Macmillan.
HEER, Friedrich. (1968) *The Intellectual History of Europe*. Garden City, Nova York, Doubleday, 2. v.; orig. alemão, Sttugart, W. Kohlhammer, 1953.
HEILBRONER, Robert L. (1963) *The Great Ascent*. Nova York, Harper and Row. (Harper Torchbooks.)
— . (1968) *The Future as History*. Nova York, Harper and Row (Harper Torchbooks); 1. ed. 1959.
— . (1969) *The Limits of American Capitalism*. Nova York (Harper Torchbooks); 1. ed. 1965.
HERKNER, Heinrich. (1952) *La economía y el movimiento obrero (1850-1880)*. Tradução castelhana no v. VIII de WALTER GOETZ (org.): *Historia universal*, Madri, Espasa Calpe, 10 v.; ed. orig. alemã em *Propyläen Weltgeschichte*, Leipzig, Propyläen, 1931.
HERTZ, Frederick. (1944) *Nationality in History and Politics*. Nova York, Oxford University Press.
HIBBARD, B.H. (1939) *A History of the Public Law Policies*. Gloucester, Peter Smith.
HILFERDING, Rudolf. (1923) *Das Finanzkapital*. Viena, Wiener Volksbuchandlung; 1. ed. 1910.
HIRSCHMAN, Albert. (1958) *The Strategy of Economic Development*. New Haven, Connect., Yale University Press.
— . (org.). (1961) *Latin American Issues*. Nova York, The 20th Century Foundation.
— . (1963) *Journeys Toward Progress-Studies of Economic Policy-Making in Latin America*. Nova York, The 20th Century Foundation.
— . (1964) The Stability of Neutralism: a Geometrical Note. *Journal of the American Economic Association*, n. 2, Parte I, pp. 94-100, mar. 1964.
— . (1967) *Development Projects Observed*. Washington, D. C., The Brooking Institution.
— . (1968a) Foreign Aid: A Critique and a Proposal. *Essays in International Finance*, Princeton, Princeton University Press, n. 69, jul. 1968.
— . (1968b) Underdevelopment, Obstacles to the Perception of Change, and Leadership. *Daedalus*, v. 97, n. 3, pp. 925-937, verão 1961.
— . (1969) How to Divest in Latin America and Why. *Essays in International Finance*, Princeton, Princeton University Press, n. 76, nov. 1969.
— . (1970) *Exit, Voice and Loyalty*. Cambridge, Mass., Harvard University Press.
HOBSON, J.A. (1965) *Imperialism*. Ann Arbor, Connect., University of Michigan Press; 1. ed. 1902.

HOROWITZ, David. (1965) *The Free World Colossus*. Nova York, Hill and Wang.
— . (org.). (1967) *Containment and Revolution*. Boston, Beacon Press.
— . (org.). (1968) *Marx an Modern Economics*. Nova York, Modern Reader.
HOROWITZ, Irving Louis. (1966) *Three Worlds of Development*. Nova York, Oxford University Press.
— . (1969) "The Norm of Illegitimacy: The Political Sociology of Latin America". In: I.L. HOROWITZ (org.). *Latin American Radicalism. Op. cit.*, pp. 3-28.
HUGHES, Serge. (1967) *The Fall and Rise of Modern Italy*. Nova York, Minerva Press.
HUGHES, T.J. & LUARD, D.E.T. (1959) *The Economic Development of Communist China: 1949-58*. Londres, Oxford University Press.
HOUGHTON, Neal D. (1968) *Struggle Against History*. Nova York, Clarion Book.
HUNTINGTON, Samuel A. (1964) *The Soldier and the State: The Theory and Politics of Civil-Military Relations*. Nova York, Vintage Books.
— . (1965) Political Development and Political Decay. *World Politics*, v. XVII, n. 3, pp. 386-430, (abr. 1965).
— . (1966a) Political Modernization of America and Europe. *World Politics*, v. XVIII, n. 3, pp. 376-414, (abr. 1966).
— . (1966b) The Political Modernization of Traditional Monarchies. *Daedalus*, v. XCV, n. 3, verão 1966.
— . (1968) *Political Order in Changing Societies*. New Haven, Connect., Yale University Press.
— . (1969) "The Defense Establishment: Vested Interests and The Public Interest". In: *The Military-Industrial Complex and U.S. Foreign Policy*. Nova York, Washington Square Press.
— . (1970) "Social and Institutional Dynamics of One-Party Systems". In: SAMUEL HUNTINGTON & CLEMENT H. MOORE (orgs.). *Authoritarian Politics in Modern Society: The Dynamics of Established One-Party Systems*. Nova York, Basic Books.
HUSSEY, J. M. (1961) *The Byzantine World*. Nova York, Harper and Row (Harper Torchbooks); 1. ed. Londres, Hutchinson University Library, 1957.
INKELES, Alex. (1968) *Social Change in Soviety Russia*. Cambridge, Mass., Harvard University Press.
JAGUARIBE, Hélio. (1968) *Economic and Political Development*, ed. rev. e atualizada de Harvard University Press; ed. orig. em português: *Desenvolvimento Político*, Rio de Janeiro, Fundo de Cultura, 1962.
JOHNSON, Chalmers. (1964) *Revolution and The Social System*. Stanford, Hoover Institution, Stanford University Press.

JULIEN, Claude. (1968) *L'Empire Américain.* Paris, Bernard Grasset.
KAHLER, Erich. (1961) *Man, The Measure: A New Approach to History.* 2. ed. Nova York, Braziller; 1. ed. 1943.
— . (1964) *The Meaning of History.* Nova York, Braziller.
— . (1967) *The Tower and The Abyss: An Inquiry into the Transformation of Man.* Nova York, Viking Press; 1. ed. Nova York, Braziller, 1957.
— . (1967a) *The Jews Among the Nations.* Nova York, Frederick Ungar.
— . (1967b) *Out of the Labyrinth.* Nova York, Braziller.
KAHN, Herman & WIENER, Anthony J. (1967) *The Year 2000.* Nova York, Macmillan.
KAMENKA, Eugene. (1962) *The Ethical Foundations of Marxism.* Londres, Routledge and Kegan Paul.
KAROL, Kewes S. (1967) *China, el otro comunismo.* México, Siglo XXI; ed. orig. francesa: *La Chine de Mao: l'Autre Comunisme.* Paris, Robert Laffont, 1966.
KASSOF, Allen. (1968a) *Persistence and Change.* pp. 3-13.
— . (1968b) "The Future of Soviet Society". In: ALLEN KASSOF (org.). *Op. cit.* Nova York, Praeger, pp. 497-506.
— . (org.). (1968c) *Prospects for Soviet Society.* Nova York, Praeger.
KAUTSKY, John H. (1965) "An Essay in the Politics of Development". In: JOHN H. KAUTSKY (org.). *Political Change in Under-Development Countries.* 4. ed. Nova York, John Wiley; 1. ed. 1962.
KAUTSKY, Karl. (1964) *The Dictatorship of the Proletarial.* Ann Arbor, Connect., University of Michigan Press; orig. russo, 1. ed. 1918.
KEASINGER (Informe de investigação de). (1967) *The Cultural Revolution in China.* Nova York, Scribner's Sons.
KELLER, Suzanne. (1968) *Beyond The Ruling Class.* Nova York, Random House; 1. ed. 1963.
KENNAN, George F. (1951) *American Diplomacy.* Nova York, The New American Library, 22. ed. (Mentor Books); 1. ed. University of Chicago Press, 1951.
— . (1964) *On Dealing with the Communist World.* Nova York, Harper and Row.
— . (1966) *Realities of American Foreign Policy.* Nova York, W. W. Norton; 1. ed. Princeton, Princeton University Press, 1954.
KOHN, Hans. (1944) *The Idea of Nationalism.* Nova York, Macmillan.
— . (1955) *Nationalism: Its Meaning and History.* Nova York, Van Nostrand.
KROSS, Herman E. (1966) *American Economic Development.* Englewood Cliffs, New Jersey, Prentice-Hall; 1. ed. 1965.

LANGDON, Frank. (1967) *Politics in Japan.* Boston, Little, Brown.
LAPALOMBARA, Joseph (org.). (1963) *Bureaucracy and Political Development.* Princeton, Princeton University Press, v. 2 de *Studies in Political Development.*
— & WEINER, Myron (orgs.). (1966) *Political Parties and Political Development.* Princeton, Princeton University Press, v. 6 de *Studies in Political Development.*
LASKI, Harold. (1946) *Reflections on The Revolutions of our Time.* 4. ed. Londres, Allen and Unwin; 1. ed. 1943.
— . (1950) *Trade Unions in The New Society.* Londres, Allen and Unwin.
— . (1951) *A Grammar of Politics.* Reimp. da 4. ed. Londres, Allen and Unwin; 1. ed. 1925.
— . (1952) *Parliamentary Government in England.* 5. ed. Londres, Allen and Unwin; 1. ed. 1938.
— . (1952) *The American Presidency.* 3. ed. Londres, Allen and Unwin; 1. ed. 1940.
— . (1952) *The Dilemma of Our Time.* Londres, Allen and Unwin.
— . (1953) *The American Democracy.* 2. ed. Londres, Allen and Unwin; 1. ed. 1949.
LASSWELL, Harold D. (1960) *Politics: Who Gets What, When, How.* Nova York, The New American Library, 3. ed. (Meridian Books); 1. ed. 1936.
LATOURETTE, Kenneth S. (1966) *The Chinese. Their History and Culture.* 4. ed. Nova York, Macmillan; 1. ed. 1934.
— . (1964) *China.* Englewood Cliffs, New Jersey, Prentice-Hall.
LEFEBVRE, Henri. (1963) *Problèmes Actuels du Marxisme.* Paris, Presses Universitaires de France.
— . (1966) *The Sociology of Marx.* Vintage Books; ed. orig. francesa: *Sociologie de Marx.* Paris, Presses Universitaires de France, 1966.
— . (1971) *Le Matérialisme Dialectique.* Paris, Presses Universitaires de France.
LÊNIN, [Vladimir Ilich Ulianov]. (1959) *Oeuvres.* Paris, Editions Sociales, 40 v. Trad. francesa das *Obras Completas,* publicadas pelo Instituto Marx-Engels-Lênin de Moscou.
LÉVI-STRAUSS, Claude. (1958) *Anthropologie Structurale.* Paris, Plon.
LEY, Lester S. & SAMPSON, Roy J. (1962) *American Economic Development.* Boston, Allyth and Bacon.
LISKA, George. (1967) *Imperial America.* Baltimore, Johns Hopkins Press.
— . (1968a) *Alliances and The Third World.* Baltimore, Johns Hopkins Press.
— . (1968b) *War and Order.* Baltimore, Johns Hopkins Press.
LOBKOWICS, Nicholas (org.). (1967) *Marx and The Western World.* Notre Dame, University Notre Dame Press.

LOCKWOOD, William W. (1955) *The Economic Development of Japan.* Londres, Oxford University Press.
— . (1964) "Economic and Political Modernization; Japan". In: ROBERT E. WARD & DANKWART A. RUSTOW (orgs.). *Political Modernization of Japan and Turkey.* Princeton, Princeton University Press, pp. 117-145, v. III de *Studies in Political Development.*
LUCE, R. Duncan & RAIFFA, Howard. (1966) *Games and Decisions Introduction and Critical Survey.* Nova York, John Wiley; 1. ed. 1957.
LUXEMBURGO, Rosa. (1970) *Reform or Revolution.* Nova York, Pathfinder Press; ed. original alemã publicada em 1908.
MAGDOFF, Harry. (1969) *The Age of Imperialism.* Nova York, Monthly Review Press.
MARCUSE, Herbert. (1960) *Reason and Revolution: Hegel and The Rise of Social Theory.* Boston, Beacon Press; 1. ed. Nova York, Oxford University Press, 1941.
— . (1969) *An Essay on Liberation.* Boston, Beacon Press.
MAREK, Franz. (1969) *Philosophy and World Revolution.* Nova York, International Publishers; ed. orig. alemã: *Philosophie der Weltrevolution.* Viena, Europa Verlag, 1966.
MARX, Karl. (1948) *Les Luttes de Classes en France: 1848-1850.* Paris, Editions Sociales; ed. orig. alemã: *Die Klassenkämpfe in Frankreich: 1848-1850,* publicada pela primeira vez em *Neue Rheinische Zeitung,* 1850.
— . (1848) *Le 18 Brumaire de Louis Bonaparte.* Editions Sociales, ed. orig. alemã: *Der Achtzehnter Brumaire des Louis Bonaparte,* em J. WEYDEMEYER, *Die Revolution,* Nova York, 1852.
— .. *Oeuvres. Economie.* Trad. francesa org. por Maximilien Rubel das obras completas, Paris, Bibliothèque de la Pléiade.
— . (1963) v. I.
— . (1968) v. II.
— . v. III a ser publicado; conterá os escritos políticos de Marx.
— & ENGELS, Friedrich. (1965) *The German Ideologie.* 4. ed. Nova York, International Publishers, Partes I e III; 1. ed. 1947; ed. orig. alemã: *Die Deutsche Ideologie,* 1845-1846.
MAY, Ernest R. (1968) *American Imperialism.* Nova York, Atheneum; 1. ed. 1967.
MAZOUR, Anatole G. (1967) *Soviet Economic Development.* Nova York, Van Nostrand.
McHALE, John. (1969) *The Future of The Future.* Nova York, Braziller.
— . (1970) *The Ecological Context.* Nova York, Braziller.
MEYER, Alfred G. (1965) *The Soviet Political System.* Nova York, Random House.
MILL, John Stuart. (1861) *Representative Government.* Londres.
MILLS, C. Wright. (1956) *The Power Elite,* Nova York, Oxford University Press.

— . (1963) *The Marxists.* 2. ed. Nova York, Laurel; 1. ed. 1962.
MOORE, Barrington. (1962) *Political Power and Social Theory.* Nova York, Harper and Row (Harper Torchbooks); 1. ed. Harvard University Press, 1958.
— . (1968) *Social Origins of Dictatorship and Democracy: Lord and Peasant in The Modern World.* 3. ed. Boston; 1. ed. 1966.
— . (1970) Révolution en Amérique? *Esprit,* n. 396, pp. 583-597, out. 1970.
MORGAN, H. Wayne. (1967) *America's Road to Empire.* Nova York, John Wiley; 1. ed. 1965.
MORGENTHAU, Hans. (1948) *Politics among Nations.* Nova York, Knopf.
— . (1951) *In Defense of The National Interest.* Nova York, Knopf.
— . (1957) *The Purpose of American Policy.* Nova York, Knopf.
— . (1969) *A New Foreign Policy for The United States.* Nova York, Praeger.
MURET, Pierre. (1949) *La Prépondérance Anglaise.* Paris, Presses Universitaires de France, 20 v., v. XI de *Peuples et Civilisations,* org. por Louis Halphen e Philippe Sagnac.
NADEL, George H. & CURTIS, Perry (orgs.). (1964) *Imperialism and Colonialism.* Nova York, Macmillan.
NADEL, S. F. (1957) *The Theory of Social Structure.* Londres, Cohen and West.
NORMAN, E.H. (1940) *Japan's Emergence as a Modern State.* Nova York, Institute of Pacific Relations.
ODUM, Eugene P. (1959) *Fundamentals of Ecology.* Filadélfia, Saunders.
OGLESBY, Carl. (1968) "An Essay on the Meaning of the Cold War". In: CARL OGLESBY & RICHARD SHAULL. *Containment and Change.* 3. ed. Nova York, Macmillan; 1. ed. 1967.
— (org.). (1969) *The New Life Reader.* Nova York, Grove Press.
OLSON, Lawrence. (1963) "The Elite, Industrialization and Nationalism". In: K.N. SILVER (org.). *Expectant Peoples.* Nova York, Random House, pp. 398-429.
ORGANSKI, A.F.K. (1964) *World Politics.* Nova York, A. Knopf; 1. ed. 1958.
— . (1965) *The Stages of Political Development.* Nova York, A. Knopf.
ORLEANS, Leo A. (1961) *Professional Manpower and Education in Communist China.* Washington, D.C., U.S. Government Printing Office.
ORTEGA Y GASSET, José (org.). (1923-1936) *Revista de Occidente.* Madri.
— . (1946-1947) Obras Completas. Madri, *Revista de Occidente,* 6 v.

Póstumas:

— . (1957) El hombre y la gente. Madri, *Revista de Occidente.*

— . (1959) *Una interpretación de la historia universal.* Madri, *Revista de Occidente.*
OSTROGORSKY, George. (1956) *History of the Bizantine State.* Oxford, Basil Blackwell; ed. orig. alemã, 1940.
PACKENHAM, Robert A. (1966) Political Development Doctrine in the American Foreign Aid Program. *World Politics,* n. XVIII, pp. 194-235, jan. 1966.
PARK, (h) & PARK, Charles F. (1969) Affluence in Jeorpady. *Focus,* jun. 1969.
PARSONS, Talcott. (1949) *The Structure of Social Action.* Nova York, The Free Press; publicado originariamente por McGraw-Hill, 1937.
— . (1949) *Essays in Sociological Theory, Pure and Applied.* Ed. rev. Nova York, The Free Press; 3. ed. 1966.
— & SHILS, Edward A. (orgs.). (1951a) *Toward a General Theory of Action.* Cambridge, Mass., Harvard University Press; brochura, Harper Torchbooks, 1962.
— . (1951b) *The Social System.* Nova York, The Free Press, 1964.
— ; SHILS, Edward A.; BALES, R. F. (1953) *Working Papers on The Theory of Action.* Glencoe, Illinois, The Free Press, 1954.
— & SMELSER, Neil J. (1956) *Economy and Society.* Nova York, The Free Press.
— . (1960) *Structure and Process in Modern Society.* Nova York, The Free Press; 4. ed. 1965.
PERROUX, François. (1960) *La coexistencia pacífica.* México, Económica; ed. orig. francesa: *La Coéxistence Pacifique.* Paris, Presses Universitaires de France, 1958.
— . (1963) *Economie et Société – Contrainte, Échange, Don.* Paris, Presses Universitaires de France.
— . (1969) *"Indépendance" de l'Economie Nationale et Indépendance des Nations.* Paris, Aubier-Montaigne.
PETRILLI, Giuseppe. (1967) *Lo Stato Imprenditore.* Capelli.
PETROVIC, Gajo. (1967) *Marx in the Mid-Twenthieth Century.* Doubleday; ed. orig. em iugoslavo, Zagreb, 1964.
PIAGET, Jean. (1950) *Introduction à l'Epistémologie Génétique.* Paris, Presses Universitaires de France.
PIRENNE, Henri. (1956) *Histoire de l'Europe des Invasions au XVIe Siècle.* Paris, 1936.
PLEKHANOV, G.V. (1922-1927) *A Year in The Homeland.* Obras completas do Instituto Marx-Engels-Lênin, de Moscou, em 24 v.; edição original, 1918.
— . (1940) *The Materialist Conception of History.* Nova York, International Publishers; orig. russo publicado na edição de set. de 1897 de *Novoie Slovo.*
— . (1940) *The Role of The Individual in History.* Nova York, International Publishers; orig. russo publicado em 1898 em *Nauchnoie Obozrenie.*
— . (1945) *Cuestiones fundamentales del marxismo.* Ediciones Frente Cultural; ed. orig. russa, 1908.

POULANTZAS, Nicos. (1970) *Pouvoir Politique et Classes Sociales.* Paris, Maspéro.

PREBISCH, Raúl. (1950) *The Economic Development of Latin America and its Principal Problems.* CEPAL (ONU), 1950.

— . (1963) Stabilizing the Terms of Trade of Underdeveloped Countries. In: *Economic Bulletin for Latin America*, mar. 1963. v. VIII, n. 1.

— . (1963) *Toward a Dynamic Development for Latin America.* CEPAL, C/CN-12/16.

PYE, Lucien W. (org.). (1963) *Communications and Political Development.* Princeton, Princeton University Press, v. I de *Studies in Political Development.*

— . (1966) *Politics, Personality and Nation Building. Burms's Search for Identity.* New Haven, Yale University Press; 1. ed. M.I.T. Press, 1962.

— & VERBA, Sidney (orgs.). (1965) *Political Culture and Political Development*, Princeton, New Jersey, Princeton University Press, v. V de *Studies in Political Development.*

— . (1966) *Aspects of Political Development.* Boston, Little, Brown.

QUIGLEY, Carroll. (1961) *The Evolution of Civilizations.* Nova York, Macmillan.

RADCLIFFE-BROWN, Alfred Reginald. (1952) *Structure and Function in Primitive Society.* Londres, Cohen and West.

RENAN, Ernest. (1887) "Qu'est-ce que c'est une Nation?". Paris.

RIASANOVSKY, Nicholas V. (1966) *A History of Russia.* 2. ed. Nova York, Oxford University Press; 1. ed. 1963.

ROBINSON, Joan. (1956) *An Essay on Marxian Economics.* Londres, Macmillan.

ROCKER, Rudolf. (1939) *Nationalism and Culture.* Los Angeles, Rocker Publications Committee.

ROSZAK, Theodor. (1969) *The Making of a Counterculture.* Garden City, Nova York, Doubleday.

RUDNER, Richards. (1966) *Philosophy of Social Science.* Englewood Cliffs, New Jersey, Prentice-Hall.

RUSTOW, Dankwart & WARD, Robert E. (orgs.). (1964) *Political Modernization in Japan and Turkey.* Princeton, Princeton University Press, v. III de *Studies in Political Development.*

SAGNAC, Philippe & SAINT-LEGER, A. de. (1949) *Louis XIV.* Paris, Presses Universitaires de France, 20 v., v. X de *Peuples et Civilisations,* org. por Louis Halphen e Philippe Sagnac.

SAKHAROV, André D. (1968) *Progress, Coexistence and Intellectual Freedom.* Nova York, W.W. Norton.

SANSOM, George. (1958-1964) *A History of Japan.* Londres, Cresset Press, 3 v.

SARTRE, Jean-Paul. (1960) *Critique de la Raison Dialectique.* Paris, Gallimard.

SCHAFF, Adam. (1963) *A Philosophy of Man*. Delta Book; ed. orig. polonesa: *Filosofia Czlowieks*, 1961.

SCHUBART, Walter. (1938) *Europa und die Seele des Ostens*. Lucerna.

SCHUMPETER, Joseph A. (1944) *Teoría del desenvolvimiento económico*. México, Fondo de Cultura Económica; orig. alemão: *Teorie der Wirtschaftlichen Entwicklung*, 1911.

— . (1950) *Capitalism, Socialism and Democracy*. Londres, Allen & Unwin; 1. ed. 1943.

— . (1954) *Economic Doctrine and Method*. Londres, Allen and Unwin; orig. alemão: *Epochen der Dogmen und Methodengeschichte*. J.E.B. Mohr, 1912.

— . (1966) *Imperialism*. Cleveland, The World Publishing, 9. ed. (Meridian Books); 1. ed. inglesa, 1951; orig. alemão publicado em *Archiv für Sozialwissenschaft und Sozialpolitik*, Tübingen, v. 46, 1919, e v. 57, 1927.

SCHURMANN, Franz. (1966) *Ideology and Organization in Communist China*. Berkeley, Calif., University of California Press.

— . & SCHELL, Orville (orgs.). (1967) *The China Reader*. Nova York, Vintage Books, 3 v.

SCHWARTZ, Harry. (1968) *An Introduction to Soviet Economy*. Columbus, Ohio, Charles E. Merrill.

SEE, Henri. (1969) *La France Economique et Sociale au XVIIIe Siècle*. Nova edição: Paris, Armand Colin.

SEELEY, sir John. (1919) *The Expansion of England*. 2. ed. Londres; 1. ed. 1883.

SHILS, Edward. (1962) *Political Development in The New States*. Haia, Mouton, Gravenhage; 1. ed. publicada em *Comparative Studies in Society and History*, II, (1959-1960).

SHOUP, General David M. (1969) The New American Militarism. *Atlantic*, pp. 51-56, abr. 1969.

SHUBIK, Martin (org.). (1964) *Game Theory and Related Approaches to Social Behavior*. Nova York, John Wiley.

SNOW, Edgar. (1962) *The Other Side of The River: Red China Today*. Nova York, Random House; 1. ed. 1961.

SOROKIN, Pitirim. (1945) *A Crise do Nosso Tempo*. São Paulo, Editorial Universitária; orig. inglês: *The Crisis of Our Age*. Nova York, Dutton, 1941.

— . (1957) *Social and Cultural Dynamics*. Ed. em 1 v. rev. e resumida pelo autor, Boston, Porter Sargent; 1. ed. Nova York, Bedminster Press, 1937-1941.

— . (1963) *Modern Historical and Social Philosophies*. Nova York, Dover Publications, 1. ed. com o título *Social Philosophies of An Age of Crisis*. Boston, Beacon Press, 1950.

— . (1964) *The Basic Trends of Our Time*. New Haven, College University Press.

— . (1965) *Fads & Foibles in Modern Sociology*. Chicago, Henry Resnery; 1. ed. 1956.
SOUBISSE, Louis. (1967) *Le Marxisme Après Marx*. Paris, Aubier-Montaigne.
SPENGLER, Oswald. (1947) *La decadencia de occidente*. Madri, Espasa-Calpe, 4 v., trad. de Manuel García Morente; orig. alemão: *Der Untergang des Abendlandes*, Munique, Beck, 1918-1922, 2 v.
STEEL, Ronald. (1969) *Pax Americana*. Nova York, Viking.
STORRY, Richard. (1965) *A History of Modern Japan*. Baltimore, Penguin Books; 1. ed. 1960.
SWEEZY, Paul M. (1956) *The Theory of Capitalism Development*. Nova York, Monthly Review Press.
— & BARAN, Paul. (1966) *Monopoly Capital*. Nova York, Monthly Review Press.
TÁNG, Peter S.H. & MALONEY, Joan M. (1967) *Communist China: The Domestic Scene-1949-1967*. Nova York, South Orange, Seton Hall University Press.
TAYLOR, G.R. (1951) *The Transportation Revolution (1815-1866)*. Nova York, Harper and Row.
TILLICH, Paul. (1957) *The Protestant Era*. Chicago, The University of Chicago Press, abril; 1. ed. 1948.
— . (1964) *Biblical Religion and The Search for Ultimate Reality*. Chicago, The University of Chicago Press; 1. ed. 1955.
— . (1964) *The Theology of Culture*. Nova York, Oxford University Press; 1. ed. 1959.
— . (1968) *The Courage to Be*. New Haven, Yale University Press; 1. ed. 1952.
— . (1969) *Systematic Theology*. Chicago, The University of Chicago Press, ed. de 1 v.; 1. ed. v. I, 1951; v. II, 1957, e v. III, 1963.
TOCQUEVILLE, Alexis de. (1951) *De la Démocratie en Amérique*. Paris, M.T. Génin, 2. v.; orig. francês publicado em 4 v.; os dois primeiros org. por Gosselin em 1835; em 1840 apareceram os dois últimos v. Traduzidos em inglês por Phillips Bradley.
— . (1953) *L'Ancien Régime et la Révolution*. 10. ed. Paris, Gallimard; 1. ed. publicada por Michel Lévy, v. I, em 1856; 2 v. com notas póstumas publicados em 1861 e 1863; trad. inglesa: *The Old Regime and The Revolution*. Nova York, Doubleday, 1955.
TOYNBEE, Arnold. (1934-1961) *A Study of History*. Londres, Oxford University Press, 12 v.
— . (1946-1957) Resumo dos v. I-X de *A Study of History*, de D.C. Semervoll, Londres, Oxford University Press, 2 v.
— . (1952) *The World and The West*. Londres, Oxford University Press.
— . (1956) *An Historian's Approach to Religion*. Londres, Oxford University Press.

— . (1962) *America and The World Revolution*. Nova York, Oxford University Press.

TROTSKY, Léon. (1946) *Mi vida. Ensayo autobiográfico*, 2 v.; orig. russo, Berlim, 1929.

— . (1950) *Histoire de la Révolution Russe*. Paris, Editions du Seuil, 2 v.; orig. russo, 1932-1933.

— . (1962) *Lenin*. Nova York, Capricorn Books; orig. russo, Moscou, 1924.

— . (1965) *The Revolution Betrayed*. Nova York, Merril Publishers; 1. ed. Londres, 1937.

TUCKER, Robert. (1968) *Nation or Empire? The Debate over American Foreign Policy*. Baltimore, Johns Hopkins Press.

TURNER, Frederich J. (1961) *Frontier and Section*. Ensaios escolhidos de Frederich J. Turner. New Jersey, Englewood Cliffs, Prentice-Hall.

VIET, Jean. (1967) *Les Méthodes Structuralistes dans les Sciences Sociales*. 2. ed. Paris, Mouton; 1. ed. 1965.

WARD, Robert E. & RUSTOW, Dankwart (orgs.). (1967) *Japan's Political System*. Englewood Cliffs, New Jersey, Prentice-Hall.

WEBER, Max. (1920-1921) *Gesammelte Aufsätze zur Religionssoziologie*. Tübingen, Mohr, 3 v.

O Volume I inclui:

— . (1950) (1) *The Protestant Ethic and the Spirit of Capitalism*. 3. ed. Londres, George Allen and Unwin; 1. ed. 1930.

— . (1962) (2) "The Protestant Sects and The Spirit of Capitalism". In: GERTH & MILLS. *From Max Weber*. 5. ed. Nova York, Oxford University Press, pp. 302-322; 1. ed. 1946.

— . (1962) (3) *Die Wirtschaftsethik der Weltreligionen*, "Einleitung". Trad. ingl. desta Introdução com o título "The Social Psychology of The World Religions", em GERTH & MILLS: *From Max Weber, op. cit.*, pp. 267-301.

— . (1964) (4) *Idem I*, "Konfuzianismus und Taoismus". Trad. ingl.: *The Religion of China: Confucianism and Taoism*, Nova York, Macmillan; 1. ed. 1951.

— . (5) *Idem*, "Zwischenbetrachtung: Theorie der Stufen und Richtungen religiöser Weltablehnung". Trad. ingl.: "Religious Rejections of The World and their Directions", em GERTH & MILLS: *From Max Weber, op. cit.*, pp. 323-362.

O volume II inclui:

— . (1967) *Die Wirtschaftsethik der Weltreligionen*. II, "Hinduismus und Budhismus". Trad. ingl. parcial: *The Religion of India*, Nova York, The Free Press; 1. ed. 1958.

— . (1967) *Die Wirtschaftsethik der Weltreligionen*. III, "Das Antike Judentum". Trad. ingl.: *Ancient Judaism*, Nova York, The Free Press; 1. ed. 1952.

— . (1921) *Gesammelte Politische Schriften*. Munique, Drei Masken Verlag. Dos três ensaios, o intitulado "Politik als Beruf" está traduzido para o inglês como "Politics as a Vocation", em GERTH & MILLS: *From Max Weber, op. cit.*, pp. 77-128.

WEINER, Myron. (1965) Political Integration and Political Development. In *Annals,* mar., v. 358, pp. 52–64.

WELCH, Claude E. (org.). (1967) *Political Modernization: A Reader in Comparative Political Change.* Belmont, Califórnia, Wadsworth.

WILSON, Charles. (1966) *England's Apprenticeship, 1603-1763.* Londres.

COLEÇÃO ESTUDOS

1. *Introdução à Cibernética*, W. Ross Ashby
2. *Mimesis*, Erich Auerbach
3. *A Criação Científica*, Abraham Moles
4. *Homo Ludens*, Johan Huizinga
5. *A Lingüística Estrutural*, Giulio Lepschy
6. *A Estrutura Ausente*, Umberto Eco
7. *Comportamento*, Donald Broadbent
8. *Nordeste 1817*, Carlos Guilherme Mota
9. *Cristãos-Novos na Bahia*, Anita Novinsky
10. *A Inteligência Humana*, H. J. Butcher
11. *João Caetano*, Décio de Almeida Prado
12. *As Grandes Correntes da Mística Judaica*, Gershom Scholem
13. *Vida e Valores do Povo Judeu*, Cecil Roth e outros
14. *A Lógica da Criação Literária*, Käte Hamburger
15. *Sociodinâmica da Cultura*, Abraham Moles
16. *Gramatologia*, Jacques Derrida
17. *Estampagem e Aprendizagem Inicial*, W. Sluckin
18. *Estudos Afro-Brasileiros*, Roger Bastide
19. *Morfologia do Macunaíma*, Haroldo de Campos
20. *A Economia das Trocas Simbólicas*, Pierre Bourdieu
21. *A Realidade Figurativa*, Pierre Francastel
22. *Humberto Mauro, Cataguases, Cinearte*, Paulo Emílio Salles Gomes
23. *História e Historiografia*, Salo W. Baron
24. *Fernando Pessoa ou o Poetodrama*, José Augusto Seabra
25. *As Formas do Conteúdo*, Umberto Eco
26. *Filosofia da Nova Música*, Theodor Adorno
27. *Por Uma Arquitetura*, Le Corbusier
28. *Percepção e Experiência*, M. D. Vernon
29. *Filosofia do Estilo*, G. G. Granger
30. *A Tradição do Novo*, Haroldo Rosenberg
31. *Introdução à Gramática Gerativa*, Nicolas Ruwet
32. *Sociologia da Cultura*, Karl Mannheim
33. *Tarsila. Sua Obra e seu Tempo*, Aracy Amaral
34. *O Mito Ariano*, Léon Poliakov
35. *Lógica do Sentido*, Gilles Deleuze
36. *Mestres do Teatro*, John Gassner
37. *O Regionalismo Gaúcho e as Origens da Revolução de 1930*, Joseph L. Love
38. *Sociedade, Mudança e Política*, Hélio Jaguaribe
39. *Desenvolvimento Político*, Hélio Jaguaribe
40. *Crises e Alternativas da América Latina*, Hélio Jaguaribe
41. *De Geração a Geração*, S. N. Eisenstadt
42. *Política Econômica e Desenvolvimento no Brasil*, N. Leff
43. *Prolegômenos a Uma Teoria da Linguagem*, Louis Hjelmslev
44. *Sentimento e Forma*, S. K. Langer
45. *A Política e o Conhecimento Sociológico*, F. G. Castles
46. *Semiótica*, Charles S. Peirce

SOCIEDADE, MUDANÇA E POLÍTICA — Hélio Jaguaribe (col. Estudos)
A POLÍTICA E O CONHECIMENTO SOCIOLÓGICO — F. G. Castles (col. Estudos)
O SISTEMA POLÍTICO BRASILEIRO — Celso Lafer (col. Debates)
A CIÊNCIA SOCIAL NUM MUNDO EM CRISE — Textos do Scientific American

livros: atuais como tema
fundamentais como ciência
para: pesquisar
estudar
comparar
criticar
discutir
de modo: moderno
arrojado
independente
dinâmico
polêmico

SÍMBOLO S.A. INDÚSTRIAS GRÁFICAS
Rua General Flores, 518 522 525
Telefone 221 5833
São Paulo